广东省优秀教材
广东省一流本科课程配套教材
全国高等院校计算机基础教育研究会·优秀教材

软件工程经济学

（微课版）

叶小莺　唐　蓉　李建辉　主　编
叶小艳　王千秋　副主编

西安电子科技大学出版社

内 容 简 介

本书全面、系统地介绍了软件工程经济学的基本原理、基本方法及其在软件工程项目投资决策中的应用。全书共 9 章,主要内容包括软件工程经济学基础,软件的成本管理与定价分析,软件工程项目评价方法与经济效果评价,软件生产函数、效益分析及不确定性分析,软件工程项目进度计划的制订,软件工程项目的团队建设、风险管理及质量管理,软件测试,软件工程项目后评价等知识点。本书概念清晰、案例丰富,较好地将理论与实践结合在一起。

本书可作为高等院校软件工程、系统工程、管理科学与工程、计算机应用等专业的本科生或研究生的教材或参考书,也可作为软件开发人员、软件企业管理人员的学习参考书。

图书在版编目(CIP)数据

软件工程经济学 / 叶小莺,唐蓉,李建辉主编. —西安:西安电子科技大学出版社,
2021.3(2025.8 重印)

ISBN 978 - 7 - 5606 - 6028 - 8

Ⅰ. ①软… Ⅱ. ①叶… ②唐… ③李… Ⅲ. ①软件工程—工程经济学—高等学校—
教材 Ⅳ. ①F407.67

中国版本图书馆 CIP 数据核字(2021)第 048954 号

策   划   明政珠
责任编辑   王 瑛
出版发行   西安电子科技大学出版社(西安市太白南路 2 号)
电   话   (029)88202421   邮   编 710071
网   址   www.xduph.com   电子邮箱   xdupfxb001@163.com
经   销   新华书店
印刷单位   陕西日报印务有限公司
版   次   2021 年 3 月第 1 版   2025 年 8 月第 10 次印刷
开   本   787 毫米×1092 毫米   1/16   印张 14
字   数   327 千字
定   价   35.00 元

ISBN 978 - 7 - 5606 - 6028 - 8

XDUP 6330001 - 10

＊＊＊ 如有印装问题可调换 ＊＊＊

前　　言

随着信息技术的飞速发展，全球软件产业的发展受到了各国政府的重视。信息技术对我国的国民经济、社会发展和国防现代化产生了深远的影响，信息技术的进步也影响着软件产品的应用及其开发环境。当今，软件产品已经逐步渗透到整个国民经济、社会发展和国防建设的各个领域，软件产品的规模日益庞大、应用领域日益广泛，从而使软件生产过程中成本、工期、质量、效益和效率相互依存、相互制约问题的重要性日益凸显。又由于软件需求不断扩大、软件产业进一步规模化，软件企业的竞争越来越激烈，因而软件企业应充分认识到效益、风险、不确定性因素的控制与研究的必要性。另外，开展软件工程项目后评价，认真进行经验总结，对软件产品的优化及软件企业的发展意义深远。

上述这些原因使人们认识到，我国软件产业与软件企业的健康发展，仅仅依靠对软件工程的技术研究显然是跟不上信息化发展要求的，还必须学习和研究软件工程经济学的相关理论知识和方法，这也是笔者编写本书的初衷。

本书是笔者根据多年来从事软件工程项目建设的经验以及"软件工程经济学"课程的教学要求编写的，具有以下特色：

（1）跨学科知识糅合。本书糅合了软件工程、项目管理、工程经济学、微观经济学、宏观经济学等学科的相关知识，有助于增强软件工程专业学生的专业能力。

（2）本书内容务求领先。基于边缘学科的特性，本书在内容选取上务求实用，体现学科的前沿性和最新发展动态。比如本书中软件工程项目后评价的内容，可方便项目经理及软件企业管理人员总结项目经验，收集整理项目数据，为以后更好地进行软件工程项目经济分析做好铺垫。

（3）本书案例丰富。在介绍相关理论知识后，用例题的形式帮助学生进一步理解和掌握所学理论；在每章后配有练习题，便于学生进一步巩固和复习所学知识。

本书由叶小莺、唐蓉、李建辉任主编，叶小艳和王千秋任副主编。各章节编写分工为：叶小莺编写第1、3、4、6章，唐蓉编写第8章，李建辉编写第5章，叶小艳编写第7章，王千秋编写第9章，唐蓉和李建辉共同编写第2章。

本书在编写过程中得到了很多同事、同学的支持和帮助，也参考了大量的文献，在此向给予支持的同事、同学以及相关文献的作者表示衷心的感谢！

　　由于作者水平有限，书中难免有不足之处，敬请广大读者和同行批评指正。

叶小莺

2021 年 2 月于佛山

目　　录

第1章 绪 论

课程思政 1-0

1.1 软件、软件产业与软件企业

目前，学术界对软件的普遍解释是：软件是计算机系统中与硬件相互依存的另一个部分，它包括程序、数据及其相关文档的完整集合。其中，程序指按照事先设计的功能和性能要求执行的指令序列；数据指使程序能正常操作信息的数据结构；文档指与程序开发、维护和使用有关的图文资料。

官方对软件的解释也不统一。印度在 1998 年发布的《信息技术行动计划》中用"IT 软件"(IT Software)代替了普遍使用的"计算机软件(Computer Software)"的概念，将"IT 软件"定义为：以机器可读形式记录的，通过被归类为"IT 产品"的自动数据处理机进行处理，并向用户提供交互性服务的所有指令、数据、声音或图像，包括原码或目标码表达的任何形式。中华人民共和国国务院 2001 年 12 月颁布实施的《计算机软件保护条例》中对软件的定义是：计算机程序及其有关文档。2009 年 3 月 5 日，中华人民共和国工业和信息化部令第 9 号公布的《软件产品管理办法》中指出，软件产品是指向用户提供的计算机软件、信息系统或者设备中嵌入的软件或者在提供计算机信息系统集成、应用服务等技术服务时提供的计算机软件。

本书所涉及的软件沿用传统的定义，指包括程序、数据及其相关文档的完整集合。

1.1.1 软件的分类及其特点

1. 软件的分类

学术界和产业界对软件并没有严格的分类标准，通常可以按照软件的功能、软件的工作方式、软件的权益、软件的标准化程度、软件与硬件的关联程度、软件所处的层次等不同角度进行分类。下面是几种常用的软件分类方法。

软件的分类

1) 按软件的功能进行分类

(1) 系统软件。系统软件指能与计算机硬件紧密地配合在一起，使计算机系统各个部件、相关的程序和数据协调、高效工作的软件，如操作系统、数据库管理软件、设备驱动程序、通信处理程序等。

(2) 支撑软件。支撑软件是指协助用户开发软件的工具性软件和中间件，既包括程序人员开发软件产品的工具，也包括帮助管理人员控制开发进程的工具，如文字处理软件、数据模型构造器、商业图形软件、C/S 开发工具等。

(3) 应用软件。应用软件是指在特定领域内开发，为特定目的服务的一类软件。相较于系统软件和支撑软件，应用软件的涉及面最宽，如呼叫中心控制软件、铁路调度软件、通信控制软件、办公软件、图像处理软件等。

2）按软件的工作方式进行分类

（1）实时处理软件。实时处理软件是指在当前时间，对当前任务进行处理的软件，如智慧卫生监督软件、实验室信息管理软件等。

（2）多用户分时软件。多用户分时软件指按照一定的时间间隔，阶段性地处理任务的软件，如交通信号灯管理软件等。

（3）交互式软件。交互式软件是指可以互动交流的软件，如电子白板软件、各种移动应用软件等。交互指实现操作者和程序的对话。例如操作者点击某软件的"退出"按钮，软件界面会弹出一个窗口"您真的要退出吗？"，然后操作者可自行选择。

（4）批处理软件。批处理软件指一次可以执行多条指令的软件，如垃圾处理软件等。

3）按软件的权益进行分类

（1）商品软件。商品软件是指用户需要付费（一般需要购买其软件许可证）才能获得其使用权的软件。

（2）共享软件。共享软件是指一种具有版权的"买前免费试用"软件，通常允许用户试用一段时间，允许用户进行拷贝或散发给其他人，但不允许销售，过了试用期后需要交一笔注册费，成为注册用户方可继续使用。

（3）自由软件。自由软件的创始人是理查德·斯托曼（Richard Stallman），他在1984年启动了开发类 UNIX 系统的自由软件工程，创建了自由软件基金会，拟订了通用公共版权许可证，倡导自由软件的非版权原则（该原则是：用户可以共享自由软件，允许随意拷贝、修改其源代码，允许销售和自由传播，但对软件源代码的任何修改都必须向所有用户公开，还必须允许此后的用户享有进一步拷贝和修改的权利）。自由软件有利于软件共享和技术创新，它的出现成就了 TCP/IP 协议、Apache 服务器软件和 Linux 操作系统等一大批精品软件的产生。

4）按软件的标准化程度进行分类

（1）标准化软件。标准化软件指可以封装发售、购买后就可以直接使用的软件。此类软件标准化程度高，销量大，售价也相对较低，如 Office 办公软件、Windows 各版本的操作系统等。

（2）半定制软件。半定制软件指具有相当一部分共性，但仍需要一定的客户化开发工作才能满足客户需要的软件，如 ERP（Enterprise Resource Planning，企业资源计划）软件、财务软件等。

（3）定制软件。定制软件（又称软件服务）指需要根据特定客户的需求来量身定制的软件，如各种系统集成服务、外包软件等。

5）按软件与硬件的关联程度进行分类

（1）嵌入型软件。嵌入型软件要求在紧密联系的硬件、软件和操作的限制条件下运行，通常与某些硬件设备结合在一起。因此，嵌入型软件对接口、数据结构、算法要求较高。嵌入型软件规模可大可小，大如复杂的事务处理系统、大型/超大型的操作系统、航天测控系统、大型指挥系统等，小如手机软件、MP3 播放软件等。

（2）组织型软件。组织型软件（又称有机型软件）指规模相对较小，结构简单的软件。此类软件需求不是很苛刻，开发人员对此类软件产品开发目标的理解充分，工作经验丰富，对软件的使用环境很熟悉，软件受硬件的约束较少，程序的规模不是很大（<5万行），如住

房摇号软件、OA(Office Automation，办公自动化)系统等。

（3）半独立型软件。半独立型软件指介于嵌入型软件和组织型软件之间的软件，其规模和复杂度都属于中等以上，最大可达 30 万行，如财务应用软件等。

6）按软件所处的层次进行分类

（1）平台软件。平台软件指直接控制和协调计算机、通信设备及其他外部设备，使之发生作用并方便用户使用以及提供中间支持和运行环境的软件。这些软件结合起来可以提供应用软件运行的平台，如操作系统、基于其上的数据库管理系统及开发工具、网络管理软件、中文处理平台软件、图形图像管理软件、人机接口交互软件等。

（2）中间软件。中间软件处于操作系统软件与用户应用软件中间，是为处于自己上层的应用软件提供运行与开发的环境，帮助用户灵活、高效地开发和集成的复杂应用软件。中间软件主要包括中间件软件和计算机安全软件产品，如交易中间件、消息中间件、应用服务器(J2EE)、系统集成中间件、企业服务中间件、安全中间件、门户中间件、计算机语言集成中间件、数字电视中间件等。

（3）应用软件。应用软件指直接完成某种具体应用，无需用户重新编程的软件，其应用范围最广、产品最多。应用软件又分为通用应用软件和行业应用软件两类。通用应用软件包括办公及文字处理软件、通用财会软件、教育软件、游戏与娱乐软件等，行业应用软件涉及金融、电信、政府、教育、能源等。

2．软件的特点

软件作为一个产品或服务，与硬件产品相比，具有如下特点：

（1）软件是信息产品，具有无形性、抽象性、可复制性和共享性。软件是一种逻辑实体，而非具体的物理实体。软件与硬件不同，虽然可以记录在纸上，保存在计算机的软盘、硬盘、光盘里，但必须通过使用、测试、分析等途径才能了解它的功能、性能和其他特性。

（2）软件的生产过程几乎都是从零开始。计划、需求分析、设计、编程、测试、运行和维护构成了软件的"生产"过程，软件产品提供的是一种全面的解决方案。与传统的工业制品不同，软件的生产过程是不能割裂的，而传统意义上的"生产"在软件形成过程中的地位远不及在工业产品中的地位。

（3）软件的价值以及成本构成与传统的工业制品不同，如没有库存成本。软件产品的研发费用在其成本中占了绝大部分，生产成本相对比较低。软件可以通过网络等渠道进行销售，所以其销售成本也较低，伴随软件向服务方向的转移，服务增值的比重越来越高。

（4）软件开发和运行常常受不同的计算机软件和硬件平台的限制，对计算机软件和硬件系统有不同程度的依赖性。业界公认的一个成功的软件产品要能完全满足用户的需求，按时交付用户使用，并耗费最少的生产成本；在确保可用性的基础上，还应该具有正确性、一致性、稳定性、可扩充性、可移植性和兼容性等良好的性能。

（5）软件的开发过程很复杂。对大型软件工程而言，软件工程涉及非常复杂的过程，一个庞大的系统软件可能有几千万条指令，由数万人开发。软件的开发过程对软件工程的要求越来越高。因此，引入标准化开发和管理的技术手段对软件工程的顺利实施意义重大。近几年，软件企业和高校也越来越重视利用一些开源代码进行二次开发。

（6）软件开发是一项创造性活动。软件产品的开发还没有完全摆脱手工开发方式，尽管最近几年提出了"软件工厂"的概念，研发出了软件复用技术、软件构成技术，但是软件作为智力高度密集的知识产品，永远离不开人类的创新性劳动。

（7）软件开发需要大量的资金投入。软件企业的竞争十分激烈，在高端的操作系统、支撑软件领域，软件开发的投入庞大，市场进入壁垒非常高。用户要学会并掌握一个软件需要花费较多的时间和精力，因而也不会轻易更换其他同类软件。

（8）软件产品对用户有黏性。软件产品的核心功能是解决用户的迫切需求。用户的使用频率越高、对软件的依赖性越强，其用户黏性就越强。

（9）软件产品的更新速度快。软件技术和网络技术的飞速发展，迫使软件企业要不断地推陈出新、升级换代。软件的升级既可以防止竞争对手的新产品瓜分市场，又可以提高客户满意度。

1.1.2　软件产业

目前，国家有关部门并未对软件产业给出明确的定义。1996 年的《计算机软件产业技术创新战略研究》报告中对软件产业的定义是：为有效地利用计算机资源而从事计算机程序编制、信息系统开发和集成及从事相关服务的产业。

中国软件行业协会在其发行的《2000 年中国软件产业研究报告》中，对软件产业和软件市场的概述是：按照国际惯例，软件产业和软件市场包括软件产品与软件服务两大部分。软件服务涉及与软件相关的服务内容，主要包括信息系统集成、动态服务器页面、信息系统运行和维护服务、数据中心与资源外包服务、数据加工与处理服务、软件测试服务、信息系统咨询和评估服务、信息系统监理、软件与信息系统管理和人才工程化培训等。软件产品分为系统软件、支撑软件和应用软件。

1. 软件产业的分类

麦肯锡公司(McKinsey&Company)出版发行的《软件业的成功奥秘》中，将软件产业分为专业化服务和软件产品两类，其中软件产品又分为企业解决方案和大众市场成套软件。

国际数据公司(International Data Corporation，IDC)在做市场研究时，将软件产业细分为应用解决方案（Solutions）、应用开发与配置软件（Application Development and Deployment Software)和系统基础软件（System Infrastructure Software)三大领域。其中，应用解决方案包括消费应用(如家庭、游戏和娱乐)、协作应用(如集成协作环境、消息应用)、内容管理应用(如内容及文件管理应用)、写作应用(如文字加工)等子项；应用开发与配置软件包括信息数据管理、应用设计和建筑工具、应用软件生命周期管理等子项；系统基础软件包括系统管理软件、网络管理软件、安全软件、中间件和系统级软件等子项。

印度将 IT 软件服务产业分为产品和技术开发业（Product & Technology）、IT 服务业(IT Services)和 IT 关联服务业（IT Enabled Services)。印度将软件服务产业统一扩大为"IT 服务"的概念。

2. 软件产业的特点

（1）高技术、高附加值及高效益。

软件产业是典型的技术密集型、知识密集型产业，高技术、高创新化是软件产业的基本特征。软件产业的发展动力来源于技术创新，软件产业的技术创新促进了软件产业的发展。例如多媒体技术、可视化面向对象技

软件产品的分类

术、Internet 技术的高速发展，给软件产业带来了生机。软件产业中技术引导市场的作用日益增强，Java 语言的问世为网络软件的开发带来新的机遇，Python、Hadoop 等语言的快速兴起推动了人工智能与大数据的发展。由于软件具有高技术的特征，软件产业的研发成本以及人员费用的比重大大超过其他产业，人才的创造性思维和较多的脑力劳动成为了软件产业高附加值、高效益的根本因素。这也决定了软件产业是具有高效益、高附加值的"绿色产业"。

（2）国际化。

经济的全球化、一体化为软件产业的国际化提供了宏观环境，软件平台的统一、软件市场的开发以及软件技术的标准化为软件产业的国际化提供了强有力的技术保障。大量跨国软件公司引领着软件市场、软件技术及其标准的快速发展。随着软件企业国际化进程的不断推进和深入，各类软件管理平台、软件资源平台和软件服务平台日趋统一。

软件企业的组织结构

（3）服务化。

在软件产业，无论是传统的软件支持、运行维护服务以及信息系统集成等专业服务，还是新兴的基于网络的软件服务，都已成为软件产业的一项独立业务，也成为软件企业的竞争焦点，突显出软件产业和其他产业的高度关联性。尤其是近几年的移动应用软件（如各种 APP），无论是工作、学习还是生活，都离不开各种形形色色的专用型或者便利型软件。

（4）专业化分工越来越细。

一个软件企业不可能开发涵盖所有领域的软件，因此在软件的开发、销售、服务等各个环节都形成了一批专业化的服务商。软件产业价值链的任一环节、任一垂直细分市场都有可能为企业的成长和竞争优势提供足够的空间。任一成为跨国巨头的软件企业都是从某一个优势竞争软件产品起家，进而拓展其产品线及其服务线的。有时这种专业化分工会带上"强权"的烙印。例如，在 Linux 出现之前，美国几乎垄断了所有的操作系统和数据库软件，尽管 Linux 的出现似乎给这个领域带来了一些生机，但是竞争的格局仍然没有多大的改观。

（5）高关联度。

软件在社会信息化进程中担当着"神经中枢"的角色，并已完全渗透到每一个传统产业中，成为推动产业结构调整、产业技术改造以及产品结构更新的重要基础与支撑。软件产业最终是"其他行业的服务者"，其服务领域涉及国民经济的方方面面，涉及技术开发和创新活动的任何一个领域。从信息制造业到信息服务业、从生物技术到新材料再到光机电领域，软件成为技术进步的一种基础工具。在政府、电信、金融以及法律等领域，软件作为网络应用的核心，成为离不开的服务手段。近几年，各类教育机构也纷纷引入了高科技的信息化教学方式（如微课、MOOC、翻转课堂等），有效地改善了教学方法，提升了学生学习的积极性。

3. 软件产业的发展模式

在世界各国的软件产业的发展过程中，形成了多种不同的发展模式，典型的代表有：

（1）美国的"全面领先模式"。

美国是信息产业的发源地，在软件产业价值链的任何环节都具有优势，掌握了世界上最先进的软件技术，拥有全球约三分之一的顶尖软件人才，以微软、IBM、Oracle 等跨国公司为龙头的软件企业垄断了全球 90% 以上的操作系统、数据库管理软件，在全球软件产业价值链中处于高端霸主地位。美国拥有全球最大的软件市场，在部分低端应用软件外包的同时，美国也是全球最大的软件产品出口国。目前，美国软件产业发展的总体趋势是：软件服务增长快于软件产品增长，软件产业呈现服务化趋势。

（2）日本和韩国的"整机带动模式"。

日、韩等国家主要是以硬件带动软件，强调满足应用需求，软件往往是帮助硬件实现部分功能的配角。日本在移动通信、信息家电和汽车导航等嵌入式软件开发上独具优势。日本的软件产品与其电子产品的结合，使软件成为许多有竞争能力的智能产品的组成部分。例如，Sony 公司开发的数字化照相机、摄像机等产品，软件都是其重要的组成部分。

（3）爱尔兰的"软件集散模式"。

爱尔兰是一个人口稀少的岛国，资源稀少，被称为"欧洲农村"，但近年来却成为软件出口大国。爱尔兰的软件企业主要从事包括开发和定制、本地化和版本翻译、生产和销售以及技术支持等商业活动，主要涉及的领域有通信产品、金融、软件工具及中间件、因特网使用工具及电子商务应用、多媒体与电脑辅助培训等。经过多年的努力，爱尔兰逐渐在工业嵌入、移动通信、企业管理、中间件、安全技术等领域成为国际领先者。爱尔兰已从昔日的"欧洲农村"一跃成为"欧洲的软件大国"。

（4）印度的"外包服务模式"。

印度的软件产业属于外向型的产业，以外包服务为主，软件企业对于促进印度的出口起到了至关重要的作用。印度的软件企业有四个特点：① 大客户居多（如美国通用、波音等），主要瞄准全球重要的北美市场、欧洲市场。② 规模大。印度有软件企业三万多家，从业人员两百多万人，且大部分都已走出国门。③ 发展速度快。印度一些大的软件公司，在人均产值近 5 万美元、公司近万人规模的基础上仍然能够保持年均 40% 至 70% 的增长速度。④ 管理能力强，其软件工程项目按合同完成率高达 96% 以上，对成本、时间和质量的控制能力非常强。

4. 我国软件产业的发展特征

相对于软件产业发达国家，我国软件产业发展的历程比较短，萌芽于 20 世纪 70 年代，起步于 20 世纪 80 年代末。随着社会的信息化进程加快，在进入 20 世纪 90 年代后我国软件产业就有了飞速发展。我国软件产业发展有如下几个特征：

（1）产值和规模持续扩大。

软件产业作为我国基础性、战略性的产业，在促进国民经济和社会发展中具有重要作用。根据工业和信息化部历年电子信息产业经济运行公报数据显示，2017、2018 和 2019 年软件业务收入分别达到了 55 000 亿元、60 361 亿元和 71 768 亿元，同比增长了 13.9%、14.2% 和 15.4%。其中，软件产品收入在 2017、2018、2019 年的增速比率分别达到了 11.9%、12.1% 和 12.5%，这三年的软件产品收入分别为 17 000 亿元、19 353 亿元和 20 061 亿元，呈持续平稳增长态势。

（2）呈现集聚化发展态势。

我国软件产业发展聚集趋势从过去主要集中在京粤地区转向沿海地区。2015 年，除京粤两地以外，沿海多个省市软件产业都呈现快速发展的势头，江苏、辽宁、福建和山东四省软件收入增长超过 25%，占全国比重提高。中心城市逐步成为软件产业发展的主要聚集地，2015 年全国 4 个直辖市和 15 个副省级城市软件收入为 28 332 亿元，同比增长 23%，占全国比重的 80%。中心城市地位更加突出，成都、西安、重庆 3 座城市软件收入占西部地区的 90%，武汉、长春 2 座城市软件收入占中部地区的 30% 以上。2016 年，全国 31 个示范城市承接服务外包执行额为 6931.5 亿元，同比增长 16.8%。这些外包示范城市基本形成了"三大集群、东西映射"的发展格局，东部沿海三大经济区呈现以战略中心城市为核心的发展态势，呈现集群化发展趋势。

（3）市场逐步扩大。

目前，中国的软件产业仍以国内软件市场需求为主，出口外包为辅，但随着国家对软件产业的支持力度的增加，软件服务外包示范城市对促进产业集聚和培育壮大市场主体的作用越来越重要，中国软件企业正在快速地融入世界经济一体化新的产业分工链条之中。2015 年，中国软件出口协议 296 亿美元，同比增长 21%，执行金额 218 亿美元，同比增长 22%，软件出口额超过 1 亿美元的企业高达 29 家；软件进口合同金额 49 亿美元，同比增长 11%。目前，中国的软件外包市场主要集中在亚洲，日本是中国软件外包服务的主要市场，在 17.3 亿美元的外包服务市场总量中，日本需求高达 10.02 亿美元之多，其次是美国、中国香港地区以及欧洲市场。

5. 我国软件产业发展的不足

与国外的软件产业相比，我国的软件产业在发展中存在诸多不足：

（1）关键核心技术缺乏，自主创新能力薄弱。我国软件产业由于核心技术缺乏，造成企业产品的附加值低，产品同质化现象非常严重，企业的利润较低。国产基础软件在软件产业的基石作用没有发挥出来，产品主要集中在产业链低端的应用软件，严重缺乏持久的发展动力。我国对软件开发的核心技术不太重视，自主创新能力薄弱，导致在国际软件市场上话语权不足。

（2）软件企业规模小，人才结构不太合理。我国软件企业 100 人以下的占 70%，且 60% 的软件企业年营业收入在 50 万元以下。大量的小规模软件公司的存在使得软件市场的竞争非常恶劣，没有大规模的软件龙头企业与国外的大企业抗衡。此外，我国的软件人才结构是两头小、中间大的橄榄形，而不是正常的金字塔形。我国软件产业不仅缺乏软件编码和测试等低端人才，更缺乏包括系统分析师、项目管理人等高端人才。

（3）软件知识产权的保护力度不够。盗版严重制约了中国软件业的发展，并损害了中国在软件市场上的国际形象。

综上，我们需要正视软件产业所存在的问题，必须抓住当前的机遇和挑战，内外兼修，摒弃自身的不足，积极探索符合中国特色的发展模式。

1.1.3 软件企业

按照规模的大小，软件企业可以分为大型软件企业和中小型软件企业；按照所从事的业务范围，软件企业可以分为软件产品企业和软件服务企业，而软件产品企业又可以分为开发标准化软件的企业和开发半定制软件的企业，如图 1-1 所示。

开发标准化软件的企业成功的关键因素在于营销，其次是需要有符合市场需求的产品，主要集中于解决用户的共性问题，如全球软件业的巨头"微软"。

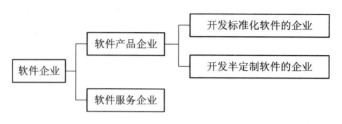

图 1-1 软件企业的分类

开发半定制软件的企业主要解决客户在企业管理中存在的资源规划以及协同工作的问题，软件的开发注重标准化以及客户化的适应性，如因做 ERP 软件而闻名的 SAP 公司。

软件服务企业基于软件平台，对软件的客户适应性做调整，以帮助企业提高管理水平和工作效率，并降低管理成本，如管理咨询类企业麦肯锡和波士顿咨询公司。

1. 软件企业的组织结构

软件企业的组织结构有如下四种：

（1）直线职能式组织结构。

直线职能式组织结构是传统的组织结构，如图 1-2 所示。软件企业按照软件开发的流程和产品服务的特点来划分各直属部门，人力资源部、计划财务部和综合行政部可以对市场营销部、程序开发部、集成和测试部、服务支持部进行监管，却没有直接的决策权和支配权。直线职能式组织结构既能保证比较集中统一的指挥，同时又能充分发挥专业人员的才智和积极性。该结构的缺点是太过正规化，形式不太灵活且不能有效地应对外部激烈的竞争环境。一般拥有某核心产品的中小型企业在其创业初期较多采用这种类型的组织结构。

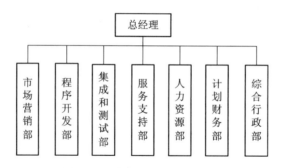

图 1-2 直线职能式组织结构

（2）矩阵式组织结构。

矩阵式组织结构如图 1-3 所示。这种软件企业下设各个职能、技术部门，当某项目或者产品开发需要启动时，就从各个部门中抽调专业人员，组成临时或者长期的专门机构。该机构的领导人是该项目的项目经理或产品经理，负责管理和指挥参与该项目的所有人员，同时负责与相关部门横向联系和协调工作。该项目组或者产品组的人员仍然和原部门保持有隶属关系，并接受原部门上级和项目经理/产品经理的双重考核。矩阵式组织结构实现了集权与分权的最佳组合，把企业内各种相关技术人员汇集在一起协作办公，以保证项目/产品开发的成功实施。该结构的缺点是当员工同时工作的两个部门发生不同意见或者任务冲突时，会使其工作方向不明确而降低工作效率。

中小型企业在发展初期往往人力资源的储备不是很充分，且核心技术都掌握在少数几

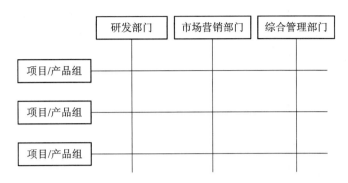

图 1-3　矩阵式组织结构

个人手中，采用矩阵式组织结构既能保证其结构的灵活性，还能克服软件开发过程中人手不足的问题。

（3）事业部制组织结构。

事业部制组织结构如图 1-4 所示。软件企业按所开发的产品、业务类型或者业务区域进行分组，形成各个事业部。每个事业部都是实现本企业目标的基本经营单位，独立核算、自负盈亏，统一管理本事业部的产品、业务或者所属地区的产、供、销等相关的全部活动。事业部制组织结构的优点是各个事业部之间职权分明，独自有自主权，且能适应市场的变化。该结构的缺点是各事业部之间可能会由于信息沟通不畅导致软件企业内部的恶性竞争，不利于人力资源在软件企业内部的统一调度；分散了软件企业的竞争力，可能会导致核心竞争力不足而在激烈的市场竞争中处于下风。

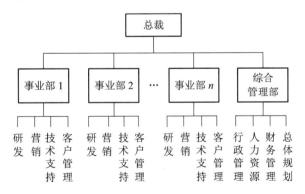

图 1-4　事业部制组织结构

（4）网络式组织结构。

网络式组织结构如图 1-5 所示。网络式组织结构主要是针对软件开发的特点衍生出来的。软件开发人员可以不在同一物理地点办公，而是通过现代化的通信工具，如视频会议、

图 1-5　网络式组织结构

电子邮件、电子白板等来进行沟通和交流。网络式组织结构有利于软件企业进行人才挖掘和成本控制。该结构的缺点是可能会因人文或地域的不同产生文化冲突，时差会引起延时效应；比较依赖于良好的网络条件。

2．软件企业的管理

软件企业的管理主要包括战略管理、市场管理、项目管理、质量管理、采购管理、人力资源管理、知识管理、成本管理、风险管理和文化管理等。

（1）软件企业的战略管理。

软件企业的战略管理主要是对软件企业的一系列长远目标的管理决策和行动计划。其总体战略是根据软件企业内外部环境进行分析，形成本企业的总体规划、职能部门战略，如表1-1所示。

表1-1　软件企业在不同发展阶段的职能战略表

战　　略	阶　　段			
	创始期	成长期	成熟期	拓展期
软件开发	集中所有优势开发主导产品	维持主导产品的技术优势及升级更新	坚持主导产品，开发系列产品或者相关的"链条"产品，扩展业务	保留核心业务，其他业务外包
市场营销	大规模促销和宣传，开辟营销渠道	拓展营销渠道，为客户提供优质服务，树立品牌信誉	推广产品组合，培养良好的客户关系管理能力	提供核心产品，优化营销渠道，实现与合作伙伴的"双赢"
人力资源	抓住员工对新产品的激情，用工作成就激励员工	培养专业服务人才，采用适当的激励政策留住人才，建立企业文化	控制人才的进出率，储备人力资源，形成和巩固企业文化	人才的自我深造，追求更高的素质
财务管理	利用风险资金、创业投资基金等资源	扩大市场投资回报率，合理分配营销、研发等费用	合理分配各项业务的投资，具备良好的财务盈利能力	在"合作链"上合理分配资金流
技术研发	保护和完善企业的核心技术	研发主打产品的附加值服务业务	扩展相关链条产品的技术，提高技术成熟度和集中度	完成多项新技术的开发，形成技术联盟
企业目标	一举占领市场并生存下来	树立品牌，培养客户，维持企业内部的稳定	具备分类明晰的产品/服务目录和稳定的客户群	打造和完善产品链，使企业形象更成熟
关键成功因素	营销渠道、用户接受度、市场占有率	对市场需求的敏感度，产品品牌，管理能力和技巧	产品品牌的扩散，相关产品的中心转移，良好的财务盈利率	与合作伙伴建立良好的关系，注重核心能力的培养

（2）软件企业的市场管理。

软件企业通过探寻和研究市场实际需求和潜在需求来确定目标客户群体，运用各种营销组合策略提供满足客户需求的相应产品或者服务，从中获取利润。

（3）软件企业的项目管理。

软件企业的项目管理是一种为了高效地完成某个既定的项目目标而对企业资源进行管理、合理分配和调度的工作。

（4）软件企业的质量管理。

软件企业的质量管理一般分为三个层次：第一个层次是以软件质量测试为核心的质量管理；第二个层次是以质量管理体系为基础的质量管理，用来建立一个具有本企业特色的质量管理体系，其核心是持续改进产品和服务质量；第三个层次是以质量文化驱动的质量管理，其核心是使得信息畅通和共享，以适应市场的变化，推动软件企业的持续变革和发展。

（5）软件企业的采购管理。

软件企业的采购主要是无形采购（不具备实物形态的技术或者服务），有形采购较少。软件企业无形采购的内容主要包括技术和服务，如直接购买某项技术的使用权，购买完整的软件，购买商业软件的组件，购买外包服务提供商提供的服务等。软件企业通过采购管理可以提高其软件产品开发的效率，加大企业的核心竞争优势以及降低企业的经营风险。

（6）软件企业的人力资源管理。

软件企业的人力资源管理主要是有效地开发和合理组织软件企业的各类人力资源，以支持企业的技术创新及生产和销售目标。

（7）软件企业的知识管理。

软件企业作为一种技术和知识密集型企业，是通过对企业员工的知识、客户相关知识以及技术知识的采集、加工和整合，为客户提供软件产品或服务的企业。其中，知识资源是软件企业重要的战略资源，对知识的利用是软件企业提高核心竞争力的关键。软件企业的知识管理主要是通过整合企业员工头脑中的隐形知识、企业的结构性知识和客户的专业领域知识，提供相应知识交流和共享的一个平台，形成知识共享及知识创新的组织文化，进而提高软件开发水平及技术创新能力，并增强软件企业核心竞争力的过程。

（8）软件企业的成本管理。

盈利是企业的主要目标之一，软件企业也不例外。盈利是收入与成本的差额，成本是软件企业赢得市场竞争的重要因素。实施成本管理不仅可以降低企业的运营成本，还可以为软件企业的战略制定提供信息支持，并提升企业的经营管理水平。

（9）软件企业的风险管理。

软件企业的风险管理不是消除所有风险，而是尽可能地控制主要风险。企业要正确识别各类风险，进行合理的风险分析和评估，并正确应对。

（10）软件企业的文化管理。

软件企业的文化管理主要是对软件文化以及软件工程项目文化的管理。良好的软件企业文化有助于企业树立社会声望，为软件企业发展战略的实施奠定良好的基础，可以调动软件企业员工的工作积极性，留住人才并吸引人才。

软件产品不等同于硬件，它是一种逻辑载体，没有具体的物理形状、尺寸，只有逻辑的规模以及运行效果。软件更像一个比较特殊的项目，故而软件开发的管理一般引用项目管理的方法和理论进行指导。在 IT 行业，软件企业开展项目的目的一般是完成某一项软件产品或者服务，需要引入信息项目管理的程序来执行相关任务。

3. 项目管理知识体系

项目管理知识体系(Project Management Body of Knowledge，PM-BOK)是由美国项目管理学会在 20 世纪 70 年代率先提出的。其后，按照 ISO 更新要求，经过多次严格的修订，于 2018 年第一季度正式启用了第 6 版。该版本确定了十大知识领域，主要包括项目整合管理、项目

项目管理知识体系

范围管理、项目进度管理、项目成本管理、项目质量管理、项目资源管理、项目沟通管理、项目风险管理、项目采购管理以及项目相关方(干系人)管理。

(1) 项目整合管理。

项目整合管理是为了保证各种项目要素的协调运作，对冲突目标进行权衡折中，以最大限度地满足项目相关人员的利益要求和期望。项目整合管理的主要过程有项目章程的制定、项目管理计划的制订、指导与管理项目的执行、项目工作的监控、知识管理、实施整体变更控制以及结束项目或阶段。

(2) 项目范围管理。

项目范围管理是为了保证项目计划包括且仅包括为成功地完成项目所要进行的所有工作。范围分为产品范围和项目范围。项目范围管理的主要过程有规划范围管理、收集需求、定义范围、创建工作分解结构(WBS)、确认范围以及控制范围。

(3) 项目进度管理。

项目进度管理是为了保证在规定的时间内完成项目。项目进度管理的主要过程有规划进度管理、定义活动、排列活动顺序、估算活动资源、制订进度计划以及控制进度。

(4) 项目成本管理。

项目成本管理需要企业管理者在给定的预算内，合理、科学地调度各项成本用以完成任务。项目成本管理的主要过程有规划成本管理、估算成本、制订预算以及控制成本。

(5) 项目质量管理。

项目质量管理是为了保证满足承诺的项目质量要求而进行的相关管理工作。项目质量管理的主要过程有规划质量管理，实施质量保证以及项目质量控制。

(6) 项目资源管理。

项目资源管理是为了保证最有效地使用项目人力资源来完成各种项目活动。项目资源管理的主要过程有制订资源管理计划、获取资格、建设团队、管理团队以及控制资源。

(7) 项目沟通管理。

项目沟通管理是为了保证及时、准确地产生、收集、传播、存储以及最终处理各种项目信息。项目沟通管理的主要过程有规划沟通管理、管理沟通以及控制沟通。

(8) 项目风险管理。

项目风险管理是为了识别、分析项目风险以及对项目风险做出的响应，强调要管理整

体的项目风险。项目风险管理的主要过程有规划风险管理、识别风险、实施定性风险分析、实施定量风险分析、规划风险应对、实施风险应对以及控制风险。

（9）项目采购管理。

项目采购是指从机构外获得项目所需的产品以及服务。项目采购管理是依据买卖双方中买方的观点来展开讨论的。项目采购管理的主要过程有规划采购管理、实施采购、控制采购、结束采购。

（10）项目相关方（干系人）管理。

项目相关方（干系人）管理主要用于识别能影响项目或受项目影响的全部人员、群体以及组织，分析干系人对项目的期望与影响，制定适合的管理策略来有效调动干系人来参与项目决策及其执行。项目干系人管理的主要过程有识别相关方、指定干系人参与计划、管理干系人参与以及控制干系人参与。

1.2 软件工程

软件自计算机产生以来，虽然飞速发展，但是在早期发展过程中缺乏相关文档且没有较好的开发方法给予指导，导致 20 世纪 60 年代中期出现了"软件危机"。在 20 世纪 60 年代末的 NATO（北大西洋公约组织）会议上，首次提出了"软件工程"一词，即计划用工程化的方法来实施软件的开发。

1.2.1 软件工程的定义及其过程

20 世纪 90 年代，美国电气与电子工程师学会（Institute of Electrical and Electronics Engineers，IEEE）给出软件工程的定义是：① 将系统化的、规范化的、可量化的方法应用于软件的开发、运行和维护；② 对①中所述方法的研究。

软件工程的
定义及其过程

软件工程可以说是一种层次化的技术，如图 1-6 所示，其根基就在于对质量的关注及其保障。

图 1-6　软件工程层次

软件工程的基础是过程层，它定义了软件工程项目的框架，使计算机软件得以合理、及时的开发。软件工程的方法为构建软件提供了技术上的解决方案，其方法覆盖面广，涉及需求分析、设计建模、编程、测试与支持，以及沟通事宜等。软件工程的工具为其过程和方法提供了自动化或者半自动化的支持。这些工具集成后，使其产生的信息能被其他工具所使用，即建立了软件开发的支撑系统，被称为计算机辅助软件工程（Computer-Aided Software Engineering，CASE）。

1.2.2 软件工程模型

软件工程模型又称为软件开发模型，是软件从最初的构思到软件公开发行的全部过程、活动和任务的结构框架。典型的软件工程模型有瀑布模型、V模型、增量模型、原型模型、螺旋模型、喷泉模型、基于构件的开发模型、形式化方法模型等，本书重点介绍前五个模型。

1. 瀑布模型

瀑布模型是20世纪70年代由W. Royce提出的，是一种线性开发模型，如图1-7所示。瀑布模型有不可回溯的特性，它给出了软件生存周期相关活动的固定顺序，开发人员必须在完成上一阶段的工作任务后方可进行下一阶段的工作，且往往上一阶段的输出就是下一阶段的输入。如果在软件开发后期发现前期存在某一个问题，则需要付出较高的代价。

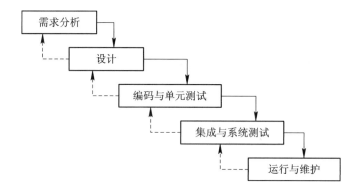

图1-7 瀑布模型

2. V模型

V模型是瀑布模型的一个升级变体，如图1-8所示。该模型描述了保证质量与沟通、建模等动作之间的关系，强调了一种将验证和确认动作应用在早期软件工程中的直观方法。

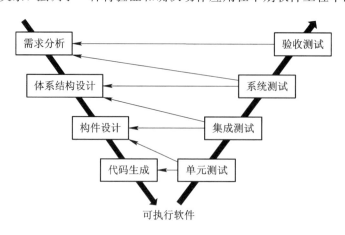

图1-8 V模型

3．增量模型

增量模型主要综合了线性过程流与并行过程流的特征，如图1-9所示。该模型在每个阶段都使用线性序列，每个线性序列都生产出软件的可交付增量。

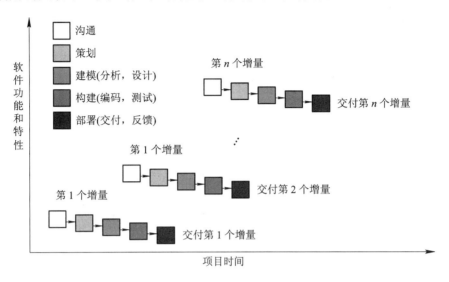

图1-9　增量模型

4．原型模型

原型模型如图1-10所示，一般开始于沟通，是在客户定义了相关软件的一些基本任务时，并没有详细地定义功能和特性需求，或者开发人员可能对算法的效率、人机交互的模式没有较大把握的时候采用的一种模型，多用于给客户演示软件的开发效果。

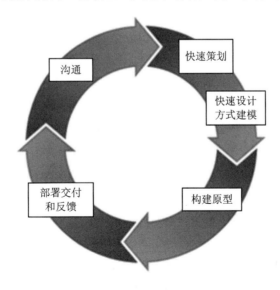

图1-10　原型模型

5．螺旋模型

螺旋模型如图1-11所示。沿着螺线自内向外进行旋转，直角坐标系的四个象限分别表示制订计划，评估方案、风险识别，工程实施和评价成果共四个方面的任务。该模型表示每旋转一圈，该软件便开发出一个更为完善的新版本，逐步向外延伸，直到最终得到客户所期望的系统。

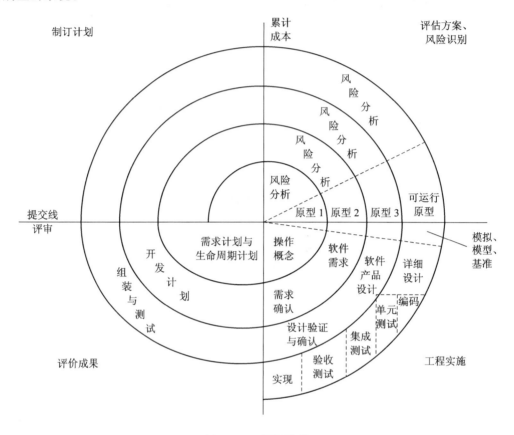

图 1-11　螺旋模型

1.2.3　软件规模度量

在软件工程项目开始前，要估算该项目所需的开发时间和工作量，即度量软件的规模。软件规模的度量最主要的技术是代码行度量和功能点度量。

1. 代码行度量

软件规模常用程序的代码行（Line Of Code，LOC）或者千行代码 kLOC（1000LOC）来衡量。代码行度量是一种较为简单的定量估算软件规模的方法，该方法依据以往开发类似产品的经验以及历史数据来估计实现一个功能所需要的源程序行数（不包括注释）。当开发过类似项目且有相关历史数据可以参考时，该估算方法才会相对准确。

为了使程序规模的估算更加接近实际值，可以由多名比较有经验的软件工程师来做出估算。每个人都估计程序的最小规模 a，最大规模 b 以及最可能的规模 m，然后分别算出这三种规模的平均值 $\bar{a}$、$\bar{b}$ 和 $\bar{m}$，之后再用公式（1.1）计算程序规模的估算值 L，则有

$$L = \frac{\bar{a} + 4\bar{m} + \bar{b}}{6} \tag{1.1}$$

2. 功能点度量

Albrecht(阿尔布雷特)于 1979 年首次提出面向功能的度量方法，主要考虑了软件系统的功能性和实用性，称之为功能点(Function Point ，FP)的度量。功能点度量主要基于信息域的特征以及软件的复杂性进行计算。

功能点度量

功能点的计算步骤如下。

1) 计算信息域特征值加权(CT)

表 1-2 给出了用于功能点度量的五个基本信息域(用户输入数、用户输出数、用户查询数、文件数以及外部接口数)的特征和含义，这些值都是通过直接测量所得。首先将这些值填入表 1-3 所示的特征值一栏；其次根据信息域的特征复杂程度来选择表 1-3 中适当的加权因子；最后对其进行计算，得到总计 CT 值。

表 1-2 信息域特征及其含义

信息域特征名	含　　义
用户输入数	对每个用户输入数进行计数，向软件提供不同的面向应用的数据(不含查询数)
用户输出数	对每个用户输出数进行计数，向用户提供面向应用的信息(输出是指报表、屏幕、出错消息等，一个报表中的单个数据项不做单独计数)
用户查询数	一个查询被定义为一次联机输入，它导致软件以联机输出的方式产生实时地响应，且每个不同的查询必须分别计算
文件数	对每个逻辑上的主文件进行计数(即数据的一个逻辑组合，可能是一个独立的文件或者某个大型数据库的一部分)
外部接口数	对所有机器可读的接口(如存储介质上的数据文件)进行计数

表 1-3 信息域特征计数表

基本信息域	特征值	加权因子 a_i 简单	加权因子 a_i 中间	加权因子 a_i 复杂	结果(特征值 * 加权因子)
用户输入数		3	4	6	
用户输出数		4	5	7	
用户查询数		3	4	6	
文件数		7	10	15	
外部接口数		5	7	10	
总计 CT 值					

如果用 $d_j(1{\leqslant}d_j{\leqslant}5)$ 分别表示 5 个基本信息域的特征值，$a_j(1{\leqslant}a_j{\leqslant}5)$ 表示其对应的加权因子，则 CT 值的计算如下：

$$CT = \sum_{j=1}^{5} a_j d_j \tag{1.2}$$

2) 计算技术复杂性因子(Technology Complexity Factor，TCF)

环境复杂性因子 $F_i(i=1,2,\cdots,14)$ 是基于表 1-4 中对 14 个问题的评估所得到的值，对每个问题的取值范围是 0~5，如表 1-5 所示。

表 1-4 环境复杂性因子取值表

序号	问 题	$F_i(0\sim5)$
1	系统需要可靠的备份和恢复吗？	
2	系统需要数据通信吗？	
3	系统有分布处理功能吗？	
4	系统的性能非常关键吗？	
5	系统是否在一个现存的、重复的操作环境中运行？	
6	需要联机数据登录吗？	
7	联机数据登录是否需要在多屏幕或多操作之间切换以完成输入？	
8	系统需要联机更新文件吗？	
9	输入、输出文件或查询很复杂吗？	
10	内部处理复杂吗？	
11	代码需要设计成可复用的吗？	
12	设计中需要包含转换及其安装吗？	
13	系统的设计支持不同组织的多次安装吗？	
14	系统相关应用的设计便于用户修改和使用吗？	

表 1-5 复杂度取值表

值	定 义	值	定 义
0	没有影响	3	普通的
1	偶然的	4	重要的
2	适中的	5	极其重要的

环境复杂性因子的计算公式如式(1.3)所示。

$$\text{TCF} = 0.65 + 0.01 \sum_{i=1}^{14} F_i \tag{1.3}$$

3）计算功能点（FP）

功能点的计算如公式(1.4)计算所得。因为功能点数与编程语言无关，故功能点度量相对代码行度量要合理一些，但在判断信息域特征的服务级别以及技术因素时存在一个主观因素。

$$\text{FP} = \text{CT} \cdot \text{TCF} \tag{1.4}$$

【例 1.1】 某软件企业根据客户需求对预定软件进行功能点度量，5 个基本信息域的特征值 d_j 按照表 1-2 所示的顺序分别为：用户输入数 35、用户输出数 58、用户查询数 20、文件数 6、外部接口数 2；其对应的加权因子分别为中间(4)、中间(5)、中间(4)、中间(10)和简单(2)；对照表 1-4 和表 1-5 的各项指标得到 F_i 的加权和为 20，试计算其功能点。

解：(1) 依据题目所给条件及表 1-3，则有

$$\text{CT} = \sum_{j=1}^{5} a_j d_j = 35 \times 4 + 58 \times 5 + 20 \times 4 + 6 \times 10 + 2 \times 5 = 580$$

(2) $$\text{TCF} = 0.65 + 0.01 \sum_{i=1}^{14} F_i = 0.65 + 0.01 \times 20 = 0.85$$

（3）FP＝CT・TCF＝580×0.85＝493

1.2.4 程序复杂性度量

软件的复杂性是指理解及处理软件的难易程度，既包括程序的复杂性，又包括文档的复杂性。软件的复杂性主要体现在程序的复杂性中，故本节主要介绍程序复杂性的度量。

一般而言，开发规模相同、复杂性却不同的程序，所花费的时间和成本会有较大的差异。K. Magel 从以下六个方面来描述程序的复杂性：

（1）程序理解的难度。

（2）纠错、维护程序的难度。

（3）向他人解释程序的难度。

（4）按指定方法修改程序的难度。

（5）根据设计文件编写程序的工作量大小。

（6）执行程序时需要资源量的多少。

程序的复杂性度量模型一般遵循以下基本原则：

（1）程序的复杂性与程序大小的关系不是线性的。

（2）控制结构复杂的程序比较复杂。

（3）数据结构复杂的程序比较复杂。

（4）转向语句使用不恰当的程序比较复杂。

（5）循环结构比选择结构复杂，选择结构比顺序结构复杂。

（6）语句、数据、子程序以及模块在程序中的次序对复杂性有影响。

（7）全局变量、非局部变量较多时的程序比较复杂。

（8）参数按地址调用比按值调用复杂。

（9）函数的隐式副作用比显式参数传递更难以理解。

（10）具有不同作用的变量共用一个名字时比较难理解。

（11）模块间、子程序间联系密切的程序较为复杂。

（12）嵌套深度越深的程序越复杂。

比较典型的程序复杂性度量有 McCabe 环形复杂性度量以及 Halstead 复杂性度量。

1. McCabe 环形复杂性度量

20 世纪 70 年代，McCabe 提出了基于软件程序图的程序复杂性度量方法。该方法主要用一种退化的程序流程图来表示程序图。程序流程图中的每一个处理符号（如起点、终点、处理框以及判断框）用一个结点来表示，而原流程图中连接处理符号的控制流则用程序图中连接结点的有向弧来表示。

McCabe 环形复杂性度量方法是基于图论，对于一个强连通的有向图 G，若用 e 表示弧数，n 表示结点数，p 表示强连通分量的个数，则可用公式（1.5）表示为

$$V(G) = e - n + p \tag{1.5}$$

对于一个单入口且单出口的程序来说，从入口的结点能到达图中的任意结点，同理从任一结点都可以到达出口结点，故程序图都是连通的，其连通分量只有一个，即 $p=1$。但程序图经常不是强连通的，只有在程序图中增加一条从出口结点到入口结点的弧才能将程序图变成强连通的。

如图 1-12(a)所示，当人为增加了出口结点至入口结点的弧时，则成为 1-12(b)图，其中 $e=8$，$n=6$，$p=1$，由公式(1.5)可得 $V(G)=8-6+1=3$，在图 1-12(b)也能比较明显地看到 3 个环。

为了简化环形的复杂性计算，通常用公式(1.6)对图 1-12(a)进行计算：

$$V(G)=e-n+2 \tag{1.6}$$

将图 1-12(a)中的 $e=7$，$n=6$ 带入公式(1.6)可得 $V(G)=7-6+2=3$。由此可见，环的个数等于程序图中区域的个数，如图 1-12(a)所示就有 3 个区域，分别是 R1、R2 和 R3。

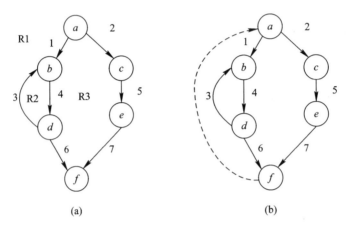

图 1-12　程序控制结构图

McCabe 还发现 $V(G)=10$ 一般是一个实际模块的上线，如果一个模块的环形复杂度超过 10，则要充分测试此模块就变得非常难。

2. Halstead 复杂性度量

Halstead 提出通过定量的公式计算方法来度量软件的复杂性。Halstead 指出程序是由操作符与操作数组成的符号序列，操作符主要包括算术操作符、逻辑操作符、分界符、赋值符、括号及子程序调用符等，还包括一些单个操作符，如"begin … end""for … do""while … do""repeat … until"以及"if then … else"等。操作数则是由程序定义且引用的操作对象，可以是常量、变量、记录、指针、数组等。

用 n_1 表示程序中不同操作符的个数，n_2 表示程序中不同操作数的个数，N_1 表示程序中操作符的总数，N_2 表示程序中操作数的总数，则可用公式(1.7)表示程序的符号长度，用公式(1.8)表示程序的词汇量，用公式(1.9)表示程序量(即存储容量)，即长度方程。

$$N=N_1+N_2 \tag{1.7}$$

$$n=n_1+n_2 \tag{1.8}$$

$$V=N\,\mathrm{lb}(n_1+n_2)=(N_1+N_2)\,\mathrm{lb}(n_1+n_2) \tag{1.9}$$

一般认为最小的程序只有两个操作符，即函数调用与赋值，即 $n_1=N_1=2$，操作数 n_2^* 则是指赋予函数值的变量以及函数调用时的参数，即 $n_2^*=n_2=N_2$。代入公式(1.9)可得公式(1.10)所示的最小程序量计算公式，预测程序长度如公式(1.11)所示，预测程序潜在的错误数如公式(1.12)所示。

$$V^*=(2+n_2^*)\,\mathrm{lb}(2+n_2^*) \tag{1.10}$$

$$N'=2+n_2^* \tag{1.11}$$

$$B' = \frac{V}{3000} \tag{1.12}$$

1.2.5　软件可靠性度量

软件的可靠性是指在规定的时间内以及规定的条件下,软件按照规格说明要求不会引起系统失效的概率。软件的可靠性是关系到系统成败的重要因素。一般情况下,软件的可靠性和软件的故障率是紧密相关的。当软件出现故障时,就需要对其进行修复,而软件修复时间的长短也是直接影响软件可靠性的重要因素。软件可靠性通常用公式(1.13)进行计算:

$$MTBF = MTTF + MTTR \tag{1.13}$$

其中,MTBF(Mean Time Between Failure)是指平均故障间隔时间,MTTF(Mean Time To Failure)是指平均故障时间,而MTTR(Mean Time To Repair)则是指平均修复时间。

软件的可用性是指软件在投入使用时能实现其事先指定的相关系统功能的概率,可用公式(1.14)来计算:

$$\frac{MTTF}{MTTF + MTTR} \times 100\% \tag{1.14}$$

1.3　软件工程经济学简介

经济学是研究人类在生产、消费、分配、交换等经济活动过程中的资源配置与资源利用的学科,属于社会科学。经济学的研究对象是由稀缺性引起的各种选择的问题。随着人类社会经济的发展,经济学的基本理论形成了不同的分支——微观经济学和宏观经济学。微观经济学主要研究稀缺资源的合理配置,一般以单个经济单位作为研究对象(如个人、家庭、厂商等),通过研究该单位的经济行为以及相应的经济变量单项数值的决定来说明价格机制如何解决资源配置问题的相关经济理论;而宏观经济学则主要研究稀缺资源的充分利用,它以整个国民经济作为研究对象(如国家、地区、部门等),通过研究经济中各种有关总量的决定及其变化来说明资源要如何才能得到充分利用的相关经济理论。经济学的分支学科主要有工程经济学、信息经济学、法律经济学、管理经济学、公共经济学、发展经济学、金融经济学、政治经济学、行为经济学、社会经济学等。其中,工程经济学是一门融合自然科学与社会科学的交叉学科,是由现代科学技术以及社会经济发展的需要而产生的。它是研究如何根据既定的活动目标,分析活动的代价及其对目标实现的贡献,并在此基础上进行设计、评价和选择,以最低的代价来可靠地实现目标的最佳活动方案的一门学科。

1. 软件工程经济学的内涵与任务

软件工程经济学(Software Engineering Economics,SEE)是属于软件工程学和工程经济学之间的交叉学科。我们将其定义为以研究软件工程领域中的经济问题和经济规律为主的一门经济学分支学科,是为实现特定功能需求的软件工程项目而提出的一门系统方法学科。

软件工程经济学主要包括以下四部分的内容:

(1) 学科研究的对象、任务、特征、研究范围与研究方法;

(2) 软件系统的内部构成要素与经济活动及其关联分析,如投资、融资、工期、成本、效益、效率、质量保证、开发、管理、运行与维护等及其关联分析;

（3）软件系统的组织结构、管理决策以及与经营活动的关系；

（4）软件系统的资金流、物流、信息流的输入和输出以及对系统外部（如国家、地区、社会、经济等）的影响。

其中，（1）是软件系统的基础概念与理论部分，（2）、（3）为软件系统的微观经济分析部分，（4）为软件系统的宏观经济分析部分。

2. 软件工程经济学的研究特点与方法体系

1）软件工程经济学的研究特点

软件工程经济学的研究特点主要有以下四点：

（1）软件工程经济学研究的重点始终围绕着软件产品的质量、成本/效益、项目进度、效率等目标要素的关联分析，以及人的组织与协调管理。

（2）软件工程经济学的研究思想主要来自系统工程，因此软件系统目标的整体性、要素的层次性与关联性、系统环境的适应性等始终是人们研究的指导准则。

（3）软件工程经济学采用定量与定性分析相结合、理论与实践相结合的方式进行研究。

（4）考虑到我国与西方发达国家在文化与价值观念、技术水平、经营机制、管理水平与生产效率以及软件工程环境上的差异，我们在大力学习与借鉴西方发达国家有关软件工程经济学的理论、方法与应用成果的同时，还要注意环境的差异性对数量分析的影响，可在数学分析的思路与方法的通用性基础上来寻找适合于我国国情的研究结果。

2）软件工程经济学的方法体系

软件工程经济学作为一门交叉学科，其理论与方法体系与以下五类学科有着紧密的关系：

（1）管理学、社会学等；

（2）经济学，主要包括微观经济学、宏观经济学、工程经济学、管理经济学、信息经济学等；

（3）软件工程学，主要包括软件工程技术学、软件工程管理学；

（4）计算机通信网络与信息系统；

（5）系统工程与运筹学、应用统计学、模糊数学、系统动力学等。

3. 软件工程经济学的研究与发展

软件工程诞生于"软件危机"。软件危机是指在计算机软件开发中的一系列问题，其中既有软件技术问题，也有经济问题，如软件开发过程中成本和进度估算往往不精确，软件目标（成本、工期）不确定等。因此，软件工程经济学的研究始终是伴随着软件工程的发展而发展的，且日渐成熟的运筹学、应用统计学、系统工程学、工程经济学也为其发展提供了科学而系统的方法论。20 世纪 70 年代，软件工程经济学的研究对象均来源于计算机科学与软件工程中的范例，希望通过建造、使用工具原型来降低软件开发与维护成本，此后逐渐发展为对软件成本、时间进度、可靠性、各种方案的比较和选优，对软件开发过程的系统动力学研究以及软件企业管理中的采购、计划、生产、销售、运行与维护等最优决策进行研究。目前，软件工程经济学已经发展到对软件工具的经济评价以及在软件开发与维护过程中提高劳动生产率的研究上。

软件工程经济学的研究最早始于美、英等国家，其中较有影响的有 B. W. Boehm、Putnam L. H. 以及 Banard L. 等专家。B. W. Boehm 在研究成本测算的过程中提出了结构化成本模型(Constructive Cost Model，COCOMO)，给出了由软件规模计算工作量，进而确定成本与工期的经验统计模型，并于 1981 年出版了其专著《Software Engineering Economics》。在将该模型推向市场的同时，B. W. Boehm 不断收集用户反馈意见与建议，进而对模型进行不断修正与提高，以适应软件工程在生存周期、技术、组件、工具表示法以及企业文化等方面的明显变化，并提出了 COCOMO Ⅱ 的模型与方法体系，并于 2000 年出版了他的第二本有重大影响力的著作《Software Cost Estimation with COCOMO Ⅱ》。Putnam L. H. 于 1987 年在其研究的 Noder-Rayleigh(诺顿–瑞利)曲线基础上，提出了软件开发与运行过程的系统动力学模型。1987 年，美国卡内基—梅隆大学软件工程研究所在 Mitre 公司的支持以及美国国防部的指导下，经过广泛调查，开发了"软件工程评估"和"软件成熟度评价"两个模型。经过四年的使用与论证，Putnam L. H. 于 1991 年公布和发表了软件能力成熟度模型 CMM(Capability Maturity Model for Software)。1999 年，美国国防部规定，承接美国国防部大型软件工程项目的承包商必须具备 CMM 3 级认证。

我国软件工程经济学的研究还处于初级发展阶段，1990 年和 1991 年由机械工业出版社相继出版了 B. W. Boehm 的著作《软件工程经济学》和 Londeix B. 的著作《软件开发成本估算》，对软件工程经济学的概念、方法宣传起到了一定的作用。西安电子科技大学的赵玮教授于 2008 年出版的《软件工程经济学》，对我国软件工程经济学的发展起到了指引作用。在国内的一些学术期刊上也常常有一些关于软件成本测算、定价策略、软件质量评估等方面的论文发表。不少软件企业也开始了 CMM 评估与认证工作。但从总体来看，我国软件工程产业对软件工程经济学不是特别熟知，从事软件工程经济学专门研究的人员也较少。近几年，由于大数据学科的飞速发展，很多软件企业开始重视信息数据的收集，为以后软件工程经济学的发展起到了很好的奠基作用。我们相信，在国家科技部门的领导下，在我国学术界与企业界的努力下，在不久的将来，我国软件工程经济学的理论与应用水平必将取得新的突破。

练 习 题

1. 按功能分类软件可分为什么类型？
2. 软件的特点有哪些？
3. 软件产业的特点有哪些？
4. 项目管理包括哪十个领域？
5. 软件根据需求分析，得到环境复杂性因子为 18，5 个信息量的特征值 d_j 及其对应的加权因子 a_j 的取值如表 1 - 6 所示。求软件系统的需求功能点。

表 1 - 6 d_j 和 a_j 取值表

特征值和加权因子	1	2	3	4	5
d_j	18	30	20	9	5
a_j	3	3	4	15	10

6. 软件工程经济学主要包括哪些内容？
7. 软件工程经济学的研究特点有哪些？
8. 软件工程经济学的方法体系有哪些？

第2章 软件工程经济学基础

本章主要介绍软件工程经济分析的基本要素、资金的时间价值及其贴现与预算,以及招标与投标等有关内容。

2.1 软件工程经济分析的基本要素

软件工程经济分析的基本要素有投资、筹资与融资、成本与费用、销售收入与利润、主要税金等。

2.1.1 投资的基本概念及其构成

投资是指国家、企业或者个人,为了实现特定的目的,与对方签订协议,实现互惠互利、输送资金的过程或者相关经济活动。投资通常有广义和狭义之分。广义的投资一般指人们为了获取将来的报酬,事先投入一定资源的经济行为;而狭义的投资指人们在社会生产活动中为了实现某项预定的生产而预先垫付的资金。本章涉及的投资主要指狭义的投资。

投资的基本
概念及其构成

企业的投资活动主要分为生产性投资和非生产性投资。生产性投资主要是企业为了实现对内扩大再生产建设而进行的投资,如购置固定资产、无形资产和其他长期资产。而非生产性投资主要是企业为了实现对外扩张而投入到非物质生产领域的投资,如对外购买股权、债券、股票等。本章主要研究生产性投资。

建设项目投资指企业为完成工程项目的建设,在建设期投入的全部费用的总和,主要包括固定资产、流动资产、无形资产和其他资产等。其铺底流动资金一般为项目正常营运流动资金的30%。软件工程项目的建设属于建设项目投资的范畴。

1. 固定资产

固定资产是指企业为了生产产品、提供劳务、出租或经营管理而持有的使用周期超过一年,且价值达到一定标准的非货币资产。固定资产投资主要用于扩大再生产和技术设备更新。固定资产在使用的过程中能保持原有的实物形态,但其价值随着使用会造成损耗,其损耗一般按照折旧的方式计入产品成本。固定资产的折旧是指固定资产在一定时期内为弥补其损耗而按照规定的固定资产折旧率提取的固定资产折旧费用。固定资产的损耗分为有形损耗和无形损耗。有形损耗又称为物理损耗,指的是固定资产由于使用及自然力的影响而引起的价值损失;而无形损耗则指的是机器设备由于技术进步而引起的价值损耗。固定资产的折旧费需要按其使用过程中的每个会计期间进行提取,作为折旧基金累计,由每个会计期间的产品销售收入逐步补偿。固定资产的原值减去累计的折旧费为固定资产的净值。软件企业的固定资产主要有厂房及其附属物、电子设备(如计算机及其外围设备、打印机、复印机、各种开发工具等)、运输工具及其他固定资产。

2. 流动资产

流动资产指企业可在一年或者超过一年的一个营业周期内变现或使用的资产。流动资产投资主要用于保证企业正常的生产经营,是一次性计入产品成本,并由当期的产品销售收入来补偿的。流动资产主要包括货币资金、各种存款、应收账款、预付账款、短期投资以及存货等。

3. 无形资产

无形资产是指企业拥有或者控制的没有实物形态但可辨认的非货币性资产。无形资产主要包括商标权、专利权、软件著作权、商誉、长期股权投资以及土地使用权等。无形资产自其使用之日开始,在其有效使用期内以平均摊销的方式计入每个会计期间的"管理费用"。

4. 其他资产

其他资产是指不能被包括在固定资产、流动资产和无形资产等项目之内的资产。在软件工程项目或者系统集成项目筹建期内实际发生的各项费用,除应计入固定资产与无形资产的,都应计入其他资产。其他资产投资指企业形成其他资产而发生的各项费用支出,如租入固定资产的改良支出等。

2.1.2 筹资与融资

资金是任何一个投资方案存续的基础。资金的筹集是软件工程项目建设和运行的基本保证。软件工程项目的资金来源,按照所取得资金的权益特性不同可分为权益资金和负债资金,如图2-1所示。以权益方式筹集的资金,资金的提供方将取得企业的产权;而以负债方式筹集的资金,资金的提供方只取得对于企业的债权,一般债权人优先于股权受偿,但对企业没有控制权。

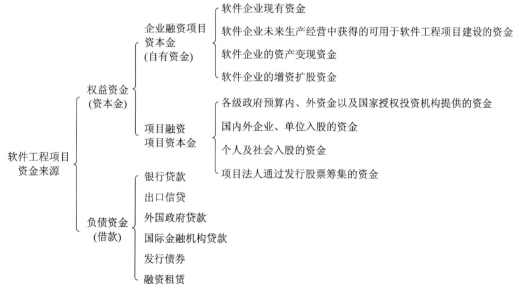

图2-1 软件工程项目的资金来源图

1. 筹资

1）权益资金

权益资金主要分为企业融资项目资本金和项目融资项目资本金。其中，企业融资项目资本金主要来自企业的自有资金，包括软件企业现有资金、软件企业未来生产经营中获得的可用于软件工程项目建设的资金、软件企业的资产变现资金以及软件企业的增资扩股资金。

（1）软件企业现有资金。一个企业的库存现金和银行存款都可以由资产负债表来反映，除了日常经营活动所需的货币资金外，多余的资金可投入软件工程项目建设。

（2）软件企业未来生产经营中获得的可用于软件工程项目建设的资金。在软件企业未来的软件工程项目建设期间，除了正常的生产经营产生的现金经营开支和日常开支外，剩余的部分均可用于软件工程项目的投资。

（3）软件企业资产变现资金。软件企业可以根据需要将现有的资产进行转让变现，并将取得的资金用于软件工程项目投资。软件企业可以采取股权转让、单项资产、对外长期投资、经营权、证券以及资产组合等多种变现方式。如果企业资产的流动性较强，则其变现较为简便。

（4）软件企业增资扩股资金。软件企业可通过吸收新的股东或原有股东增资进行扩股，主要有个人股、法人股与外资股的增资扩股。

2）负债资金

负债资金是指软件工程项目筹资过程中除去资本金外，以负债的方式所筹集的资金。

负债资金

（1）银行贷款。银行贷款是软件企业进行软件工程项目筹资的一个非常重要的渠道。我国的银行贷款主要分为商业银行贷款和政策性银行贷款。商业银行一般为了保证信贷资金的安全以及规避贷款的风险，需要审查借款方的偿债能力，当借款方偿债能力不足时，需要提供必要的担保。软件工程项目使用银行贷款，需要建立资信和分散风险证明才能有望获得银行的贷款支持。我国政府类投资计划管理部门在审批软件工程项目的可行性研究报告时，对于需要使用银行贷款的项目，要求附有银行的贷款承诺函。我国的政策性银行有农业发展银行、国家开发银行和进出口银行等。农业发展银行主要给农业、农村发展项目提供贷款，且贷款利率较低；国家开发银行主要提供重要的生产性建设项目的长期贷款，贷款的期限比较长；进出口银行一般为产品出口提供贷款，其出口信贷利率低于一般的商业银行。

（2）出口信贷。软件工程类项目如果需要进口仪器设备，可使用相应仪器设备出口国的出口信贷，因为出口国政府为了支持和扩大本国的出口，鼓励本国的银行对出口商或者仪器设备的进口商提供较优惠的利率贷款。根据接受信贷的对象来划分，出口信贷分为买方信贷与卖方信贷。出口信贷一般指能提供总仪器设备款85%的贷款，其余的15%要求进口商以现金支付，其利率通常低于国际商业银行的贷款利率。

（3）外国政府贷款。外国政府贷款是指一个国家的政府向其他国家的政府或者企业提供的贷款，其贷款期限和利率通常有较大优惠，但通常限制其贷款用途，如必须是采购贷款国的仪器设备等。软件工程项目使用外国政府贷款必须得到本国政府的支持。外国政府贷款常常与出口信贷组合使用，有时会有部分赠款。

（4）国际金融机构贷款。提供软件工程项目贷款的主要国际金融机构有国际金融公司、世界银行、亚洲开发银行、欧洲复兴与开发银行等全球性金融机构。国际金融机构的利率往往比商业银行要低，贷款的期限也较长，但对贷款的使用范围通常附有设备采购限制条件，而且还可能需要支付某些附加费用，如承诺费等。

（5）发行债券。软件企业可以通过发行债券的方式进行筹资。债券融资可从资本市场直接获取资金，且利率低于银行借款。我国发行的债券通常是固定利率的，受严格的证券监管限制，一般只有实力非常强且资信非常好的企业才能发行企业债券。由于债券投资人通常不愿意承担项目投资的风险，因而如果是新项目所组建的新公司发行债券，则必须要有较强实力的第三方作为担保。

（6）融资租赁。融资租赁是指仪器设备等资产的出租人，在一定的期限内将财产租赁给承租人使用，由承租人分期支付租赁费的筹资方式。用融资租赁进行筹资，承租人可对设备的全部价款进行融资，融资的额度比使用贷款要大很多，其租赁费中所含的利息也比贷款利率要高。

2. 融资

传统融资是指企业运用各种方式向金融机构筹集资金的一种业务活动，包括取得发行股票、银行贷款、发行债券等。相对于传统融资来说，项目融资是一种新型融资方式。项目融资是以项目公司为融资主体，以项目未来收益和资产为融资基础，由项目参与各方共同承担风险，具有有限追索权性质的特定融资方式。

项目融得的资金是一种仅有有限追索权或无限追索权的贷款，且需要的资金量较大，因而其风险也较大。项目融资分为无限追索权融资和有限追索权融资两类。

软件工程项目的融资从投资决策到最后完成融资通常要经过五个阶段，如图 2-2 所示。

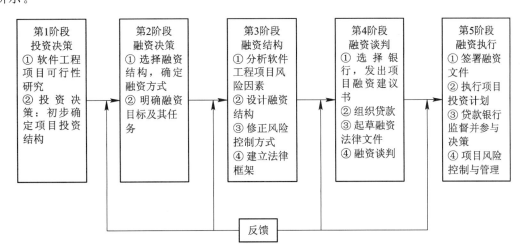

图 2-2 软件工程项目融资步骤

新型项目融资模式主要有 BOT 融资模式（Build-Operate-Transfer，即"建设-经营-转让"模式）、PPP 融资模式（Public Private Partnership，即公共部门与私人企业合作模式）、ABS 融资模式（Asset-Backed Securitization，即资产证券化融资模式）、TOT 融资模式（Transfer-Operate-Transfer，即"移交-经营-移交"模式）和 VC 模式（Value Capture，价值捕捉模式，就是将由商业活动的增加所带来的企业获利的一部分转换为公共使用）。

1）资金成本

资金成本是指企业在筹集资金的时候所支付的费用，主要包括资金占用费与筹资费。资金占用费是指占用资金应付的费用，如使用发行股票所筹集的资金需要向其股东支付红利、股息以及向银行借款支付的利息等。筹资费是指在企业筹集资金的过程中发生的各项费用，如向银行借款所支付的手续费，委托金融机构发行股票所支付的代理费和注册费，发行债券所支付的律师费、印刷费、公证费及广告宣传费等。

由于不同项目所筹集的资金数额不一样，为了方便比较，资金成本通常以相对数来表示，即资金的成本数，如公式（2.1）所示：

$$K = \frac{D}{P-F} \quad 或 \quad K = \frac{D}{P(1-f)} \tag{2.1}$$

式中，K 指资金成本率；D 指使用费；P 指筹集资金的总额；F 指筹资费；f 指筹资费费率（筹资费和筹资总额的比率）。

资金成本是企业财务管理中一个非常重要的概念，在软件企业生产经营活动中用途广泛。

（1）资金成本是选择资金来源、设计筹资方案的主要依据。筹资决策主要通过优选各种筹资方式，在满足企业资金需求的前提下，使其资金成本达到最低。

（2）资金成本是评价软件工程项目投资可行性的主要经济依据。只有资金利润率高于资金成本率的项目才值得筹资。

（3）资金成本可以作为评价软件企业财务经营成果的依据之一。

2）自有资金的资金成本计算

（1）普通股资金成本。

普通股持有者拥有企业的普通股权，企业的资产以及经营收益扣除负债与优先股之后归普通股股权所有，企业的权益归普通股股东所有。

普通股股东对于企业投资的预期收益要求，可征询投资方的意见得知，当不具备征询条件时，可采用资本定价模型，根据同行业的类似项目收益确定。采用风险系数 β 的资本定价模型，如公式（2.2）所示：

$$i = i_0 1 + \beta(i_m - i_0) \tag{2.2}$$

式中，i 表示普通股资金成本；i_0 表示社会无风险投资收益率；i_m 表示社会平均投资收益率；β 表示行业的资本投资风险系数。

（2）优先股资金成本。

优先股资金成本

优先股类似于负债融资，资金成本按照优先股股息与发行优先股所取得的资金之比进行计算，如公式（2.3）所示：

$$i = \frac{优先股股息}{优先股发行价格 - 发行成本} = \frac{优先股面值 \times 股息}{优先股发行价格 - 优先股面值 \times 发行成本所占比重} \tag{2.3}$$

式中，i 表示优先股资金成本。

【例 2.1】 某 IT 企业优先股面值 50 元，发行价格为 55 元，发行成本占优先股面值的 4%，每年付息一次，固定股息为 6%，试求此优先股的资金成本。

解： $$i = \frac{50 \times 6\%}{55 - 50 \times 4\%} \times 100\% = \frac{3}{53} \times 100\% = 5.66\%$$

（3）保留利润的资本本金。

保留利润又称为利润留存，是指企业从税后利润总额中扣除股利后的剩余部分，所有权是企业投资者。这些未分配保留利润的最低成本是股票本身的资金成本(i_s)，也可采用普通股资金成本的方法进行确定。

（4）综合资金成本。

当一个企业的不同资金来源的资金成本计算出来后，如果把某一时期内的全部投资视为一个整体的话，就应在分别计算得到各类资金的资金成本的基础上，用加权平均法计算出综合资金成本值，如公式(2.4)所示：

$$i_w = \sum i_k f_k \tag{2.4}$$

式中，i_w 表示加权平均资金成本；i_k 表示第 k 种融资的资金成本；f_k 表示第 k 种融资所占的资金权重，$\sum f_k = 1$。

综合资金成本可以作为软件工程项目的最低期望收益率，也可称为基准收益率，作为软件工程项目财务内部收益率的判别标准。当软件工程项目财务内部收益率高于综合资金收益成本时，就表示该项目的投资收益水平可以满足项目筹资的资金成本要求，否则表示不满足筹资的资金成本要求。

【例 2.2】 某 IT 企业的某信息化项目总融资金额为 6000 万元人民币，其中银行贷款 3000 万元，利率为 8%，每年计息两次；发行优先股 2000 万元，股息 9%，发行成本为 3%，平价发行，每年付息一次；发行普通股 1000 万元，据调查其长期国债利率（社会无风险投资收益）为 6%，社会平均收益 14%，投资风险系数为 1.3。请计算该信息化项目的基准收益率（企业所得税按 25% 计算）。

解：① 先计算各种资金的税前资金成本：

$$银行借款资金成本 = \left[\left(1 + \frac{8\%}{2}\right)^2 - 1\right] \times 100\% = 8.16\%$$

$$优先股资金的资金成本 = \left[\frac{9\%}{1-3\%}/(1-25\%)\right] \times 100\% = 12.37\%$$

$$普通股资金的资金成本 = [6\% + 1.3 \times (14\% - 6\%)]/(1-25\%) \times 100\% = 21.87\%$$

② 计算各种资金的税前加权平均资金成本，即该信息化项目的基准收益率为：

$$i_w = 8.16\% \times \frac{3000}{6000} + 12.37\% \times \frac{2000}{6000} + 21.87\% \times \frac{1000}{6000} = 11.85\%$$

2.1.3 项目可行性研究

1. 可行性研究概述

可行性研究（Feasibility Study）是指项目投资之前，在深入调查研究的基础上，通过市场分析、财务分析、技术分析以及国民经济分析，对拟建项目的技术可行性与经济合理性的综合评价。项目可行性研究的基本任务是：针对项目在技术上的先进性、实用性和可靠性，在经济上的合理性和有利性，在建设上的可能性，项目的风险性及其社会效益等，对投资方案全方位进行论证，为投资者提供科学的依据。总体上，可行性研究报告必须回答的问题有：① 项目的必要性是什么？② 项目所需的资源，如财力、物力、技术等是否有保证？③ 项目产品的市场容量和市场占有率是多少？④ 项目的规模适合多大？⑤ 项目的资金筹集渠道是否畅通？

此外，可行性研究还是银行贷款、工程设计等的有力依据，是决策科学化的必要步骤。

2. 可行性研究的阶段

项目的投资通常有投资前期、投资期以及生产期三个阶段。其中，投资前期是决定项目效果的关键阶段，也是可行性研究的重点。项目投资前期可分为投资机会研究、初步可行性研究、详细可行性研究（又称为可行性研究）、评估和投资决策四个阶段。

可行性研究的阶段

（1）投资机会研究。投资机会研究的主要任务是鉴定可能的投资机会或者工程设想，以便确定投资方向，即在一定范围内以自然资源与市场调查分析为基础，寻找最为有利的投资机会。投资机会研究的数据往往是通过一些历史数据以及经济现状等多方面的因素预测的，故其研究较为粗略，估算精度约为实际投资的±30%。此阶段所需的费用占总投资金额的0.2%～1%。只有项目的投资机会研究证明其投资项目是可行的，才会进行下一阶段的研究。

（2）初步可行性研究。初步可行性研究是在投资机会研究的基础上，进一步对项目建设的可行性与潜在效益进行的论证分析。初步可行性研究出现的结果有：肯定项目可行，则转入详细可行性研究，进行更深入的研究分析，展开专题研究，如市场调查等；否定项目的可行性，则终止可行性研究。初步可行性研究阶段投资估算的精度为±20%，此阶段所需的费用占总投资金额的0.25%～1.5%。

（3）详细可行性研究。详细可行性研究是初步可行性研究的进一步深化，将直接影响整个项目决策的成败。详细可行性研究主要对和项目相关的政策、环境、经济、技术等多方面的情况做详尽、全面、系统的调查和分析，对各种可能的建设方案与技术方法进行充分的比较论证，对项目完成后的经济效益、社会效益以及国民经济效益进行预测和评价，是项目评估决策的有力依据。该阶段投资估算的精度为±10%，此阶段所需的费用占总投资金额的0.2%～3%。

（4）评估和投资决策。此阶段在详细可行性研究的基础上，由第三方机构根据相关的政策法规、方法、条例等多方面因素，从项目的国民经济、社会影响的角度出发，对项目的特性、环境、条件、技术等进行全面评价，判断其可行性，并审查可行性研究报告的真实性、可靠性和客观性，为审批项目提供决策依据。

3. 可行性研究的工作流程

可行性研究的基本工作流程有签订委托协议、组建工作小组、制订工作方案、市场调查与预测、可行性方案研制与优化、项目评价和编写并提交可行性研究报告，如图2-3所示。

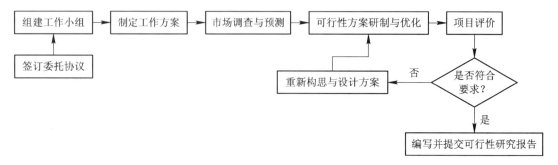

图 2-3 可行性研究的工作流程

4. 可行性研究报告

1）可行性研究报告的作用

（1）作为经济主体投资决策的主要依据。

（2）作为筹资和向银行申请贷款的依据。

（3）作为从国外引进技术、设备以及与国外厂商谈判签约的依据。

（4）作为与项目协作单位（如项目分包）签订经济合同的依据。

（5）作为向当地政府、相关部分申请有关建设许可文件的依据。

（6）作为该项目基础设施建设的基础资料。

（7）作为项目有关生产组织工作、职工培训等的依据。

（8）作为对项目考核以及项目后评价的依据。

2）项目可行性研究报告的编制要求

（1）要能充分反映项目可行性研究工作的成果，要内容齐全、数据准确、结论明确，以满足决策者确定方案和项目决策的要求。

（2）信息资料必须满足时效性、可靠性及充足性的要求。

（3）项目中选用的主要设备的规格、各项参数必须满足预定设备的要求。

（4）可行性研究报告里的重大技术或者经济方案必须要有两个以上，以进行优选。

（5）报告里确定的主要工程技术数据必须满足项目初步设计的要求。

（6）对建设性投资与生产成本必须分项详细地估算，其误差要控制在±10%以内。

（7）报告中所构造的融资筹资方案必须满足金融部门信贷决策的要求。

（8）报告中要如实反映可行性研究过程中出现的某些方案的重大分歧或者未被采纳的原因，以便投资者能客观地权衡利弊并进行决策。

（9）报告中应该附有评估、决策所必需的合同、意向书、协议以及政府批文等相关佐证材料。

3）项目可行性研究报告的主要内容

项目可行性研究报告通常要求具备以下内容：

（1）项目总论：主要对拟建项目进行概括性的论述，包括项目提出的背景与概况、可行性研究工作的主要依据、研究结论的概要、项目所存在的问题和建议等。

（2）市场预测：是项目可行性研究的重要环节，需要进行市场现状调查、产品的供需预测、价格预测、各种竞争力分析以及市场风险分析。

（3）项目资源条件的评价：主要包括资源的开发价值、资源的品质及可利用情况等。

（4）项目建设规模和产品方案：主要包括项目建设规模以及产品方案的构成及其比较和选择；推荐的项目建设规模和产品方案；技术改造类项目推荐方案及原企业设施利用的合理性。

（5）场址选择：主要包括场址现状介绍及其方案比较和选择、推荐的场址方案介绍，对于技术改造类项目，应有场址利用情况的介绍。

（6）技术方案、设备方案与工程方案的比较和选择。

（7）主要原材料供应方案的比较和选择。

（8）总体布置方案、场内外运输方案及供应辅助工程的情况。

（9）节能措施分析。

（10）节水措施分析。

（11）环境影响评价：主要包括环境条件的调查、影响环境因素的分析、环境保护措施等。

（12）劳动安全卫生与消防：主要包括危险因素及其危害程度的客观分析、相关安全防范措施、相关环保措施、技术改造类项目和原有企业环境状况的比较。

（13）组织机构、人力资源配置以及项目员工的培训。

（14）项目实施进度：主要包括项目建设的工期、项目实施进度的相关安排、技术改造类项目的建设与生产的相关衔接内容。

（15）项目投资估算：主要包括项目投资估算的范围与依据、项目建设投资估算、流动资金的估算、项目总投入资金与分年投入的计划等。

（16）融资方案：主要包括融资的组织形式，资本金、债务资金的筹措，融资方案的分析等。

（17）财务评估：主要包括项目财务评价的基础数据和参数的选取、成本费用及销售收入的估算、财务评价报表、盈利及偿债能力分析、不确定因素分析、财务评价的结论等。

（18）国民经济评价：主要包括国民经济评价报表、评价指标及评价结论等。

（19）社会评价：主要包括项目对社会的影响、项目与所在地的相互适应性分析、社会风险分析以及社会评价结论。

（20）风险分析：主要包括项目的主要风险识别、相关风险分析及风险防范对策。

（21）研究结论与建议：主要包括推荐方案总体的描述、推荐方案优缺点的描述、主要对比方案介绍以及结论与建议。

项目可行性研究报告的内容主要包括三大部分：第一部分是市场研究，包括产品市场调查与预测研究，是项目可行性研究的前提和基础，主要解决项目建设的"必要性"问题；第二部分是相关技术研究，主要解决项目的技术"可行性"问题；第三部分是效益研究，即项目的经济效益分析与评价，是可行性分析的核心部分，主要解决项目的经济"合理性"问题。这三大部分共同构成了整个项目可行性的三大支柱。

5. 市场调查

市场调查就是运用科学的方法、客观的态度，研究市场营销有关问题所需的信息，系统地收集、记录、整理和分析市场情况，提出解决相关市场营销问题的建议，并将调查信息传递给相应的管理层，为市场预测和营销决策提供客观依据的一系列活动。市场调查是市场预测的基础，也是软件工程项目可行性分析的起点。

市场调查的内容全面涵盖了市场营销活动的全部过程，从识别市场机会、选择目标市场、制定营销策略到评价营销效果，都将成为市场调查的对象。市场调查的内容如图 2-4 所示。

由图 2-4 可知，市场需求调查是企业市场调研活动中最重要的内容，主要包括消费者数量和结构、购买力、需求时间、支出结构情况、消费者心理及行为、客户满意度等方面的内容。

市场环境调查是企业开展各种经营活动的基本前提，主要包括经济、人口、政治、法律、社会、文化、技术、竞争和自然资源环境等。

营销实务调查主要是指企业在营销活动的各个环节上所进行的调查活动，主要包括产

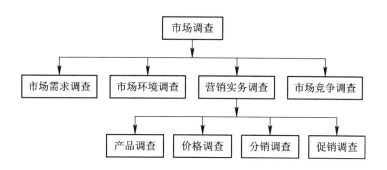

图 2-4　市场调查的内容

品调查、价格调查、分销调查与促销调查方面的内容。

市场竞争调查主要是对竞争对手的比较研究，通过对成本和经营活动的比较，找出本企业的竞争优势，从而扬长避短地开展经营活动，进而提高企业的竞争力。市场竞争调查的主要内容有：①对竞争形势的一般性调查，如市场占有率、经营特性、竞争方式、同行业竞争结构和变化趋势等；②针对某一具体竞争对手的调查，如竞争对手业务范围，经营规模，资金状况，组织结构，人员构成，产品品牌、价格、性能、营销渠道等。

1）市场调查的方法

（1）文案调查法。

文案调查法又称为二手数据调查法、文献调查法、间接调查法、室内研究法等。文案调查法是指通过搜集各种历史以及现实的动态材料、信息，并进行整理和分析研究的一种调查方法。文案调查法的数据来源主要包括内部资料（如业务资料、统计台账、财务资料、本企业的数据库以及营销信息系统等）和外部资料（统计部门和各级各类政府主管部门公布的相关资料，国内外相关的书籍、报刊等所提供的文献资料，各地广播电台、电视台提供的相关市场信息，国内外各种展销会、博览会、交易会、订货会等会议和学术性、专业性经验交流会议上所发放的文件及其材料等）。

文案调查法的优点是：成本相对较低；信息量大；查阅较为方便快捷。文案调查法要求调查人员具备较为丰富的专业知识和分析能力。

文案调查法可以发现问题并为相关市场研究提供重要的参考依据，其主要功能包括进行市场供求趋势分析、相关回归分析、市场占有率分析和市场覆盖率分析。

文案调查法主要有参考文献查找法和检索工具查找法（即手工检索法和计算机检索法）。文案调查法的工作程序是：首先收集文献资料（对文献资料的收集、查阅和记录），其次是检查审定文献资料，最后是整理文献资料。

（2）访问调查法。

访问调查法又称为采访法、询问法，是最常用的一种第一手资料收集方法，是调查机关派出调查人员通过口头、书面或电询等方式，向被调查者了解情况，取得相关资料的一种调查方法。

访问调查法按照访问人数的多少，分为个别访问和集体访问；按照访问地点和形式的不同，分为入户访问、街头拦截访问和电话访问等。

入户访问是指访问员到受访者的家中，与受访者面谈并收集相关资料的一种访问方法。入户访问的优点是：问卷的回答率较高，访问的形式较灵活，可获得额外信息；其缺点是：拒访率较高，调查成本较高，对访问人员的各项素质要求较高。

街头拦截访问又称为街头访问、定点访问，是指由访问员在某个事先选好的地点(如街头、商场、公园、医院等公共场所)拦住受访者来进行当面调查。这种调查大多采用问卷形式，对产品实体测试、品牌包装、价格等进行调查，通常需要增加一些调查辅助工具(如小礼品)和设施辅助当场询问，并当场做好记录。拦截访问的优点是：访问的进程快，成功率较高，成本较低廉；其缺点是：效果可能不太理想，受访者的选择通常受访问员的影响较大，回访难度大。拦截访问过程中需要注意的问题：访问时间不宜过长，通常控制在 15 分钟左右，以降低拒答率与无效回答率；访问的时间尽量考虑受访者的情况；不要在上、下班的时间段实施调查；调查地点和受访者的选择比较重要。

电话访问法是指调查者通过电话进行语言交流，从受访者那里获取信息的一种调查方法。电话访问法自身的特点决定了如果要成功地进行访问，首先需要解决好以下几个问题：认真设计好问卷调查表；精心挑选并培训访问员；调查样本的抽取及合理设计访问时间。

访问调查法种类较多，各类方法的调查范围、对象、速度、回收率、访问质量等多方面的比较如表 2-1 所示。企业可以根据项目具体情况选择合适的访问调研方法。

表 2-1　访问调查法比较表

比较	访问方法比较					
	街头访问	入户面访	电话访问	邮寄法	日记法	留置法
调查范围	较窄	较窄	较广	最广	一般	一般
调查对象	一般	可控且可选	可控且可选	一般	可控且可选	可控且可选
调查速度	较快	较慢	最快	最慢	较慢	较慢
回收率	一般	最高	一般	最低	较高	较高
访问质量	一般	最高	一般	较低	较高	较高
推断能力	较弱	最强	较强	最弱	一般	一般
平均费用	一般	最高	最低	较低	一般	一般

（3）观察调查法。

观察调查法是指调查人员在不告知被调查人员的前提下，在被调查人员旁边观察并记录收集相关资料的一种调查方法。

观察调查法实施的步骤是：第一步，先制订观察计划，计划确定后，设计观察提纲；第二步，确定观察目标，明确观察目的，确定观察对象；第三步，进入观察环境；第四步，认真做好观察记录；第五步，分类整理、登记并存放相关观察记录；第六步，分析数据并撰写观察报告。

（4）实验调查法。

实验调查法是指从影响调查问题的诸多因素中选出几个因素，将其置于一定条件下来进行小规模的实验，然后对实验结果做对比分析，研究所调研的项目是否值得大规模推广的调查方法。

实验调查法的优点是：所获得的结果具有一定的客观性和实用性，具有一定的可控性与主动性，可提高调查的精确度；其缺点是：由于市场中的可变因素难以掌握，因此实验结果不易相互比较，有一定的限制性，调查时间长，调查风险大且费用高。

（5）网络调查法。

网络调查法又称为联机市场调查，是指通过网络交互式信息沟通渠道对有关产品、劳务、广告以及市场等信息进行有系统、有组织、有计划的收集、调查、记录、整理和分析，客观地测定及评价、发现各种现象与事实，用以解决企业经营的相关问题，并以此作为管理者决策依据的一种调查方法。

网络调查法的步骤：首先，选择调查对象；其次，事先告知调查对象相关的访谈内容；最后，按照约定时间进行相关调查。

网络调查的方式有电子邮件调查、网上焦点团体座谈和调查对象主动浏览访问等。

2）市场预测的方法

市场预测是指在市场调查获得的各种资料和信息的基础上，通过分析和研究，运用科学的方法和预测技术，对市场未来商品的供求趋势、影响因素以及变化规律进行分析的过程。市场预测是企业制订经营计划的前提和依据，是经营决策的基础，使企业能够把握市场规律和趋势，提高经营管理水平和经济效益。主要的市场预测的方法如图 2-5 所示。

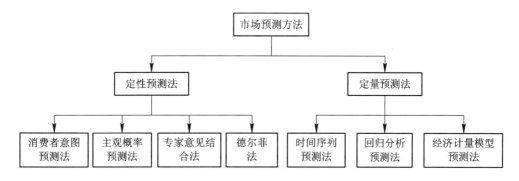

图 2-5　市场预测方法

常用的市场预测方法有以下几种：

（1）消费者意图预测法。

消费者意图预测法是指由预测者凭借自己的经验，在收集并充分掌握来自消费者的各种信息后，对未来某个阶段的消费者意图作出估计和推测的一种预测方法。

消费者意图预测法主要分为用户需求意见征集预测法、消费者意见测试法、购买意向预测法三大类。

用户需求意见征集预测法主要通过各种调查手段直接向用户了解其对本企业产品的评价、需求数量及购买意向等方面的信息资料，并据此作出有关市场用户需求的预测。用户需求意见征集预测法的常用方法如图 2-6 所示。

消费者意见测验法包括消费者或用户的现场投票法、发调查表征求意见法、商品试销或者试用征求意见法。

购买意向预测法就是预测者直接向一部分或全部潜在购买者了解在未来某一时期中需要购买本企业产品的意向，并在此基础上对产品需求或者销售作出预测的一种方法。购买意向预测法要想取得较理想的预测结果，需要满足的条件有：用户数量不多；与用户能取得有效的联系，调查成本不高；购买者的购买意图非常清晰明确；用户的购买意向会转化

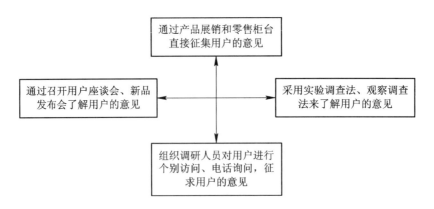

图 2-6 用户需求意见征集预测法的常用方法

为实际行动；用户愿意向调查者透露自己的真实想法。

（2）专家意见集合法。

专家意见集合法是指根据预测的目的与要求，采取一定方式向相关专家征询意见，并据此对市场未来的变动状况作出预计与判断的预测方法。

专家意见集合法

使用专家意见集合法需要注意的问题有：所邀请的专家人数应该根据预测目标所涉及的范围与复杂程度来确定，通常控制在 10 至 50 人，对于重大预测项目则可以再增加一些；所邀请的专家需要具备较高的知识水平、相关实践经验以及主观判断分析能力，能够对预测目标的未来发展作出科学的判断；邀请专家的来源结构要相对合理，受邀请的专家要根据预测目标的性质保持合理的比例；受邀请的专家对所预测的项目要有热情和兴趣，且能在规定的预测时间内按时参加；预测小组应根据预测目的事先准备好调查提纲及相关背景资料。

专家意见集合法的关键是让各位专家能充分发表意见，为实现这一目标，通常可以采用直接头脑风暴法和质疑头脑风暴法相结合的方式进行。

头脑风暴法（Brain Storming），又称 BS 法、智力激励法，是由美国创造学家 A.F. 奥斯本于 1939 年首次提出的一种激发创造性思维的方法。它通过小型会议的组织形式，让所有参加者在自由愉快、畅所欲言的气氛中自由交换想法或点子，并以此激发与会者的创意和灵感，使各种设想在相互碰撞中激起脑海的创造性"风暴"。

【例 2.3】　有一年，美国的北方格外寒冷，大雪纷飞，电线上积满了冰雪，一部分大跨度的电线被积雪压断，严重影响了通信，许多人试图解决这一问题都未能如愿。后来，电信公司某经理运用奥斯本发明的头脑风暴法，尝试解决这一清理积雪的难题。他召开了一种能让头脑"卷起风暴"的座谈会，参加会议的是不同专业的技术人员，会议要求参会人员必须遵守以下四个原则：

第一，自由思考。要求与会者尽可能地解放思想，无拘无束地思考问题并畅所欲言，不必顾虑自己的想法或说法是否荒唐可笑或者离经叛道。

第二，延迟评判。要求与会者在会上不要对其他人的设想评头论足，不要发表类似"这主意好极了""这种想法太离谱了"等评论。至于对设想的评判，留在会后组织专人考量。

第三，以量求质。鼓励与会者尽可能多而广地提出各种设想，以大量的设想来保证质量较高设想的存在。

第四，结合改善。鼓励与会者积极地进行智力互补，在提出自己设想的同时，注意思考如何把两个或更多的设想结合成另一个更完善的设想。

按照这种会议原则，大家七嘴八舌地议论开来。有人提出设计一种专用的电线清雪机；有人想到用电热来化解冰雪；也有人建议用振荡技术来清除积雪；还有人提出能否带上几把大扫帚，乘坐直升机去扫电线上的积雪。对于这种"坐飞机扫雪"的设想，大家心里尽管觉得滑稽可笑，但也无人提出批评。相反，有一个工程师在百思不得其解时，听到用飞机扫雪的想法后，大脑突然受到冲击，一种简单可行且高效率的清雪方法闪现出来。他想到，每当大雪过后，出动直升机沿积雪严重的电线飞行，依靠高速旋转的螺旋桨即可将电线上的积雪迅速扇落。他马上提出"用直升机扇雪"的新设想，顿时又引起其他与会者的联想，有关用飞机除雪的主意一下子又多了七八条。不到一小时，与会的10名技术人员共提出了90多条新设想。

会后，公司组织专家对所有设想进行分类论证。专家们认为设计专用清雪机、采用电热或电磁振荡等方法清除电线上的积雪，在技术上虽然可行，但研制费用大、周期长，一时难以见效。因"坐飞机扫雪"激发出来的那几种设想，倒是一个大胆的新方案，如果可行，将是一种既简单又高效的好办法。最后经过现场试验，发现用直升机扇雪的方案果真能奏效，一个久悬未决的难题，终于在头脑风暴会中得到了巧妙的解决。

（3）德尔菲法。

德尔菲法（Delphi Method），是20世纪40年代O.郝尔姆和N.达尔克首创，经T.J.戈尔登和兰德公司进一步发展而成的一种预测方法。德尔菲法又称为专家意见法或专家调查法，是以匿名方式，轮番征询专家意见，再回收并汇总所有专家的意见，最终整理得出综合预测结果的一种预测方法。

德尔菲法的市场预测步骤：

第一步，成立预测领导小组，选定专家。

第二步，拟定征询表，将要调查了解的内容按照一定的顺序与逻辑关系排列成表格，这是专家回答问题的依据。

第三步，进行多轮匿名意见征询。第一轮中调查表是开放式的，只提出预测的问题，请各位专家围绕所预测的主体来提出预测的事件，预测组织者要对专家填好的调查表进行汇总整理，并用较准确的术语提出一个预测事件一览表，作为第二轮调查表发给专家。第二轮中专家需要对调查表提出意见和评价，组织者收回调查表后进行统计（常用的统计方法主要有中位数与上、下四分位数法，算术平均统计处理法，非量化预测结果的统计处理法，主观概率统计处理法），然后根据统计数据整理出第三轮调查表发给专家。第三轮中专家需要对第二轮统计的结果做出分析、评价并给出自己新的意见。第三轮组织者的工作和第二轮类似，并形成第四轮的调查表。需要经过几轮调查，取决于调查项目的具体情况，大部分调查项目需要经过三轮或者四轮调查，少数项目到第二轮时专家意见就比较统一了，这样就不需要进行下一轮的调查工作。

第四步，做出预测结论。经验及研究表明，专家意见的分布是较为接近或者符合正态分布的。

德尔菲法的主要优点是：匿名性、反馈性、预测结果的收敛性和统计性以及预测方法的简便实用性。其主要缺点是：预测结果通常会受专家认识的制约；专家思维的局限性在一定程度上会影响预测的实际效果；在专家人选与设计预测调查表等诸多技术处理问题上，尚缺乏统一的衡量标准。

德尔菲法的主要作用是：为开发新产品提供依据；为生产计划及采购计划提供依据；为企业投资计划及人事计划提供参考；为定价策略的制定提供依据；为库存量的确定提供依据。

（4）经济计量模型预测法。

经济计量模型预测法是指利用经济变量之间的相互依存关系，通过经济分析，找出其相互间的因果联系，建立经济计量模型来描述经济关系，并运用模型进行预测分析的一种预测方法。经济计量模型是通过经济变量来描述和解释经济关系的，它是实现经济市场环境因素分析的方法与途径。

某商品供求计量模型如公式(2.5)所示：

$$\begin{cases} D_t = a_0 + a_1 P_t + a_2 W_t \\ S_t = b_0 + b_1 S_{t-1} + b_2 I_t \\ D_t = S_t \end{cases} \tag{2.5}$$

式中，D_t 表示当年需求量；P_t 表示当年价格；W_t 表示当年人均收入；S_t 表示当年供应量；S_{t-1} 表示上年供应量；I_t 表示当年进口量；a_0、a_1、a_2、b_0、b_1、b_2 表示模型的参数；$D_t = S_t$ 表示均衡条件。

根据这些变量在模型中的作用，将其分为以下四种类型：

内生变量：由所研究的系统内部确定的变量，又称为被解释变量，如 D、S。

外生变量：由所研究的系统外部确定的变量，又称为解释变量，如 P、W、I。

前定变量：可以预先确定的变量，如 P_t、W_t、I_t。

虚拟变量：又称为假变量，是一种用来表示定性项目的变量。

经济计量模型的方程类型有以下五种：

行为方程：反映经济系统中各种行为的方程，主要用来描述行为关系。

技术方程：反映物质生产技术关系的方程，如利润函数与生产函数。

制度方程：用来描述由政府规定的制度、法令、法律所决定的制度关系的方程，如营业税所表示的制度方程如公式(2.6)所示：

$$T = r \cdot S \tag{2.6}$$

式中，T 表示营业税，r 表示税率，S 表示销售收入。

定义方程：按照某种定义或规定而建立的方程，如销售收入的定义方程如公式(2.7)所示：

$$S = Q \cdot P \tag{2.7}$$

式中，S 表示销售收入，Q 表示商品的销售量，P 表示销售价格。

平衡方程：反映系统内部的平衡状况或普遍认可的平衡关系，如销售收入的平衡关系式如公式(2.8)所示：

$$S = C + F + T + M \tag{2.8}$$

式中，S 表示销售收入，C 表示成本，F 表示销售费用，T 表示销售税金，M 表示销售利润。

经济计量模型的预测程序按以下五个步骤进行：

第一步，模型设计。先找出所研究的经济体系中的主要经济变量（包括内生变量与外生变量），以及决定相应经济计量模型的方程及其变量的数量；再用经济理论找到合适的方程来描述经济体系中的各种经济关系，方程的个数依据内生变量的数量而定，进而构成一个较为完整的经济计量模型。

第二步，模型识别。判别模型的结构参数能否根据统计数据作出唯一的估计，即判别联立方程能否有解，以及解的个数是否唯一。假设 G 表示模型中方程的个数，m 表示需要进行模型识别方程中的内生变量的个数，k 表示模型中的前定变量的个数，R 表示需识别方程中前定变量的个数，则识别方法通常有以下三种情况：

如果 $k-R=m-1$，则方程表示恰好可识别，属于可估计范围；

如果 $k-R>m-1$，则方程表示过度识别，属于可估计范围；

如果 $k-R<m-1$，则方程表示不可以识别，属于无法估计范围。

第三步，模型估计。主要有两种估计法，即有限信息法和完全信息法。有限信息法又称为单一方程估计法，是指独立估计联立方程组里面的每一个方程。有限信息法常用的估计方法有普通最小二乘法、二阶最小二乘法和间接最小二乘法等，是模型估计中的常用方法。完全信息法又称为方程组法，需要同时估计整个模型中的全部方程。完全信息法常用的估计方法有完全信息最大似然法和三阶最小二乘法。但由于完全信息法计算过程较为复杂，且容易因某个方程的误差影响其他方程，导致整体受影响，故在实践中的运用较少。

第四步，模型检验。模型的结构参数估算完成后，需要对其结果进行评价与检验。评价与检验的内容主要有模型的经济意义分析、误差分析、配合优良度分析、总体相关系数的 F 检验、误差序列相关的 DW 检验、结构参数的 t 检验、多重共线性程度的判别等。如果检验结果发现所估计的结果有严重的问题，则需质疑建模依据的经济理论假设是否正确，并对模型进行部分或者全部调整和修正，或换一种估算方法，或重新设计模型。

第五步，模型使用。模型使用主要有经济结构分析、预测未来以及规划政策。

2.1.4 成本与费用、销售收入与利润、主要税金

1. 成本与费用

成本是指为了达到一定的目的或者进行生产经营活动时，购置各种生产资料或者采购商品所支付的价款以及费用，即采购成本或者购置成本。随着企业生产活动的不断进行，这些成本就转化为生产成本与销售成本。

总成本费用是指软件工程项目在一定时期内，为生产和销售产品而花费的全部成本及其费用。总成本费用主要有生产成本、经营成本和期间费用。

（1）生产成本。

生产成本即生产费用或者制造成本，是指企业为了生产产品或者提供劳务所发生的各种资源耗费。生产成本要素按照经济用途，可分为直接材料费（是指企业在生产过程中实际所耗费的直接材料、设备配件、辅助材料、燃料、包装物、外购半成品、低值易耗品、动力及其他直接材料）、直接工资费（又称为直接人工费，是指企业直接从事产品生产的工作人员的工资、津贴、奖金、补贴及福利等）、间接成本（又称为制造费用，如企业的分厂、车间管理人员、相关技术人员的工资及其福利，各种固定资产的维修费、物料消耗、水电费、修理期停工损失费等）以及其他直接支出。

（2）经营成本。

经营成本是软件工程经济学分析时需要从总成本费用中分离出来的一部分费用，是指IT企业在一定会计期间内由于生产、销售以及提供劳务所发生的费用。其计算公式如下：

经营成本＝总成本费用－更新改造资金（又称为维简费）－折旧费－摊销费－利息支出

（3）期间费用。

期间费用是指企业日常活动不能直接归属于某个特定成本核算对象，且在发生时应直接计入当期损益的各种费用。期间费用包括管理费用、销售费用、财务费用和研发费用。

管理费用是指企业为了组织和管理企业的生产经营活动所发生的各项费用。管理费用主要包括单位经费、劳动保险费、工会经费、董事会费、业务招待费、技术转让费、无形资产摊销、住房公积金、职工教育经费、存货的盘亏或者盘盈、计提存货跌价准备、诉讼费、聘请中介机构费用、计提坏账准备等。

销售费用是指企业在销售产品或者提供劳务等经营过程中所发生的各项费用，主要包括企业为销售商品所设置的销售部门或机构的人员工资、办公费、职工福利费等，还有企业在销售过程中所发生的广告费、包装费、运输费、保险费、装卸费、展览费、委托代销费等。

财务费用是指企业为筹集生产经营所需资金而发生的各项费用，主要包括企业在生产经营活动中的利息支出净额（即利息支出减去利息收入之差）、汇兑净损失（即汇兑损失减去汇兑收益之差）、金融机构的相关手续费及其他费用等。

研发费用是指研究与开发某项目所支付的费用，主要包括研发活动直接消耗的材料、燃料和动力费用，研发人员的工资、津贴、奖金、补贴及福利等，以及用于研发活动的软件、专利权等无形资产的摊销费用等。

2. 销售收入与利润

（1）销售收入。

销售收入又称为营业收入，是指企业通过销售商品、提供劳务所获得的经济利益的总收入，即

销售收入＝商品销售量×商品的单价

（2）营业外收入。

营业外收入又称为营业外收益，是指和企业的生产经营活动没有直接关系，应计入当期利润的各种收入。营业外收入是不需要耗费企业经营资金的，是一种纯收入。营业外收入主要包括非货币性的资产交换利得、债务重组利得、非流动资产处置利得、出售无形资产收益、存货盘盈利得、企业合并损益、政府补助、罚款收入、教育费附加返还款以及捐赠利得等。

（3）利润及其分配。

利润是指企业在一定会计期间内所获得的经营成果。利润是企业销售商品所得收入扣除成本及税金后的余额，即

利润＝销售收入－总成本费用－销售税金及附加

其中，销售税金及附加是指与企业销售收入相关的税金及附加，主要包括营业税、资源税、消费税、城市维护建设税、教育费附加等税费。应交增值税不计入"主营业务及附加"。净利润又称为税后利润，是指在利润总额中缴纳了所得税后企业的利润留存。

依据《中华人民共和国公司法》，企业利润的分配顺序是：① 被没收的财务损失，支付各项税收的滞纳金与罚款；② 弥补以前年度亏损；③ 提取法定公积金与公益金，应当提取利润的 10％列入公司法定公积金，公司法定公积金累计额为公司注册资本的 50％以上的，可以不再提取；④ 提取任意公积金；⑤ 向投资者分配利润。

3. 主要税金

根据纳税对象的不同，税收可分为所得税、资源税、流转税、农业税、财产行为税和关税。在项目的投资与建设过程中，缴纳的主要税收包括营业税、所得税、城市维护建设税以及教育费附加。针对企业占有的财产与行为，缴纳的税收还有房产税、契税、土地使用税以及土地增值税等。

主要税金

软件企业需要缴纳的税种主要有增值税、企业所得税、房产税、印花税、车船税、教育费附加、城市维护建设税，以及需要代扣代缴的个人所得税。通常情况下，软件企业在部分税种中会有优惠政策，因而可能会比一般公司缴纳的税金稍微少一些。

一般纳税人销售企业自行开发、生产的软件产品，按 17％的税率征收增值税后，对其增值税实际税负超过 3％的部分实行即征即退政策。

（1）软件产品增值税即征即退税额的计算方法：

即征即退税额＝当期软件产品增值税应缴纳税额－当期软件产品销售额×3％

当期软件产品增值税应缴纳税额＝当期软件产品税额－当期软件产品可抵扣进项税额

当期软件产品销项税额＝当期软件产品销售额×17％

（2）嵌入式软件产品增值税即征即退税额的计算方法：

即征即退税额＝当期嵌入式软件产品增值税应缴纳税额－当期嵌入式软件产品销售额×3％

当期嵌入式软件产品增值税应缴纳税额＝当期嵌入式软件产品销项税额－

当期嵌入式软件产品可抵扣进项税额

当期嵌入式软件产品销项税额＝当期嵌入式软件产品销售额×17％

当期嵌入式软件产品销售额＝当期嵌入式软件产品与计算机硬件、机器设备销售额合计额－

当期计算机硬件、机器设备销售额

所得税是指国家对法人、自然人和其他经济组织在一定时期内的各种所得征收的一种税收。所得税包括企业所得税与个人所得税。企业所得税按 25％的税率缴纳；对于非居民企业取得的应税所得税按 20％的税率缴纳；符合条件的小型微利企业，减除 20％的税率征收企业所得税；国家需要重点扶持的高新技术企业减除 15％的税率征收企业所得税。以下情况可免征或减征企业所得税：①从事农、林、牧、渔业项目的所得；②从事国家重点扶持的公共基础设施项目投资所得；③从事符合条件的环境保护、节能项目所得；④符合条件的技术转让所得。

房产税是指以房屋为征税对象，按房屋的计税余值或者租金收入作为计税依据，向产权所有人征收的一种财产税。凡是属于征税范围内的房屋产权所有人都需要交纳房产税，包括国家所有和集体、个人所有房屋的产权所有人、承典人或者使用人。计税的税率有以下两种：① 从价计征，其计税依据是房产原值一次减去 10％～30％的扣除比例后的余值，税率为 1.2％；② 从租计征，其计税依据是房产的租金收入，税率为 12％。关于个人房产，按市场价格出租的居民住房则按 4％的税率征收房产税。

【例 2.4】 某 IT 企业 2019 年年初的房产原值为 4000 万元，6 月 1 日将其中原值为 1500 万元的闹市房出租给某企业商用，月租金为 6 万元。当地政府规定计税方式为按房产原值减去 25％ 的余值。请确定该企业当年应缴纳的房产税额。

解：该 IT 企业自身经营用房的房产税须按房产余值从价计征；而闹市房 6 月 1 日出租，故在 1～5 月仍按从价计征，6 月开始按从租计征。

IT 企业自身经营用房应缴纳的房产税 = (4000−1500)×(1−25％)×1.2％ +
$$1500×(1−25％)×1.2％/12×5$$
$$= 22.5 + 5.625 = 28.125(万元)$$
出租的房产按本年租金从租计征 = 6×7×12％ = 5.04(万元)
企业当年应缴纳的房产税 = 28.125 + 5.04 = 33.165(万元)

教育费附加是指为了发展地方教育事业、扩大地方教育的经费来源而征收的一种附加税。教育费附加以企业实际缴纳的增值税、营业税、消费税的税额作为计征依据，并与其同时缴纳。教育费附加的税率是 3％，地方教育费附加的税率是 2％。

城市维护建设税是指为了筹集城市维护和建设资金所征收的一种附加税。城市维护建设税的纳税人是有义务缴纳增值税、消费税与营业税的单位与个人，外商投资企业与外国企业不需要缴纳城市维护建设税。城市维护建设税以企业实际缴纳的增值税、营业税、消费税的税额作为计征依据，并与其同时缴纳。纳税人所在地为市区的，城市维护建设税的税率按 7％ 缴纳；纳税人所在地为县城或乡镇的，按 5％ 的税率缴纳；纳税人所在地为在市区、县城或乡镇以外的其他区域的，按 1％ 的税率缴纳。

契税是指土地、房屋权属转移时向其承受者征收的一种税。契税的纳税义务人是境内转移土地、房屋权承受的单位(内/外资企业、国家机关、事业单位、军事单位与社会团体)与个人。契税的计税依据为：① 国有土地使用权出让、房屋买卖以及土地使用权出售都以成交价格作为计税依据。② 房屋赠与、土地使用权赠与，由征收机关参照房屋买卖、土地使用权出售的市场价格作为计税依据。③ 房屋交换、土地使用权交换，以房屋、所交换土地使用权的价格差额作为计税依据。④ 以划拨方式取得的土地使用权在经过批准转让房产时，由房产转让者补交契税，计税依据是补交的土地收益或土地使用权出让费用。⑤ 房屋附属设置：以分期付款方式购买房屋附属设施土地所有权或使用权的，按合同规定的总价款计征契税；房屋附属设置权属是单独计价的，则按当地确定的适用税率征收契税；房屋附属设置权属是与房屋统一计价的，则按与房屋相同的契税税率计征。

2016 年 2 月，财政部、税务局与住建部联合发布的《关于调整房地产交易环节契税营业税优惠政策的通知》确定的最新契税政策，如表 2−2 所示。

表 2−2　2016 年最新购房契税明细表

购房情况	建筑面积	契税税率
首套住房	90 m² (含)及以下	1％
	90 m² 以上	1.5％
第二套改善性住房	90 m² (含)及以下	1％
	90 m² 以上	2％

2.2 资金的时间价值及其贴现与预算

2.2.1 资金的时间价值

古时候，有一个农夫在开春的时候没有种子，于是他向邻居借了一斗稻谷种子，到了秋天收获时，他给邻居还了一斗一升的稻谷。为什么这个农夫要多还稻谷给他的邻居呢？

在软件企业，如果企业将资金存入银行，随着时间的推移会产生相应的利息；如果企业将资金投入软件工程项目的建设，则会随其周转而产生利润或亏损；但如果企业把资金保存不用，随着时间的推移其资金的数额不会发生变化，但会随着通货膨胀而贬值。以上三种企业处理资金的方式，都会随着时间的推移产生不同的资金新值，而与资金原值相比较，增加或者减少的部分就称为资金的时间价值，如图2-7所示。软件的工程经济活动直接受这种资金的时间价值的影响。这是因为软件工程项目的资金投入一般不是在项目初期的一次性投入，而是按照其生命周期的各阶段或者各个项目里程碑（也可以理解为不同时点）分批次进行投入，同样其收益也非一次性获取，也是分阶段获取。故我们要客观地评价软件工程项目的经济效果，不仅仅要考虑现金的流入和流出的具体数额，还要考虑每一笔现金流量所发生的时间。因此，资金再赋予时间的概念才真正具有完整的价值。需要注意的是：资金的时间价值可能是增额，也可能是减额。

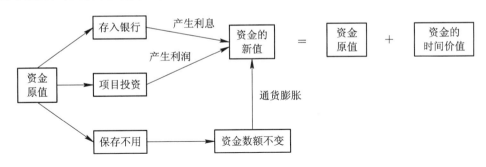

图 2-7　资金的时间价值示意图

资金的时间价值是指资金经过一定时间的投资和再投资所产生的价值增加量。资金的增值过程如图2-8所示。

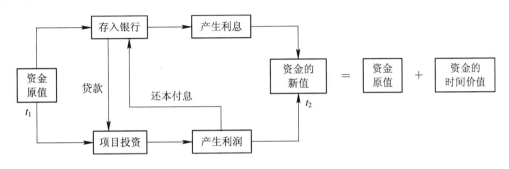

图 2-8　资金增值过程示意图

在商品经济条件下，资金在投入生产与交换的过程中产生了增值，给投资者带来了利润，其实只是由于劳动者在生产与流通过程中创造了价值。从投资者的角度来看，资金的时间价值是资金具有增值的特性；而从消费者的角度来看，资金的时间价值是放弃现时消费所造成损失的补偿，因为资金用于投资后则不能再用于现时消费。

【例 2.5】 某软件企业有两个信息系统项目的投资方案需要其管理人员决策。两个方案的寿命期均为 2 年，初始投资额均为 100 万元（人民币）。两个方案每年的收益不同，但收益总额却是相同的，如表 2-3 所示。如果两个信息系统项目的其他条件都一样，应该如何选择？

表 2-3　信息系统投资方案现金流量表

方　　案	年末收益金额/万元		
	0	1	2
A 方案	−100	40	80
B 方案	−100	80	40

根据两个项目投资方案的现金流量表可知，方案 A 在第一年获取的收益小于 B 方案，而其第二年的收益大于 B 方案，如果考虑到两个信息系统项目所获得的收益都可以再投资，且投资的年收益率假设都为 8%，则在考虑了资金的时间价值的情况下，两个方案的收益如下：

$$A \text{ 方案的总收益} = 40 \times (1 + 8\%) + 80 = 123.2$$
$$B \text{ 方案的总收益} = 80 \times (1 + 8\%) + 40 = 126.4$$

从以上计算结果可知，B 方案的收益明显高于 A 方案，故选择 B 方案。

影响资金时间价值的因素较多，从投资者的角度来看主要有：① 投资收益率；② 通货膨胀率；③ 风险因素。

衡量资金时间价值的方式有两种：一种是绝对衡量尺度，即利息、盈利或者收益；另一种是相对衡量尺度，即利率、盈利率或者收益率。

1. 利息

利息是衡量资金时间价值的绝对衡量尺度。狭义的利息是指占用资金所付出的代价或者放弃使用资金所得到的补偿。广义的利息是指资金投入到生产和流通领域中所获得的资金增值部分。利息既包括存款所得到的报酬或者贷款所付出的代价，也包括投资所产生的净收益或利润。软件工程经济学中的利息一般指广义的利息。其计算公式如式(2.9)所示：

利息、利率、
单利、复利

$$I = F - P \tag{2.9}$$

式中，I 表示利息；F 表示还本付息总额；P 表示本金。

2. 利率

利率是衡量资金时间价值的相对衡量尺度，又称为利息率。利率是指一个计算单位时期内所得到的利息额与借贷金额（本金）的比值，主要反映资金随时间变化的增值率。利率一般用 i 表示。计算利息的时间单位一般称为计息周期，计息周期有年、季、月、日等，其中年利率一般用"%"表示，月利率一般用"‰"表示。其计算公式如式(2.10)所示：

$$i = \frac{I_t}{P} \times 100\% \tag{2.10}$$

式中，i 表示利率；I_t 表示单位时间内的利息；P 表示借款本金。

【例 2.6】 某软件企业利用闲置资金购买了一年期的国债 200 000 元，一年后该国债到期时的本利和是 231 120 元，求其年利率。

解：根据题目所给条件及公式(2.10)可得：

$$i = \frac{I_t}{P} \times 100\% = \frac{231\ 120 - 200\ 000}{200\ 000} \times 100\% = 15.56\%$$

一般来说，利息是平均利润（即社会纯收入）的一部分，因而利率的变化会受平均利润的影响。当其他条件均不变时，平均利润率提高，利率也会相应提高；反之，则会相应下降。利率的高低还受借贷资金的供求情况、借贷风险、借款时间、商品价格水平、社会习惯、银行费用开支、国家经济政策、国家利率水平以及货币政策等因素的影响。通常，在研究软件工程类项目投资的经济效果时常常使用收益或者收益率的概念。从企业盈利的角度来看，软件工程项目投资通常要求其收益大于要支付的利息，也就是说收益率要大于利率。收益与收益率是研究软件工程项目经济性所必需的指标。

3. 单利

单利(Simple Interest)是指仅仅以本金作为基数来计算利息，即不论年限有多长，每年都按原始本金计息，已取得的利息在后续年度不再计息的计息方法。其计算公式如式(2.11)所示：

$$I_t = P \times i_d \tag{2.11}$$

式中，I_t 表示第 t 期的利息额度；P 表示本金；i_d 表示计息单利利率。

假设 I_n 表示第 n 个计息期所付或者所收到的单利总额，则有如公式(2.12)所示的计算方式：

$$I_n = \sum_{t=1}^{n} I_t = \sum_{t=1}^{n} P \times i_d = P \times i_d \times n \tag{2.12}$$

由式(2.12)可知，在单利计息的情况下，总利息与本金、利率和计息周期数是成正比的，而第 n 期末的单利、本利和 F 等于本金加上利息，如公式(2.13)所示：

$$F = P + I_n = P(1 + n \times i_d) \tag{2.13}$$

【注意】 公式(2.13)中的 n 和 i_d 的周期匹配，即年利率或月利率分别对应的是年数或月数。

【例 2.7】 某软件企业借入人民币 200 000 元，年利率为 7%，计划第三年末偿还，试用单利方式计算每年的利息与本利和。

解：计算过程如表 2-4 所示。

表 2-4 单利方式利息计算表

年末	借款本金/元	利息/元	本利和/元	偿还额/元
0	200 000			
1		200 000×7%=14 000	200 000+14 000=214 000	0
2		200 000×7%=14 000	214 000+14 000=228 000	0
3		200 000×7%=14 000	228 000+14 000=242 000	242 000

4. 复利

复利（Compound Interest）是指计算利息时以本金和累计利息和作为基数的计息方法，即"利生利"的计息方法。其计算公式如式（2.14）所示：

$$I_t = i \times F_{t-1} \tag{2.14}$$

式中，i 表示计息期的利率；F_{t-1} 表示第 $t-1$ 年年末的复利本利和。

由公式（2.14）可推导出第 t 年年末复利和的计算公式：

$$F_t = F_{t-1} \times (1+i) \tag{2.15}$$

【例 2.8】 如果依据例题 2.7 中的数据，按照复利计算此借款每年的利息与本利和。

解：计算过程如表 2-5 所示。

表 2-5 复利方式利息计算表

年末	借款本金/元	利息/元	本利和/元	偿还额/元
0	200 000			
1		200 000×7％=14 000	200 000+14 000=214 000	0
2		214 000×7％=14 980	214 000+14 980=228 980	0
3		228 980×7％=16 028.6	228 980+16 028.6=245 008.6	245 008.6

由表 2-4 和表 2-5 对比可知，同一笔资金，在年利率与计息年限相同的情况下，用复利计算出来的本利和比用单利计算出来的数目要大很多，且随着本金的增加两者的差距会增大。

2.2.2 现金流量的内涵

1. 现金流量的概念

现金流量（Cash Flows，CF）是指特定经济系统（某个项目、企业、地区或部门）在某一时点发生了所有权或使用权转移的现金或其等价物（如银行承兑汇票、短期国库券、可转让定期存单等）的数量。软件工程经济学中的现金流量是指拟建设项目在整个项目计算期内各个时点上实际发生的现金流入、流出以及流入和流出的差额。

现金流入（Cash Inflows，CI）是指流入特定经济系统的现金。如 IT 企业销售商品或提供劳务等获得的现金、从银行获得的借款等都属于现金流入。现金流出（Cash Outflows，CO）是指流出特定经济系统的现金，如企业购买固定资产、租赁设备、偿还债务等支付的现金。同一时点上的现金流入和流出之差称为净现金流量，通常用 CI—CO 表示。净现金流量分为正现金流量和负现金流量。正现金流量是指一定时期的净收入，负现金流量是指一定时期的净支出。

2. 现金流量的分类

在现金流量表中，通常将现金流量分为以下三大类：

（1）经营活动产生的现金流量。

软件企业经营活动所产生的现金流量主要有销售软件产品、提供劳务收到的现金，收到的税费返还，以及收到的其他和企业经营活动相关的现金。软件企业经营活动产生的现金流出项目主要有购买商品支付的现金、支付给员工的现金、支付的税费、接受劳务所支付的现金，以及支付的与企业经营活动相关的现金。

（2）投资活动产生的现金流量。

软件企业投资活动所产生的现金流入项目主要有回收企业投资所收到的现金，企业取得投资收益而收到的现金，处置企业的固定资产、无形资产以及其他长期资产所收回的现金，以及收到其他与投资活动相关的现金。而软件企业投资活动所产生的现金流出项目主要有购置固定资产、无形资产以及其他长期资产所支付的现金，投资活动所产生的现金，以及支付与其他和企业投资活动相关的现金。

（3）筹资活动产生的现金流量。

软件企业筹资活动所产生的现金流入项目主要有获得借款所收到的现金、吸收投资收到的现金以及收到其他与筹资活动相关的现金。而企业筹资活动所产生的现金流出项目主要有企业偿还债务所支付的现金，分配股利、利润以及偿付利息所支付的现金，以及支付的其他与筹资活动相关的现金。

软件企业的现金流量表，按照企业的经营活动、投资活动以及筹资活动来进行分类报告，是为了便于报表使用人以及相关管理人员了解各类活动对企业财务状况的影响，进而估量未来的现金流量。

3. 软件企业确定现金流量需要注意的问题

（1）对于每一笔现金流入和流出都要有明确的发生时点。

（2）现金流量必须是企业实际发生的，且每一笔现金流量都必须有可靠的凭证作为验证，不应将应收账款、应付账款、暂时不能兑现的有价证券以及不能立即出让的固定资产账面价值等记入现金流量。

（3）同一个软件工程项目或者集成项目的现金流量，因立场及出发点不同会产生不同的结果。例如，某软件工程项目的投资方和承建方是不同的两个单位，当投资方支付项目款给承建方时，对于投资方而言是现金流出，而对于承建方而言则是现金流入。

（4）所有权或者使用权未发生转移的现金，其等价物不是现金流量。例如，企业的固定资产在未被使用之前不能将固定资产折旧列入现金流量。

4. 现金流量图

现金流量图（Cash-Flows Diagrams）是指在时间坐标轴上，用带箭头的短线表示一个建设项目或者一个企业资金活动规律的图形。软件企业可以依据现金流量图来考察软件工程项目或者系统集成项目在其整个生命周期内每个阶段的资金变化情况，进而分析其经济效果。现金流量图一般用一个

现金流量图

箭头指向右侧的时间轴以及垂直于时间轴的垂直箭线表示不同时间点的现金流入或者流出的状况，如图 2-9 所示。

下面以图 2-9 为例，介绍现金流量图的绘制方法。

（1）以横轴作为时间轴，向右指向的箭线表示时间的延续，时间轴上每一个刻度表示一个时间单位，时间单位通常取年，也可以取半年、季度或月等。0 表示时间序列的起点，也可以理解为第 1 年初，n 表示时间序列的终点。

（2）垂直于时间轴的箭线表示不同时间点的现金流量的大小与方向。一般规定，在时间轴上方的箭线表示现金流入，而在时间轴下方的箭线表示现金流出。有时部分企业为了

方便，也会在箭线的方向表示意义上作相反的规定。

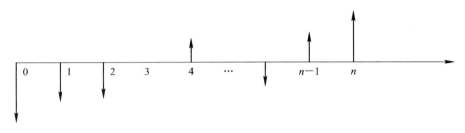

图 2-9　现金流量图

（3）表示现金流量的箭线长短与现金流量的数值大小成相应比例。但软件企业的软件工程项目中各个时点的现金流量的数额经常相差较大，导致较难成比例地绘制出来，因而在现金流量图的绘制中，箭线的长短只要能适当体现各个时点现金流量数值的差异，并在箭线的上方或下方标注其现金流量的数值即可。

（4）箭线与时间轴的交点为现金流量发生的时间点。

（5）时间序列中某一期的期末即为下一期的期初。例如，对于图 2-9 中的时间点 1 来说，既代表第 1 个计息点的终点，又代表第 2 个计息点的起点。

（6）现金流入和现金流出总是针对不同的对象而言的。例如，某软件企业向银行贷款，对于银行是现金流出，而对于企业则是现金流入。

5．现金流量的作用

在当今市场经济环境下，软件企业的管理人员都特别关心项目的现金流量情况。在技术分析中，现金流量的作用主要体现在以下三个方面：

（1）能对软件企业获取现金的能力作出评价。

现金流量可以将软件工程项目的物质形态转化为货币形态，为正确计算以及评价软件工程项目的经济效果提供统一的信息基础。对软件工程项目的技术方案的考察可以从物质形态和货币形态两个维度来进行。经济主体通过提供其他经济主体所需要的软件工程产品或劳务，获得一定的物质形态的产品，如原材料、厂房、设备等；与此同时，经济主体通过垫付资本，在其生产过程中花费成本，获得货币形态的收入。项目的物质形态往往缺乏可比性与灵活性，而货币形态因其具有一般等价物的特点而得到广泛的使用。

（2）能对软件企业的偿债能力作出评价。

现金流量能够反映各个软件工程项目在其寿命周期内的各种经济效果的全貌。在软件工程项目的前期决策阶段，其研究人员提出的各种备选方案，以及方案决策中的筹资方案、经营方案等都可以通过预测或估计现金流量来展示其经济性。

（3）能对软件工程项目收益的质量及投资、筹资活动作出评价。

现金流量能反映软件工程项目的真实盈利能力。评价软件工程项目的经济效果，不能单看其资产收益率，如果资产收益率表现为盈利，但净现金流量却为负值，则说明该项目是存在问题的。故现金流量是衡量软件工程项目投资收益最重要的指标。

2.2.3　资金等值的计算及其应用

1．资金等值

资金具有时间价值。资金等值是指在考虑了资金的时间价值后，不同时间点上数额不等的资金在一定利率的条件下具有相同的价值。例如，现在的 200 元与一年后的 220 元，从面值上分析其数额是不相等的，但如果在 10% 的年利率下，两者就是等值的。影响资金等值的因素有三个，即金额、资金发生的时间和利率。在等值计算中通常用同一利率进行计算。

在软件工程项目中，资金的等值计算所涉及的概念有：

（1）贴现（Discount）和贴现率（Discount Rate）：贴现又称为折现，是指把将来某个时点的资金金额换算成现在时点的等值金额；贴现率是指贴现时所使用的利率（i），又称为折现率。

（2）现值 P（Present Value）：是指资金贴现到现在时刻的价值。现值是一个相对的概念，如将 $t+n$ 个时点上所发生的资金折现到第 t 个时点，所得的等值金额就是 $t+n$ 个时点上的资金额在 t 时点的现值。

（3）终值 F（Future Value）：又称为将来值或未来值，是指计息期期末的资金价值，或者表示现在某个时点的资金价值在未来某个时点的资金价值。

（4）年金 A（Annual Value）：又称为年值或等额年值，是指每期都发生的等额现金流的金额，如租金、利息、折旧、保险金等。年金又分为普通年金、预付年金和延期年金三种。普通年金又称为后付年金，是指每期期末收、付款的现金流量序列，是最常用的年金形式；预付年金是指每期期初收、付款的现金流量序列；而延期年金是指距今若干期以后所发生的每期期末收、付款的现金流量序列。三种年金的现金流量图如图 2-10 所示。

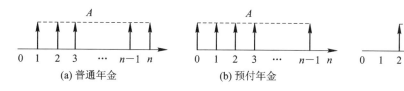

（a）普通年金 　　　　　（b）预付年金 　　　　　（c）延期年金

图 2-10　年金的现金流量图

（5）计息期数 n：在软件工程经济学中，计息期数表示从开始投入资金到软件工程项目的寿命周期终结的整个期限。

2. 资金等值的计算

（1）一次性支付复利终值公式（已知 P，求 F）。

假设某软件企业有一笔资金 P，如果按年利率 i 计算，则 n 年后的本利和 F 可根据复利的概念来求得，其计算过程如表 2-6 所示。

一次性支付
复利终值公式

表 2-6　终值计算过程表

计息期	期初金额	本期利息金额	期末本利和
1	P	$P \cdot i$	$F_1 = P + P \cdot i = P(1+i)$
2	$P(1+i)$	$P(1+i) \cdot i$	$F_2 = P(1+i) + P(1+i) \cdot i = P(1+i)^2$
$\vdots$	$\vdots$	$\vdots$	$\vdots$
n	$P(1+i)^{n-1}$	$P(1+i)^{n-1} \cdot i$	$F = F_n = P(1+i)^{n-1} + P(1+i)^{n-1} \cdot i = P(1+i)^n$

由表 2-6 可见，n 年末的本利和 F 与本金 P 的关系如公式（2.16）所示：

$$F = P(1+i)^n \tag{2.16}$$

式中，$(1+i)^n$ 称为复利终值系数。

在复利计算中，通常用一种规格化的代号来代表各种计算系数，其形式为（$x/y, i, n$）。

其中，x 表示需要求的未知数；y 表示已知数；i 表示年利率；n 表示计息的期数。故复利终值系数通常表示为 $(F/P, i, n)$。该系数可以根据 i 和 n 的值，通过查附录的表得到。公式 (2.16) 的另一种表达式如公式 (2.17) 所示：

$$F = P(F/P, i, n) \qquad (2.17)$$

【例 2.9】 某软件企业向银行贷款 100 万元，按年利率为 8% 进行复利计息，试求该企业第 4 年年末连本带利一次偿还银行的金额，并画出其现金流量图。

解：

方法 1：依据题意和公式 (2.16) 可得：

$$F = P(1+i)^n = 100 \times (1+0.08)^4 = 100 \times 1.3605 = 136.05 (万元)$$

方法 2：依据题意和公式 (2.17) 可得：

$$F = P(F/P, i, n) = 100(F/P, 8\%, 4)$$

查表可得，$(F/P, 8\%, 4)$ 的值为 1.3605，则有：

$$F = 100(F/P, 8\%, 4) = 100 \times 1.3605 = 136.05 (万元)$$

银行现金流量图如图 2-11 所示。

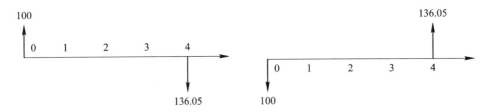

图 2-11 例 2.9 银行现金流量图

(2) 一次性支付复利现值公式（已知 F，求 P）。

由公式 (2.16) 可求出现值 P，如公式 (2.18) 所示：

$$P = F(1+i)^{-n} \qquad (2.18)$$

式中，$(1+i)^{-n}$ 称为复利现值系数，通常又表示为 $(P/F, i, n)$。在软件工程经济学中，通常是将终值 (F) 折现到第 0 期，也就是第 1 年期初。公式 (2.18) 的代号表示方法如式 (2.19) 所示：

一次性支付
复利现值公式

$$P = F(P/F, i, n) \qquad (2.19)$$

【例 2.10】 某软件企业希望通过某信息化项目投资在第 4 年年末得到 200 万元的资金，若按年利率为 8% 进行复利计息，该企业现需要一次性投入多少资金？

解：

方法 1：依据题意和公式 (2.18) 可得：

$$P = F(1+i)^{-n} = 200 \times (1+0.08)^{-4} = 200 \times 0.735 = 147 (万元)$$

方法 2：依据题意和公式 (2.19) 可得：

$$P = F(P/F, i, n) = 200(P/F, 8\%, 4)$$

查表可得，$(P/F, 8\%, 4)$ 的值为 0.7350，则有：

$$P = 200(P/F, 8\%, 4) = 200 \times 0.7350 = 147 (万元)$$

由公式 (2.16)~(2.19) 可知，现值系数与终值系数互为倒数。

对软件工程项目的多个方案进行比较与评价时，通常选择现在的时点作为现值，把方案所预计的不同时点的现金流量折算为现值，并按照现值的代数和来做方案的决策。故在对方案进行经济分析时需要注意以下两点：

① 需要根据实际情况正确选择折现率。

② 注意现金流量的分布情况。从投资角度来看，投资支出的时间越晚、数额越小，则现值越小，从这个角度分析适合晚投资；而从收益角度来看，获得资金的时间越早、数额越大，则现值越大，从这个角度看需要早日投产，才能早日获得收益。故要根据软件企业的客观情况合理选择。

一个软件工程项目在其经济分析期内除了使用上面介绍的一次性支付复利终值、现值计算其现金流量外，大部分是在整个分析期内多次支付。即现金流入与流出发生在多个时点的现金流量，其数额可以是相等或者不相等的，当期数额相等的时候，称为等额序列现金流。

（3）等额支付终值公式（又称为年金终值公式，已知 A，求 F）。

对于某个软件工程项目相应的经济系统，在其每个计息周期的期末（不含第 0 期）都支付相同数额的 A，在年利率为 i 时，求该系统 n 年后的终值，即等额支付终值的计算问题，其现金流量图如图 2-12 所示。

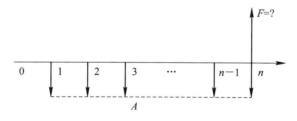

等额支付终值公式

图 2-12　等额支付终值现金流量图

如图 2-12 所示，在这 n 年中，每年年末投资 A，则第 n 年年末的本利和为

$$F = A(1+i)^{n-1} + A(1+i)^{n-2} + A(1+i)^{n-3} + \cdots + A(1+i) + A$$
$$= A[(1+i)^{n-1} + (1+i)^{n-2} + (1+i)^{n-3} + \cdots + (1+i) + 1]$$

根据首项为 1，$1+i$ 的等比数列的求和公式可得公式（2.20）。

$$F = A\frac{(1+i)^n - 1}{i} \tag{2.20}$$

公式（2.20）就是等额支付终值公式。其中，$\dfrac{(1+i)^n - 1}{i}$ 为等额支付终值系数，又称为年金终值系数，通常又表示为 $(F/A, i, n)$，因而公式（2.20）又可以表示为公式（2.21）：

$$F = A(F/A, i, n) \tag{2.21}$$

应用公式（2.20）和公式（2.21）的前提是：① 每期所支付的金额（即 A 值）相同；② 支付间隔相同；③ 每次都在对应的期末支付，终值与最后一期支付是同时发生的。

【例 2.11】　某软件企业在 6 年内，每年年末存入银行 200 万元，按年利率均为 6% 的复利计算，在第 6 年年末该企业可以连本带利取出多少资金？

解：

方法 1：依据题目所给条件及公式（2.20）可得：

$$F = A\frac{(1+i)^n - 1}{i} = 200 \times \frac{(1+0.06)^6 - 1}{0.06} = 200 \times 6.9753 = 1395.06（万元）$$

方法 2：依据题意可知，$A=200$，$i=6\%$，$n=6$，带入公式(2.21)可得：
$$F = A(F/A, i, n) = 200(F/A, 6\%, 6)$$

经查表可得，$(F/A, 6\%, 6)=6.9753$，则有：
$$F = 200(F/A, 6\%, 6) = 200 \times 6.9753 = 1395.06(万元)$$

（4）等额支付偿债基金公式（已知 F，求 A）。

等额支付偿债基金的计算是等额支付终值计算的逆运算。已知当年利率为 i，求 n 年年末的资金 F 换算为与其等值的 n 年中每年年末的等额资金（A），即为偿债基金的计算问题，其现金流量图如图 2-13 所示。

等额支付偿债基金公式

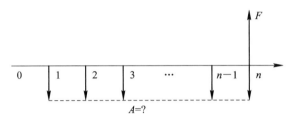

图 2-13 偿债基金现金流量图

由公式(2.20)可得如式(2.22)所示的偿债基金公式：
$$A = F\left(\frac{i}{(1+i)^n - 1}\right) \tag{2.22}$$

式中，$\dfrac{i}{(1+i)^n - 1}$ 称为偿债基金系数，通常又表示为$(A/F, i, n)$，故等额支付偿债基金公式又可以表示为式(2.23)的形式：
$$A = F(A/F, i, n) \tag{2.23}$$

【例 2.12】 某 ERP 企业计划自筹资金在 6 年后获得 500 万元资金进行某新技术开发，依据市场行情，银行利率为 6%，则从今年开始每年年末应筹集多少资金存入银行？

解： 依题意可知 $F=500$，$i=6\%$，$n=6$，代入公式(2.23)可得
$$A = F(A/F, i, n) = 500(A/F, 6\%, 6)$$

经查表可得，$(A/F, 6\%, 6)=0.1434$，则有
$$A = 500(A/F, 6\%, 6) = 500 \times 0.1434 = 71.7(万元)$$

（5）等额支付现值公式（又称为年金现值公式，已知 A，求 P）。

将公式(2.20)代入公式(2.18)可得等额支付现值公式，又称为年金现值公式，如公式(2.24)所示：

等额支付现值公式

$$P = F(1+i)^{-n} = A\frac{(1+i)^n - 1}{i} \cdot (1+i)^{-n} = A\frac{(1+i)^n - 1}{i(1+i)^n} \tag{2.24}$$

式中，$\dfrac{(1+i)^n - 1}{i(1+i)^n}$称为等额支付现值系数，又称为年金现值系数，通常表示为$(P/A, i, n)$，故等额支付现值公式通常又可以表示为公式(2.25)：
$$P = A(P/A, i, n) \tag{2.25}$$

【例 2.13】 假设某 IT 企业期望在 8 年时间内的每年年末能从银行取回 200 万元，如果按 6% 的复利计息，则该企业现在需要存入银行多少资金？

解： 依据题意可知，$A=200$，$i=6\%$，$n=8$，将其代入公式(2.25)可得

$$P = 200(P/A, 6\%, 8)$$

经查表得，$(P/A, 6\%, 8) = 6.2098$，则有

$$P = 200(P/A, 6\%, 8) = 200 \times 6.2098 = 1241.96(万元)$$

（6）等额支付资金回收公式（已知 P，求 A）。

等额支付资金回收的计算是等额支付现值计算的逆运算，由公式（2.24）可以得到公式（2.26）的换算公式，即资金回收的计算公式：

$$A = P \frac{i(1+i)^n}{(1+i)^n - 1} \tag{2.26}$$

等额支付资金
回收公式

式中，$\frac{i(1+i)^n}{(1+i)^n - 1}$ 称为资金回收系数，通常又表示为 $(A/P, i, n)$，故资金回收公式通常又可以表示为公式（2.27）：

$$A = P(A/P, i, n) \tag{2.27}$$

【例 2.14】 某 IT 企业向银行贷款 3500 万元投入某项目建设，按年利率 8% 的复利计算，若在 6 年内每年年末按等额还款的方式，则每年年末应还款的资金是多少？

解：依据题意可知，$P = 3500$，$i = 8\%$，$n = 6$，将其代入公式（2.27）可得

$$A = 3500(A/P, 8\%, 6)$$

经查表得，$(A/P, 8\%, 6) = 0.2163$，则有

$$A = 3500(A/P, 8\%, 6) = 3500 \times 0.2163 = 757.05(万元)$$

3. 资金等值计算的应用

（1）以上介绍的六种资金时间价值等值计算的基本公式如表 2-7 所示。

表 2-7 等值计算公式明细表

支付类别	已知	求解	系数名称及符号	系数代数式	公式
一次性支付	P	F	一次性支付复利终值系数 $(F/P, i, n)$	$(1+i)^n$	$F = P(1+i)^n$ $F = P(F/P, i, n)$
	F	P	一次性支付复利现值系数 $(P/F, i, n)$	$\dfrac{1}{(1+i)^n}$	$P = F \dfrac{1}{(1+i)^n}$ $P = F(P/F, i, n)$
等额支付	A	F	等额支付终值系数（年金终值系数） $(F/A, i, n)$	$\dfrac{(1+i)^n - 1}{i}$	$F = A \dfrac{(1+i)^n - 1}{i}$ $F = A(F/A, i, n)$
	F	A	等额支付偿债基金系数 $(A/F, i, n)$	$\dfrac{i}{(1+i)^n - 1}$	$A = F \dfrac{i}{(1+i)^n - 1}$ $A = F(A/F, i, n)$
	A	P	等额支付现值系数（年金现值系数） $(P/A, i, n)$	$\dfrac{(1+i)^n - 1}{i(1+i)^n}$	$P = A \dfrac{(1+i)^n - 1}{i(1+i)^n}$ $P = A(P/A, i, n)$
	P	A	等额支付资金回收系数 $(A/P, i, n)$	$\dfrac{i(1+i)^n}{(1+i)^n - 1}$	$A = P \dfrac{i(1+i)^n}{(1+i)^n - 1}$ $A = P(A/P, i, n)$

（2）复利系数之间的相互关系。

$$(F/P, i, n) = 1/(P/F, i, n)$$
$$(A/P, i, n) = 1/(P/A, i, n)$$
$$(A/F, i, n) = 1/(F/A, i, n)$$
$$(F/A, i, n) = (P/A, i, n)(F/P, i, n)$$
$$(F/P, i, n) = (A/P, i, n)(F/A, i, n)$$
$$(A/P, i, n) = (A/F, i, n) + i$$

（3）资金等值计算的注意事项。

① 项目实施方案的初期投资发生在方案寿命期的期初；② 项目方案实施中的经常性收入、支出，发生在计息期的期末；③ 现值 P 和终值 F 永远相差 n 个计息期；④ 已知 A 求 F，所求的 F 发生在最后一个 A 的同一个时点上；⑤ 已知 A 求 P，所求的 P 发生在第一个 A 的前一个时点上。

资金等值计算的注意事项

资金的时间价值原理与等值计算广泛应用于软件工程建设项目中。

【例 2.15】 某 IT 企业计划投资某信息系统项目，该项目在前 3 年初分别投资 180 万元、160 万元和 150 万元；预计第 3 年至第 8 年获得收益，其中每年的营业收入为 300 万元，经营成本预计为 90 万元。投资者希望能通过投资该项目达到 25% 的毛利率（即不考虑税收）。该企业如何决策是否投资该信息系统项目？

解： 该信息系统项目的现金流量图如图 2-14 所示。

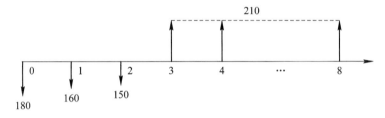

图 2-14　例题 2.15 现金流量图

方法 1：将该信息系统项目的投资与收益换算为现值后进行比较。

该信息系统项目投资的现值是：

$$P_1 = 180 + \frac{160}{1+25\%} + \frac{150}{(1+25\%)^2} = 404（万元）$$

该信息系统项目收益的现值是：

$$P_2 = (300-90)(P/A, 25\%, 6)(P/F, 25\%, 2)$$
$$= 210 \times 2.9514 \times 0.64 = 396.6682（万元）$$
$$P_2 < P_1$$

上述结果表示，按照投资者 25% 的收益率计算，该项目收益的现值小于其投资收益的现值，故该项目不适合投资。

方法 2：将该信息系统项目的投资与收益换算为终值后进行比较。

该信息系统项目投资的终值是：

$$F_1 = 180(1+25\%)^8 + 160(1+25\%)^7 + 150(1+25\%)^6 = 2408.028（万元）$$

该信息系统项目收益的终值是：

$$F_2 = (300-90)(F/A, 25\%, 6) = 210 \times 11.2588 = 2364.384（万元）$$
$$F_2 < F_1$$

上述结果表示，按照投资者 25％的收益率计算，该项目收益的终值小于其投资终值，故该项目不适合投资。

2.3 招标与投标

软件工程类项目的经费来源一般分为三类：第一类：国家、省级自然基金，国家信息化工程及国防科研基金项目；第二类：企业自行筹资项目；第三类：经过投标竞争获取的企业或政府部门招标项目。本节将介绍第三类项目有关软件招标与投标的法律法规相关内容。

2.3.1 招标、投标概述

依据《中华人民共和国招标投标法》《中华人民共和国招标投标法实施条例》《国家发展计划委工程建设项目招标范围和规模标准规定》(国家发展计划委令第 3 号)以及《国家发展改革委必须招标的工程项目规定》(国家发展改革委令第 16 号)相关要求，下列工程建设项目的勘察、设计、施工、监理以及建设有关的重要设备、材料等的采购，必须进行招标：

(1) 大型基础设施、公用事业等关系社会公共利益、公众安全的项目；

(2) 全部或部分使用国有资金投资或者国家融资的项目；

(3) 使用国际组织或者外国政府贷款、援助资金的项目。

任何单位与个人都不得将依法必须进行招标的项目化整为零或者以其他任何方式规避招标。招标、投标活动应当遵循公开、公平、公正和诚实信用的原则。依法必须进行招标的项目，其招标、投标活动不受地区或者部门的限制。任何单位和个人不得违法限制或者排斥本地区、本系统以外的法人或者其他组织参加投标，不得以任何方式非法干涉招标、投标活动。

2.3.2 招标人及其权利与义务

招标人是依照《中华人民共和国招标投标法》规定提出招标项目、进行招标的法人或者其他组织。招标人应该有进行招标项目的相应资金或者资金来源已经落实，并应该在招标文件中如实载明。

1. 招标人的权利

(1) 招标人可自行办理招标事宜，也可自行选择招标代理机构，委托其办理招标事宜；

(2) 招标人可根据招标项目本身的要求，在招标公告或投标邀请书中要求潜在投标人提供相关资质文件和业绩情况，并对潜在投标人进行资格审查；

(3) 招标人可对已发出的资格预审文件或者招标文件进行必要的澄清或者修改；

(4) 招标人有权拒收在招标文件要求提交的截止时间后送达的投标文件。

2. 招标人的义务

(1) 招标人委托招标代理机构时，应向其提供招标所需的全部相关资料并支付委托费；

(2) 招标人不得以不合理条件限制或者排斥潜在投标人，不得对潜在投标人实行歧视待遇；

(3) 招标文件不得要求或者标明特定的生产供应者，以及含有倾向或者排斥潜在投标人的内容；

（4）招标人不得向他人透露已获取招标文件的潜在投标人的名称、数量，以及可能影响公平竞争的有关招标投标的其他情况；

（5）招标人应当明确投标人编制投标文件所需要的合理时间，最短不得少于 20 日；

（6）在招标文件要求提交投标文件的截止时间前收到的所有投标文件，开标时都应当众拆封与宣读；

（7）招标人应当采取必要的措施，保证评标在严格保密的情况下进行；

（8）在确定中标人后，招标人应当向中标人发出中标通知书，并同时将中标结果通知所有未中标的投标人；

（9）招标人与中标人应当自中标通知书发出之日起 30 日内，按照招标文件和中标的投标文件签订书面合同。

2.3.3　招标代理机构及其权利与义务

招标代理机构是依法设立、从事招标代理业务并提供相关服务的社会中介组织，与行政机关和其他国家机关不得存在隶属关系或者其他利益关系，应该具备从事招标代理业务的营业场所与相应资金，必须要有能够编制招标文件以及组织评标的相应专业力量。

1．招标代理机构的权利

（1）组织和参与招标活动；

（2）依据招标文件规定，审查投标人的资质；

（3）按规定标准收取招标代理费。

2．招标代理机构的义务

（1）维护招标人和投标人的合法利益；

（2）组织编制和解释招标文件；

（3）接受国家招标、投标管理机构等有关行政监督部门的指导、监督；

（4）应当在招标人委托的招标范围内办理招标事宜，并遵守《中华人民共和国招标投标法》关于招标人的规定。

2.3.4　招标、投标的基本特性与基本原则

1．招标、投标工作的基本特性

（1）招标、投标的公平竞争。招标、投标是招标人公布项目需求，然后通过投标人的公平竞争来选择最优交易对象的过程。

招标、投标工作的基本特性

（2）招标、投标的交易规范。招标、投标双方通过较规范的邀约与承诺，确立双方权利、义务以及责任，规范了合同的交易方式。

（3）招标、投标的一次机会。招标、投标双方不得在招标、投标过程中协商以及随意修改项目需求、交易规格和合同价格、项目进度、质量标准等实质性的内容。招标需要邀约，投标邀约与中标承诺只有一次机会，也是公平竞争的基本要求。

（4）招标、投标的定制方案特性。大部分招标项目通常具有不同程度的单一且复杂的需求目标，故采用书面定制描述，并通过对投标人竞争能力、技术水平、报价、财务方案等进行书面综合的评价与比较，才能较科学地判断与选择有能力且满足项目需求的中标人。

（5）招标、投标的复合职业特性。招标、投标是按照法律程序，经过技术、经济、管理

等多要素的竞争与评价来实现项目需求目标的交易活动，故招标采购职业是一个复合性职业。

2. 招标、投标工作的基本原则

（1）公开原则。要求招标、投标活动必须保证充分的透明度，招标、投标的程序、投标人的资质条件、评标标准以及中标结果等信息必须公开，确保每个投标人都能获得相同的信息。公开是公平与公正的前提和基础。

招标、投标工作
的基本原则

（2）公平原则。招标人在招标、投标过程中必须给予所有投标人或潜在投标人平等的竞争机会，并使其享有相同的权利与义务。

（3）公正原则。招标人必须依法设定科学、合理与统一的程序、标准以及方法，并严格依据制定的规则接受与客观评审投标文件，真正择优确定中标人，不排斥、不倾向、不歧视，保证各投标人的合法平等权益。

（4）诚实信用原则。要求招标、投标各方在招标、投标过程以及履行合同时应当守法、守信、诚实，以善意的意识与态度行使权利和履行义务，不得故意隐瞒真相或弄虚作假，不得串标、围标与恶意竞争，不可言而无信，在追求自己合法权益的同时不得损害他人的合法利益与社会利益，依法维护双方及其社会权益的平衡。

2.3.5 招标的方式

招标分为公开招标和邀请招标。公开招标是指招标人以招标公告的方式邀请不特定的法人或者其他组织投标。邀请招标是指招标人以投标邀请书的方式邀请特定的法人或者其他组织投标。

招标的方式

国有资金占控股或者主导地位的依法必须进行招标的项目，应当公开招标；但有下列情况之一的，可以邀请招标：

（1）技术复杂、有特殊要求或者受自然环境限制，只有少量潜在投标人可供选择；

（2）采用公开招标方式的费用占项目合同金额的比例过大。

招标人采用公开招标方式的，应当发布招标公告。依法进行招标项目的招标公告，应当通过国家指定的报刊、信息网络或者其他媒介发布。招标公告应当载明招标人的名称和地址，招标项目的性质、数量、实施地点和时间以及获取招标文件的办法等相关事项。

招标人采用邀请招标方式的，应当向三个及以上具备承担所招标项目的能力、资信良好的特定的法人或者其他组织发出投标邀请书。投标邀请书应当载明的事项必须与公开招标公告规定的事项要求完全一致。

公开招标和邀请招标的区别：

（1）发布信息的方式不同。公开招标的发布形式是招标公告，而邀请招标则是投标邀请书。

（2）选择的范围不同。公开招标针对的对象是一切潜在的对招标项目感兴趣的法人或者其他组织，招标人事先不知道投标人的数量；而邀请招标针对的是已经了解的法人或者其他组织，且事先是知道投标者数量的。

（3）竞争的范围不同。公开招标的竞争范围比较广，竞争性较强，能较容易获得最佳招标效果；邀请招标的投标人数限制导致其竞争范围有限，有可能会漏掉某些在技术上或报价上更有竞争力的企业，不易获得最佳招标效果。

（4）公开的程度不同。公开招标涉及的所有活动必须严格按照预先指定并且所有投标人都知道的程序和标准公开进行，作弊的可能性较少；而邀请招标的公开程度相对于公开招标会逊色一些，相对而言产生不法行为的机会多一些。

（5）时间与费用不同。公开招标的程序较为复杂，招标周期长，费用也较高；而邀请招标不需要发公告，招标文件只送给被邀请的企业即可，招标时间短，费用也较低。

2.3.6　投标

投标人是响应招标、参加投标竞争的法人或者其他组织，依法招标的科研项目也可允许个人参与投标。投标人与招标人存在利害关系，如可能影响招标公正性的法人、其他组织或者个人，不得参与投标。投标人的义务有：

（1）投标人应当按照招标文件的要求编制投标文件。投标文件应当对招标文件提出的实质性要求与条件做出实质性响应。

（2）投标人应当在招标文件要求提交投标文件的截止时间前，将投标文件送达招标文件指定的投标地点。

（3）投标人可以在招标文件要求的提交投标文件截止时间前，补充、修改或撤回已提交的投标文件，并书面通知招标人。

（4）投标人根据招标文件载明的项目实际情况，拟在中标后将中标项目的部分非主体、非关键性工作进行分包的，应当在投标文件中载明。

2.3.7　开标、评标和中标

1. 开标

开标原则上应当在招标文件规定的提交投标文件截止时间的同一时间公开进行；开标地点必须是招标文件中预先规定的地点。开标由招标人主持，邀请所有投标人参加。开标时，由投标人或者其推选的代表检查投标文件密封情况，也可以由招标人委托的公证机构检查并进行公证；经确认无误后，由工作人员当众拆封，并宣读投标人名称、投标价格与投标文件的其他主要内容。招标人在招标文件要求提交投标文件的截止时间前收到的所有投标文件，开标时都应该当众予以拆封和宣读。开标过程必须作好记录，并存档备查。

2. 评标

评标工作由招标人依法组建的评标委员会负责。依法必须进行招标的软件工程项目，其评标委员会由招标人的代表以及相关技术、经济等方面的专家组成，成员人数为五人以上单数，其中技术、经济等方面的专家不得少于评标成员总人数的三分之二。评标委员会专家资质应依据《中华人民共和国招标投标法》有关条款来确定。

评标委员会可以要求投标人对投标文件中含义不明确的内容作必要的澄清或说明，但是澄清或说明不得超出投标文件的范围或改变投标文件的实质性内容。

评标委员会应当按照招标文件确定的评标标准和方法，对投标文件进行评审和比较；设有标底的，应当参考标底。评标委员会完成评标后，应当向招标人提出书面评标报告，并推荐合格的候选中标人。招标人根据评标委员会提出的书面评标报告与所推荐的中标候选人确定中标人，也可以授权评标委员会直接确定中标人。

中标人的投标应当符合下列条件之一：

（1）能够最大限度地满足招标文件中规定的各项综合评价标准；

（2）能够满足招标文件的实质性要求，并且经评审的投标价格最低，但是投标价格低于成本的除外。少数软件工程项目的投资方为了保证项目的质量，采用价格按所有投标方报价的算术平均值作为最高分的，必须按招标文件中明确的评分标准计算。

评标委员会经评审，如果认为所有投标方全都不符合招标文件要求的，可以否决所有投标。

3．中标

中标人确定后，招标人应当向中标人发出中标通知书，并同时将中标结果通知所有未中标的投标人。中标通知书对招标人和中标人具有同等法律效力。中标通知书发出后，招标人改变中标结果的，或者中标人放弃中标项目的，应当依法承担法律责任。

招标人和中标人应当自中标通知书发出之日起三十日内，按照招标文件与中标人的投标文件的合同约定签订书面合同。招标人与中标人不得再行订立背离合同实质性内容的其他协议。招标文件要求中标人提交履约保证金的，中标人必须按招标文件的要求提交，履约保证金不得超过中标合同金额的10%。

2.3.8 招标、投标的程序

尽管招标方式不同，但招投标的程序基本相同，一般要经过确定采购需求与招标方式、发布招标公告或投标邀请书、编制投标文件、递交投标文件、开标、评标、确定中标人以及签订合同的流程，如图 2-15 所示。

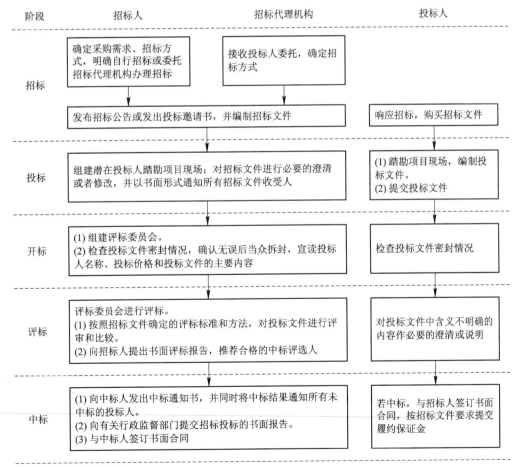

图 2-15 招标与投标程序流程图

2.3.9 招标、投标的法律责任

法律责任是指违法者对违法行为所应承担的具有强制性的法律责任。在《中华人民共和国招投标法》中明确了招标过程中各方的法律责任，涉及招标人、招标代理机构、投标人、评标委员会成员、中标人、有关行政监督部门等。就投标人承担的法律责任来说，具体规定如下：

（1）投标人相互串通投标或者与招标人串通投标的，投标人以向招标人或者评标委员会成员行贿的手段谋取中标的，中标无效，并处以中标项目金额千分之五以上千分之十以下的罚款，对单位直接负责的主管人员和其他直接责任人员处以中标项目金额百分之五以上百分之十以下的罚款；有违法所得的，没收违法所得；情节严重的，取消其一至二年内参加投标的资格并予以公告，直至由工商行政管理机关吊销营业执照；构成犯罪的，依法追究刑事责任；给他人造成损失的，依法承担赔偿责任。

（2）投标人以他人名义投标或者以其他方式弄虚作假骗取中标的，中标无效；给招标人造成损失的，依法承担赔偿责任；构成犯罪的，依法追究刑事责任。

2.3.10 软件工程项目投标文件的案例

软件工程项目投标文件的内容包括两大部分：第一部分是投标人的相关材料，包括从事软件工程项目的研究经历(合同书、鉴定、评审意见书、获奖证明、市场销售量、相关部门的效益评价书等)；技术水平(通信系统、计算机软硬分析设计、测试人才数量、主要技术人员的职称证明文件、从事相关项目研究经历等)；信息资源拥有量；资金与财务状况的银行、会计、审计部门证明文件；企业管理人员简历以及履约能力证明文件等。第二部分是软件工程项目的技术设计文件。如表2-8所示，给出的是某协同办公系统投标文件的技术方案目录。

表 2-8 某协同办公系统技术方案目录

1 总体设计	2.2.4 公文交换
1.1 技术架构	2.2.5 统计分析
1.2 运行环境	2.3 会议管理
2 协同办公系统建设	2.3.1 流程管理
2.1 办公门户	2.3.2 议题管理
2.1.1 设计原则	2.3.3 会议室管理
2.1.2 设计风格	2.3.4 信息查询
2.1.3 内容编辑	2.4 督查督办
2.1.4 内容发布	2.4.1 流程管理
2.1.5 内容呈现	2.4.2 催办催报
2.1.6 模板管理	2.4.3 办理反馈
2.1.7 资源管理	2.4.4 结果呈报
2.2 公文管理	2.5 值班管理
2.2.1 工作流管理	2.5.1 值守管理
2.2.2 收文管理	2.5.2 应急管理
2.2.3 发文管理	2.5.3 通讯录管理

练 习 题

1. 某 IT 企业向银行贷款 240 万元,按年利率 6% 进行复利计息,试求该企业第 5 年年末连本带利一次偿还银行的金额。

2. 某 IT 企业希望通过某项目投资在第 5 年年末得到 5000 万元的资金,若按年利率 6% 进行复利计息,试问该企业需要一次性投入多少资金。

3. 某系统集成企业在 4 年内,每年年末存入银行 350 万元,如按年利率均为 5% 的复利计算,则在第 4 年年末该企业可以连本带利取出多少资金?

4. 某 IT 企业希望在 8 年后获得 2000 万元,假设这 8 年银行利率保持 5% 不变,则从今年开始每年年末应存入银行多少钱?

5. 某 IT 企业现投入某项目 2000 万元,按年收益率 10% 的复利计算,若每年年末均可获得等额收益,计划 10 年内收回全部本利,则每年应收回的资金是多少?

6. 招标、投标工作的基本特性有哪些?

7. 公开招标和邀请招标的区别有哪些?

8. 可行性研究报告的作用有哪些?

第3章 软件的成本管理与定价分析

课程思政 3-0

本章主要介绍软件的成本构成及其影响因素，软件的成本核算、价值工程以及软件产品的定价与营销的相关内容。

3.1 软件的成本构成及其影响因素

软件成本及
成本分类

软件成本是指软件工程项目从设计到软件产品或软件工程项目完成期间所需费用的总和。

成本的分类方法通常可以按照不同的准则来进行划分：

（1）按照企业的主要经营活动，可分为采购成本、研究与开发成本、生产成本、经营成本以及管理费用。采购成本主要包括原材料、设备购置费、运杂费，购入设备、原材料等所产生的税金及因采购所产生的其他费用等。研究与开发成本主要包括从事研究与开发人员的工资及福利费，用于研究与开发工作所产生的折旧费或者所耗费的材料费，委托其他单位进行研究与开发所产生的费用等。生产成本主要包括为生产产品所耗费的原材料，用于生产的折旧费、租赁费及与生产相关的摊销费，为了管理与组织生产所支付的办公费、保险费等。经营成本主要包括为销售软件产品所发生的包装、运输、装卸费，广告费，营销人员的业务费，技术转让费等。管理费用主要包括行政管理部门的工资、办公费、差旅费，劳动保险费，咨询费、诉讼费等。

（2）按照生产费用计入成本的方法，可分为直接成本和间接成本。直接成本是指在软件开发过程中耗费的可直接计入软件工程对象的费用，如开发人员人工费、开发工具使用费、设备使用费等。间接成本是指项目实施准备、组织及管理的各项费用支出，如管理人员工资、差旅费、办公费用等。

（3）按照成本与所完成项目工作量的关系，可分为固定成本和变动成本。固定成本是指在一定时间和一定软件工程项目工作量范围内所发生的、不受项目工作量的增减变动的影响、相对较为固定的成本，如折旧费、管理人员工资、厂房、保险费、照明费等。变动成本是指发生的总额随着软件工程量的增减而产生相应变动的费用，如计件人工费、直接用于项目的材料费、燃料费等。

（4）按照成本所确定的时间，可分为预算成本、计划成本及实际成本。预算成本是指在软件产品规划与设计阶段，依据一定的设计方案与预测方法来测算该软件产品将来可能发生的费用，是不同设计方案进行比较与选择的主要依据。计划成本是指根据消耗定额和生产计划而确定的在计划期内（通常为一年）应达到的成本，通常是年度考核的主要依据。实际成本是指根据软件产品生产的实际耗费而计算的成本，是存货计价和软件产品定价的基础。

3.1.1 软件工程项目的成本构成

软件工程项目
的成本构成

软件成本是软件在其生存周期内为取得各种软、硬件资源的支持以及维持系统的研究、生产经营及管理工作所支付的所有费用。

软件工程项目成本又称为软件工程项目支出，是指为了实现软件工程项目目标所耗用资源的成本总和。软件工程项目成本主要由硬件成本、软件开发成本、人员培训费用和项目管理费用等构成，如图 3-1 所示。

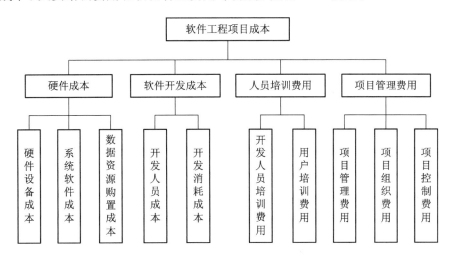

图 3-1 软件工程项目成本图

软件工程项目成本主要涉及如下 15 类：

（1）调研费用。调研是软件工程项目立项前需要开展的工作，是软件工程项目立项以及软件产品策划的主要依据。调研的内容主要有市场调查和客户调查。

（2）环境建设费用。环境建设费用是指软件工程项目搭建开发环境所产生的费用。搭建开发环境，主要包括工作场地建设和网络环境建设。工作场地建设是指开发人员的工作场所租赁以及工作环境建设等；网络环境建设主要有网络工程建设（如服务器、交换机、不间断电源、工作站等硬件设备采购及其安装调试、综合布线）、系统集成等。

（3）工具购置费。它主要包括开发工具、操作系统、数据库、测试工具、管理工具的购置费等。

（4）基建费用。例如，新建、扩建机房等。

（5）软件开发/测试费用。它主要包括各种软件的分析、开发、测试等费用。

（6）人力资源费用。它主要包括各类规划、设计、开发、测试以及相关管理人员的工资、岗位津贴等费用。

（7）水、电、运输费。它主要包括在软件工程项目建设及运行维护期间的水、电费，以及各种设施、设备的运输费用等。

（8）第三方评测费。大型软件工程项目在验收前通常需要经过第三方评测后才能组织项目验收，其费用通常由承建方一方、投资方一方或者双方共同承担。

（9）软件产品制作费用。客户购买到的软件产品或者提交给客户的软件产品都是需要经过制作和包装的，如技术说明、用户手册、软件安装光盘等的制作费用。

（10）培训费用。它主要包括开发人员、管理人员的培训进修费用以及对用户的培训费。

（11）现场实施费用。批量销售的软件不需要实施费用，但大型的软件工程项目（如呼叫中心、ERP 系统企业资源计划系统、政府的应急联动指挥中心等）需要依据客户的实际需求进行个性化功能定制或配置，因而会产生相应的现场实施费用。

（12）营销费用。它主要包括广告费、市场推广费等。

（13）售后服务运行维护费。它主要包括大型软件工程项目在运行维护期间产生的技术支持、产品维护及软件产品升级等费用。

（14）管理费用。它主要包括办公费、会议费、差旅费等。

（15）其他费用。它主要包括筹资的利息、技术咨询费、罚金、数据收集费用等。

3.1.2　软件成本测算的影响因素

软件成本测算是各种技术方案的比较和选择，以及软件产品定价的重要依据。不同的软件往往存在其特定的经济目的，从而导致其成本估算较为复杂。

1. 影响软件成本测算的主要因素

（1）软件的预测成本估算通常是在系统规划阶段作出的，预测人员有可能由于进行申请基金、投标工作等原因而仓促从事的预测工作，对整个系统需求的理解还不够全面。

（2）部分大型的软件工程项目周期长，用户会随着时间的推移以及对系统的进一步认识和了解，对整个系统的性能或者功能提出调整，甚至新增需求，这必然会使原有的预算成本和实际成本存在差异。

（3）有些软件工程项目的成本预算会受外界环境的限制影响，如上级部门对投资经费的限制、投标过程中为了迎合用户或者投资方的成本认识等。

（4）在成本预算中，国外主要采用统计模型通过参数估计来求解预测成本，前提是建立在大量的历史数据的基础上，但目前我国软件企业的数据信息存储制度较差，因此会影响成本测算结果。

（5）由于信息技术的迅速发展，一些新的开发技术，如软件重用技术、计算机辅助技术等都会影响软件成本的预算。

2. 减少软件成本测算误差的策略

（1）软件企业要注意积累有关软件建设项目的各类数据，为今后做项目成本预算奠定历史数据基础。

（2）在作需求分析时，要做到深入细致，不能想当然地猜测客户的需求，而是要尽力弄清楚各项性能、功能需求。

（3）选派有经验的人员或者专门的成本测算机构进行成本测算工作。

3.1.3　软件成本测算的流程

软件成本测算流程如下：首先，根据软件工程项目的系统规划得到软、硬件的性能、功能需求，系统特性以及资源约束；用户环境及特性与系统管理功能设计方面的要求。其次，分别对其需求进行成本估算，再次，对整个软件系统的成本和人力投入量按开发阶段的分布量进行计算。最后，对上述成本进行风险分析。在整个成本估算过程中，可以依据行业或者本企业历史信息数据进行各类成本估算和修正。

▌ 3.2　软件的成本核算

对软件工程项目的成本与工期测算的方法较多，通常有功能分解法、统计模型法、价值工程法、表格法、驱动因子法、计算机模拟法、类比法、专门成本测算工具软件预算等方法。以下主要分析功能分解法、驱动因子法和类比法。

3.2.1　功能分解法

功能分解法主要从结构上将软件系统按照功能或者性能与生存周期各阶段进行二维分解。假设系统按照功能/性能分解为 i 个子系统（或模块），按照生存周期分为 j 个阶段，则其功能分解示意图如图 3-2 所示。图中，N_{ij} 表示软件的第 i 个功能子系统（或模块）在第 j 个生存周期的工作量或者成本。

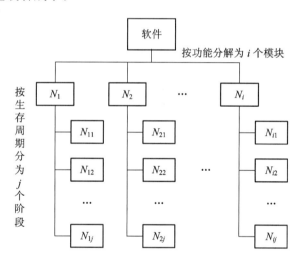

图 3-2　软件系统功能分解图

功能分解法的成本估算步骤如下：

（1）先将软件系统划分成功能子系统（或模块）N_i。

（2）由专家结合软件信息库的历史数据给出各功能子系统的最可能值 m_i、最小可能值 a_i、最大可能值 b_i，通过公式（3.1）求解各个功能子系统的平均规模 E_i。

$$E_i = \frac{a_i + 4m_i + b_i}{6} \tag{3.1}$$

（3）从软件信息库查阅成本费用率 C_{oi}，劳动生产率 E_{oi}，计算各子系统的成本 C_i，如公式（3.2）所示；计算各子系统工作量 M_i，如公式（3.3）所示；汇总计算软件系统总成本 C_s、总带动量 E_s 与总工作量 M_s，如公式（3.4）所示。

$$C_i = C_{oi} \cdot E_i \tag{3.2}$$

$$M_i = \frac{E_i}{E_{oi}} \tag{3.3}$$

$$C_s = \sum_{i=1}^{m} C_i, \quad E_s = \sum_{i=1}^{m} E_i, \quad M_s = \sum_{i=1}^{m} M_i \tag{3.4}$$

（4）由专家结合软件信息库的历史数据给出子系统在阶段 j 工作量估计值 $\widetilde{M}_{ij}$，计算各阶段工作量 $\widetilde{M}_j$ 与总工作量 $\widetilde{M}_s$，如公式（3.5）所示。

$$\widetilde{M}_j = \sum_{i=1}^{m} M_{ij}, \quad \widetilde{M}_s = \sum_{i=1}^{m} \sum_{j=1}^{n} M_{ij} \tag{3.5}$$

（5）结合软件信息库历史数据中的工时费用率 a_k，计算各阶段系统成本 $\widetilde{C}_k$，然后计算软件系统总成本 $\widetilde{C}_s$，如公式（3.6）所示。

$$\widetilde{C}_k = a_k \widetilde{M}_k, \quad \widetilde{C}_s = \sum_{j=1}^{n} \widetilde{C}_j \tag{3.6}$$

（6）比较 C_s 与 $\widetilde{C}_s$，M_s 与 $\widetilde{M}_s$ 是否一致，如果不一致，则返回步骤（4）继续估算；如果一致，则进行成本分析，研究解决方法。

3.2.2　驱动因子法

驱动因子法

驱动因子法又称为影响因子法，是一种在统计模型的基础上通过引入更多对 y 有影响的要素，来完成统计模型估计值的修正的一种定性与定量相结合的方法。

1.　驱动因子法的求解方法

（1）确定对因变量 y 作出估计的统计模型 $y = g(x_1, x_2, \cdots, x_n)$，其中 $x_j(1 \sim n)$ 是指通过定量估算法求得的对 y 有较大影响的几个要素。

（2）引入综合影响要素 U，U 是指除了 x_j 以外对 y 有影响的估计值，如公式（3.7）所示。

$$\begin{cases} y = U \cdot g(x_1, x_2, \cdots, x_n) \\ U = \prod_{j=1}^{n} U_j \end{cases} \tag{3.7}$$

2.　影响要素归入 $x_j(1 \sim n)$ 的基本原则

（1）对 y 有重要影响的要素归入 x_j，其他的归入 U_j。

（2）易于定量的影响要素归入 x_j，不易于定量的影响要素归入 U_j。

（3）x_j 的数量不宜太多，否则求解统计模型较困难。

3.　结构化成本模型

结构化成本模型（COCOMO），由美国的 B. W. Boehm 在其著作《Software Engineering Economics》中提出，该模型是在对美国加利福尼亚 TRW 公司 63 个不同应用领域中的软件开发项目进行详尽分析的基础上建立的一个分层次的结构化成本测算模型，主要有基本模型、中级模型和详细模型三种。中级模型适用于系统规划阶段作软件成本估算的模型，其求解方法如公式（3.8）所示，式中各变量的含义如表 3 - 1 所示。

$$\begin{cases} C_s = a \cdot M_s \\ T_d = h(M_s)^d \\ M_s = U \cdot M_0 \\ M_0 = r \cdot L^k \\ U = \prod_{j=1}^{15} U_j \end{cases} \tag{3.8}$$

表 3 - 1　中级 COCOMO 变量参数明细表

序号	变量名称	经 济 含 义
1	C_s	软件开发成本
2	a	软件开发阶段的工时费用率
3	M_s	软件开发阶段的修正工作量
4	M_0	软件开发阶段的基本工作量
5	L	软件开发规模
6	U	软件综合影响要素
7	U_j	对成本有一定影响的第 j 个影响要素
8	T_d	工期(开发周期)
9	r,k,h,d	形式参数

　　表 3 - 1 中的形式参数 r、k、h、d 由对所掌握的软件工程相关信息进行统计分析后给出,B. W. Boehm 给出了三种不同类型软件所对应的参数值,如表 3 - 2 所示。不同类型的信息系统软件在不同的环境和条件下进行开发时,所面临问题的难度、所花费的工作量和费用都不同。COCOMO 注意到了这个问题,它从软件规模和开发方式的特征出发,将软件分为有机型、嵌入型和半独立型三种。

表 3 - 2　中级 COCOMO 形式参数明细表

软件总体类型	基本工作量 M_0		开发工期 T_d	
	r	k	h	d
有机型	3.2	1.05	2.5	0.38
嵌入型	2.8	1.20	2.5	0.32
半独立型	3.0	1.12	2.5	0.35

　　结构化成本模型提出对软件工作量的因素等级进行细分,共涉及 15 个影响因素,以便于按照驱动因子法的原理来求解 U 值,如表 3 - 3 所示。

表 3 - 3　中级 COCOMO 工作量影响因素等级明细表

工作量影响要素 U		非常低	低	正常	高	非常高	超高
产品因素类	软件可靠性 U_1	0.75	0.88	1.00	1.15	1.40	—
	数据库规模 U_2	—	0.94	1.00	1.08	1.16	
	产品复杂性 U_3	0.70	0.85	1.00	1.15	1.30	1.65
计算机因素类	执行时间限制 U_4	—	—	1.00	1.10	1.30	1.65
	主存储限制 U_5	—	—	1.00	1.06	1.21	1.65
	易变性 U_6		0.87	1.00	1.15	1.30	—
	环境周转时间 U_7		0.87	1.00	1.07	1.15	

工作量影响要素 U		非常低	低	正常	高	非常高	超高
人员因素类	分析员能力 U_8	1.46	1.19	1.00	0.86	0.71	—
	应用领域实际经验 U_9	1.29	1.13	1.00	0.91	0.82	—
	程序员能力 U_{10}	1.42	1.17	1.00	0.86	0.70	—
	使用经验 U_{11}	1.21	1.10	1.00	0.90	—	—
	程序语言使用经验 U_{12}	1.41	1.07	1.00	0.95	—	—
项目因素类	现代程序设计技术 U_{13}	1.24	1.10	1.00	0.91	0.82	—
	软件工具的使用 U_{14}	1.24	1.10	1.00	0.91	0.83	—
	开发进度限制 U_{15}	1.23	1.08	1.00	1.04	1.10	—

【例 3.1】 某软件企业中标了某嵌入型软件工程项目，预计 10k DSI 代码量，根据该软件的需求以及开发投入情况，用 COCOMO 求得该项目的综合影响要素 U 为 1.36，从该企业的信息数据库得知工时费用率 $a = 9000$ 元/人·月，试对该软件的成本、工作量与工期做出估算。

解：由公式（3.8）和表 3－2 中嵌入型软件的形式参数值，可得

$$M_0 = r \cdot L^k = 2.8 \times 10^{1.2} = 44.38 \text{ 人·月}$$
$$M_s = U \cdot M_0 = 1.36 \times 44.38 = 60.4 \text{ 人·月}$$
$$T_d = h(M_s)^d = 2.5 \times 60.4^{0.32} = 9.29 \text{ 个月}$$
$$C_s = a \cdot M_s = 9000 \times 60.4 = 54.36 \text{ 万元}$$

3.2.3　类比法

类比法

软件企业开发软件通常有两种情况：① 全新开发方式；② 目标软件与以往开发的某款或者某些软件有许多相同或类似的结构，涉及的开发人员变化也较少，则可采用类比法来估算目标软件的成本。

假设某软件企业以往开发过一个类似的软件 S_X，其软件规模为 L_X；目标开发软件为 S_Y，其软件规模为 L_Y。由于目标开发软件的功能结构与原软件 S_X 有很多类似之处，因此决定在 S_X 基础上改编成 S_Y。故引入调整系数 AC，主要通过设计修改 DMC、代码修改 CMC，以及集成修改 IMC 三部分构成。

DMC 表示设计修改系数，即"重用"软件的设计中需要加以修改以适应新目标的那一部分在整个设计中所占的百分比；

CMC 表示代码修改系数，即"重用"软件中需要修改部分的代码占整个"重用"软件代码的百分比；

IMC 表示集成修改系数，即把该"重用"软件集成至整个软件产品中并对其联调的工作量与同样大小的自编软件集成并联调所需工作量的百分比。

因此，调整系数 AC 可用公式（3.9）表示：

$$\text{AC} = W_1 \cdot \text{DMC} + W_2 \cdot \text{CMC} + W_3 \cdot \text{IMC} \tag{3.9}$$

式中，$W_j (j=1,2,3)$ 表示权重系数，其加权和必须等于 1。B. W. Boehm 建议权重系数 W_1、W_2 和 W_3 分别取值为 0.4、0.3 和 0.3，将其代入公式（3.9），可得到公式（3.10）：

$$AC = 0.4 \cdot DMC + 0.3 \cdot CMC + 0.3 \cdot IMC \tag{3.10}$$

由公式(3.10)可知，S_Y 软件的开发规模 L_Y 可以用公式(3.11)来表示：

$$L_Y = L_X \cdot AC = L_X \cdot (0.4 \cdot DMC + 0.3 \cdot CMC + 0.3 \cdot IMC) \tag{3.11}$$

【例 3.2】 某软件公司曾开发过一种规模为 20k 代码量的软件 S_X，现欲将其改编为嵌入型软件 S_Y，经估算其设计、代码与集成修改的系数分别是 30％、40％和 110％，工作量综合影响要素 $U = 1.2$，工时费用率 $a = 8000$ 元／人·月。试用类比法估算目标软件 S_Y 的成本。

解：由公式(3.10)可得：

$$AC = W_1 \cdot DMC + W_2 \cdot CMC + W_3 \cdot IMC$$
$$= 0.4 \times 30\% + 0.3 \times 40\% + 0.3 \times 110\% = 0.57$$
$$L_Y = L_X \cdot AC = 20k\text{LOC} \times 0.57 = 11.4k\text{LOC}$$

由题意可知，该软件属于嵌入型软件，由公式(3.8)，并查表 3-2 可得：

$$M_s = U \cdot M_0 = U \cdot r \cdot L^k = 1.2 \times 2.8 \times 11.4^{1.20} = 62.32 \text{ 人 · 月}$$
$$C_s = a \cdot M_s = 8000 \text{ 元／人·月} \times 62.32 \text{ 人·月} = 498\,560 \text{ 元}$$

故该目标软件 S_Y 的成本估计为 498 560 元。

3.2.4 设备的磨损与折旧

在软件工程项目中，投资固定成本通常需要大量的电子设备，而设备在使用过程中会发生磨损导致其陈旧，甚至报废。如果不进行设备的升级换代，则需要继续投入使用，可能会影响项目工作效率。因此，要对设备进行必要的补偿和更新。

1. 设备的磨损

设备在生产使用或者闲置时，通常会受物理、化学因素以及科技进步的影响，随着时间的推移而发生磨损，导致其价值和使用价值逐渐减少。设备的磨损是导致设备陈旧、老化，引起生产率低下的主要因素。设备磨损主要包括有形磨损、无形磨损和综合磨损三种类型。

设备的磨损

（1）设备的有形磨损。

有形磨损是指设备在生产使用或者闲置过程中，由于使用或者受自然环境的影响（如尘埃、空气湿度等）所产生的损耗。设备的有形磨损根据导致其磨损的原因不同可分为第 Ⅰ 类有形磨损与第 Ⅱ 类有形磨损。

第 Ⅰ 类有形磨损是指设备在使用过程中由于受外力作用而引起的零件损坏、扭曲变形等物理变化的磨损。此类有形磨损通常可以通过肉眼直接观察或者测量出来。随着使用强度以及使用时间的增加，其磨损程度会随之增加，进而导致设备的整体性能下降，直至无法正常工作。

第 Ⅱ 类有形磨损是指设备受到自然环境的影响，在其闲置过程中所产生的金属生锈、橡胶老化等与生产无关的磨损。此类有形磨损通常和使用程度成反比关系。

有形磨损在磨损程度较低时，可通过维修恢复来抵偿减少的使用价值。设备有形磨损程度一般用经济指标来度量，以确定整体平均磨损程度，计算公式如式(3.12)所示：

$$\alpha_p = \frac{\sum_{i=1}^{n} \alpha_i K_i}{\sum_{i=1}^{n} K_i} \tag{3.12}$$

式中，α_p 表示设备平均磨损程度；K_i 表示 i 零件的价值；α_i 表示 i 零件的磨损程度；n 表示设备零件的总数。

另一种有形磨损的计算方法是用更换或者需要维修部件/零件的总费用除以该设备的重置费用来作为设备磨损的经济指标，计算公式如式(3.13)所示：

$$\alpha_p = \frac{R}{K_1} \tag{3.13}$$

式中，α_p 表示设备平均磨损程度；R 表示更换或者需要维修部件或零件的总费用；K_1 表示该设备的重置费用。

当 $\alpha_p < 1$ 时，则表示该设备可以继续使用；当 $\alpha_p \geqslant 1$ 时，则表示该设备不具备维修的必要，建议更新设备。

（2）设备的无形磨损。

设备的无形磨损是指随着科技的进步等原因导致设备价值不断降低的现象。设备的无形磨损根据导致其磨损的不同原因可分为第Ⅰ类无形磨损与第Ⅱ类无形磨损。

第Ⅰ类无形磨损一般是指因技术进步引起的生产率提高、成本降低以及生产工艺的改进所导致相同设备的生产价值降低，因此原设备价值贬值。这类设备磨损在不变更该设备的原有技术及其功能特性时，并不影响其正常使用，原有设备的使用价值是没有变化的。

第Ⅱ类无形磨损一般是指因技术进步而出现了新的性能更优、效率更高、耗能更低的设备，虽然原设备仍能正常生产使用，但其生产效率远低于社会平均生产效率，相对增加了生产成本，从而导致原有设备的价值降低，其使用价值部分甚至全部丧失，因此此类设备需要及时更新。

设备无形磨损的度量一般用设备再生产费用的变量除以原设备的原值，如式(3.14)所示：

$$\alpha_q = \frac{K_0 - K_1}{K_0} = 1 - \frac{K_1}{K_0} \tag{3.14}$$

式中，α_q 表示设备无形磨损的程度；K_0 表示设备的原始价值；K_1 表示设备的重置费用。

（3）设备的综合磨损。

设备的综合磨损是指设备购置后既产生了有形磨损又产生了无形磨损。假设设备发生有形磨损后，其剩余价值占原始价值的百分比可表示为 $1-\alpha_p$；而设备产生无形磨损后，其剩余价值占原始价值的百分比可表示为 $1-\alpha_q$，即设备的综合磨损的计算公式如式(3.15)所示：

$$\alpha = 1 - (1 - \alpha_p)(1 - \alpha_q) \tag{3.15}$$

式中，α 表示设备的综合磨损程度；α_p 表示设备平均磨损程度；α_q 表示设备无形磨损的程度。

经过一段时间后，综合磨损后设备的剩余价值如公式(3.16)所示。

$$K = (1 - \alpha) K_0 \tag{3.16}$$

将公式(3.15)代入公式(3.16)，可得：

$$K = (1 - \alpha)K_0 = [1 - 1 + (1 - \alpha_p)(1 - \alpha_q)]K_0$$

$$= \left(1 - \frac{R}{K_1}\right)\left(1 - \frac{K_0 - K_1}{K_1}\right)K_0 = K_1 - R \tag{3.17}$$

① 若 $K_1 > R$，表示 $K > 0$，则设备仍有价值；

② 若 $K_1 = R$，表示 $K = 0$，则设备没有价值；

③ 若 $K_1 < R$，表示 $K < 0$，则设备无维修的意义。

【例 3.3】 某 IT 企业原始购买价值为 23 000 元的 A 电子设备在使用过程中发生磨损，需要修理，修理费用为 4000 元，若重置同类设备价值为 20 000 元，若新旧设备生产率及单位产品消耗是相同的，试求该电子设备的综合磨损程度及剩余价值。

解：由题意可知，$K_0 = 23\ 000$（元），$R = 4000$（元），$K_1 = 20\ 000$（元）。

由公式（3.13）可得，A 电子设备的有形磨损程度为

$$\alpha_p = \frac{R}{K_1} = \frac{4000}{20\ 000} = 0.2$$

由公式（3.14）可得，A 电子设备的无形磨损程度为

$$\alpha_q = 1 - \frac{K_1}{K_0} = 1 - \frac{20\ 000}{23\ 000} = 0.13$$

由公式（3.15）可得，A 电子设备的综合磨损程度为

$$\alpha = 1 - (1 - \alpha_p)(1 - \alpha_q) = 1 - (1 - 0.2)(1 - 0.13) = 30.4\%$$

由公式（3.17）可得，A 电子设备的剩余价值为

$$K = K_1 - R = 20\ 000 - 4000 = 16\ 000（元）$$

故该电子设备的综合磨损程度是 30.4%，其剩余价值是 16 000 元。

（4）软件工程项目设备磨损的补偿方式。

在软件工程项目实施过程中，自购入设备以后都会产生磨损，不论是无形磨损还是有形磨损，均将导致设备原始价值降低。通常情况下，无形磨损不会影响设备的使用，但较落后的设备会影响生产效率，进而影响项目进度，不建议继续使用。而当有形磨损比较严重时，倘若不进行维修，则不能进行正常的生产运作。

如果要维持设备的正常运作，则需要对设备进行补偿。补偿主要分为技术补偿和经济补偿两类。其中，技术补偿按照补偿的程度不同，又分为局部补偿和完全补偿两种。有形磨损的局部补偿通常是指设备修理；无形磨损的局部补偿一般是指现代化改装。有形磨损和无形磨损的完全补偿通常是指淘汰旧设备，即更新设备。设备的经济补偿是指对设备折旧进行价值回收，主要用于设备更新。关于设备磨损的补偿方式如图 3-3 所示。

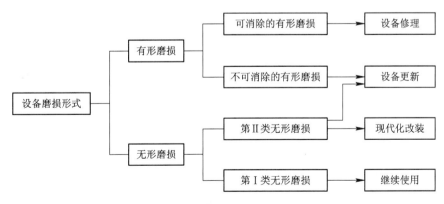

图 3-3 设备磨损的补偿方式关系图

2. 设备的折旧

软件工程项目通常涉及相关硬件设备，硬件设备在使用过程中容易发生不同程度的磨

损，这就需要在项目成本核算过程中对设备进行折旧计算，即计算设备的计提折旧费用。设备折旧的方法较多，如平均年限法、工作量法、年数总和法、双倍余额递减法、年金法等。我国现行财会制度规定的固定资产折旧法主要有平均年限法和双倍余额递减法。

（1）平均年限法。

平均年限法又称为直线折旧法，是指将设备原值扣除其净残值后，在预计使用期内进行平均摊销的折旧方式。计算公式如式(3.18)所示：

$$A_b = \frac{k_0 - O}{T} \tag{3.18}$$

式中，A_b 表示每年折旧额；k_0 表示设备原值，即购买价格；O 表示净残值；T 表示使用年限。

如果用 a 表示年折旧率，则折旧率的计算如公式(3.19)所示：

$$a = \frac{A_b}{k_0} \times 100\% = \frac{k_0 - O}{T \cdot k_0} \times 100\% \tag{3.19}$$

【例 3.4】 X 公司花 21 000 元购进一台服务器，预计使用 8 年，到期后残值为 1000 元。试用平均年限法求该服务器的年折旧额及其年折旧率。

解：依题意可知 $k_0 = 21\,000$ 元，$O = 1000$ 元，$T = 8$ 年，代入公式(3.18)可得：

$$A_b = \frac{k_0 - O}{T} = \frac{21\,000 - 1000}{8} = 2500（元）$$

代入公式(3.19)求折旧率，可得：

$$a = \frac{A_b}{k_0} \times 100\% = \frac{2500}{21\,000} \times 100\% = 11.90\%$$

故该服务器的年折旧额为 2500 元，年折旧额为 11.90%。

（2）双倍余额递减法。

双倍余额递减法是指在不考虑设备预计残值的情况下，用每年年初设备净值以及双倍的平均年限法计算设备折旧的一种方法。使用双倍余额递减法计算设备的折旧额时，由于每年年初设备净值都未扣除预计净残值，因此需要在该设备折旧年限到期前两年内，将设备的净值扣除预计净残值后的余额在这两年进行余额平均摊销。若用 a 表示年折旧额，T 表示使用年限，则年折旧额的求解方法如式(3.20)所示：

$$a = \frac{2}{T} \times 100\% \tag{3.20}$$

【例 3.5】 ABC 公司购买了一套存储设备，购买价格为 300 000 元，预计其使用寿命为 5 年，预计其残值为 5%。请用双倍余额递减法计算每年的折旧额。

解：由题意及公式(3.20)可求得，该设备的年折旧额为

$$a = \frac{2}{T} \times 100\% = \frac{2}{5} \times 100\% = 40\%$$

第 1 年折旧额为 $300\,000 \times 40\% = 120\,000$（元）。

第 2 年折旧额为 $(300\,000 - 120\,000) \times 40\% = 72\,000$（元）。

第 3 年折旧额为 $[(300\,000 - 120\,000) - 72\,000] \times 40\% = 43\,200$（元）。

从第 4 年开始改按年限平均法对设备进行计提折旧，则第 4、5 年折旧额为

$$\frac{300\,000 - 120\,000 - 72\,000 - 43\,200 - 300\,000 \times 5\%}{2} = 24\,900（元）$$

3.3 价值工程

价值工程(Value Engineering，VE)，又称为价值分析(Value Analysis，VA)或价值工程分析(Value Engineering Analysis，VEA)，是 20 世纪 40 年代兴起的一门管理艺术。价值工程是二战时期美国设计师麦尔斯(L. S. Miles)针对石棉板短缺问题研究出代替材料的方法。他总结出一套在保证相同功能的前提下降低成本的科学技术方法，其后又发展到改进设计、工艺和生产，至目前完善成为一种技术经济分析方法。价值工程在软件工程中的应用有软件成本估算、改进软件设计方案以及成本控制等。

3.3.1 价值工程的基本原理

价值工程设计的三个基本概念：价值(Value)、功能(Function)和全寿命周期成本(Cost)。

价值工程的基本原理

价值是指对象所具有的功能与获得其功能的全部费用之比，是对对象的比较价值。设软件工程对象的功能为 F，成本为 C，价值为 V，则价值的基本原理如公式(3.21)所示：

$$V = \frac{F}{C} \tag{3.21}$$

由公式(3.21)可知，价值的提高取决于功能与成本两个因素。

1. 提高软件工程项目价值的途径

(1) 双向型。提供软件产品的功能，同时降低软件产品的成本，可大幅度提高软件产品的价值，如公式(3.22)所示：

$$价值\ V \uparrow\uparrow = \frac{功能\ F \uparrow}{成本\ C \downarrow} \tag{3.22}$$

(2) 节约型。软件产品的功能不变，降低软件产品的成本，则软件产品的价值提高，如公式(3.23)所示：

$$价值\ V \uparrow = \frac{功能\ F \rightarrow}{成本\ C \downarrow} \tag{3.23}$$

(3) 改进型。软件产品的成本不变，提高软件产品的功能，则软件产品的价值提高，如公式(3.24)所示：

$$价值\ V \uparrow = \frac{功能\ F \uparrow}{成本\ C \rightarrow} \tag{3.24}$$

(4) 牺牲型。略微降低软件产品的功能，大幅度减低软件产品的成本，则软件产品的价值提高，如公式(3.25)所示：

$$价值\ V \uparrow = \frac{功能\ F \downarrow}{成本\ C \downarrow\downarrow} \tag{3.25}$$

(5) 投资型。略微提升软件产品的成本，大幅度增加软件产品的功能，则软件产品的价值提高，如公式(3.26)所示：

$$价值\ V \uparrow = \frac{功能\ F \uparrow\uparrow}{成本\ C \uparrow} \tag{3.26}$$

上述提高价值的方法中，(1)、(2)两种方法属于降低成本，(3)、(5)两种方法属于提高功能，(1)方法是对功能与成本同时进行改善，是最积极、最理想的提高价值的方法。

在软件产品寿命周期的各个阶段均可应用价值工程来提高软件产品价值，在不同的阶段开展价值工程活动，对于软件工程项目经济效果的影响程度是不同的。对于软件工程建设项目，价值工程的重点在项目的规划与设计阶段，贯穿于整个软件产品寿命周期。例如，对软件工程项目本身应用价值工程，在保证工程质量的前提下，可以通过提高软件产品的功能，降低软件寿命周期成本，为投资方节约投资成本；对整个项目组进行价值工程的研究，可以提高项目组的素质，改善内部组织的管理结构，降低不合理的消耗，能有效利用资源。

2. 价值工程的主要特征

（1）价值工程以用户的功能需求为出发点；
（2）价值工程以功能分析为核心，系统地研究功能和成本之间的关系；
（3）价值工程是致力于提高价值的创造性活动；
（4）价值工程是有计划、有组织地按照一定的工序来进行。

3.3.2 价值工程的实施步骤与方法

价值工程是一种有计划、有组织的活动，需要各个方面的专业人员相互协作，以实现某个预期的目标或者制订最优的设计方案。价值工程的一般工作程序是针对软件工程项目对象的功能与成本提出问题、分析问题以及解决问题，进而提高整个项目价值的过程，如表 3-4 所示。

表 3-4　价值工程的工作程序明细表

工作阶段	设计程序	工作步骤		对应问题
		基本步骤	详细步骤	
准备阶段	制订工作计划	确定目标	① VE 对象的选择； ② 信息资料的收集	价值工程的研究对象是什么？
分析阶段	规定评价（功能要求实现程度）	功能分析	① 功能定义； ② 功能分类； ③ 功能整理	有什么用？
		功能评价	① 功能成本分析； ② 功能评价； ③ 确定改进范围	它的成本是多少？ 它的价值是多少？
创新阶段	初步设计（提出各种设计方案） 评价各个设计方案，对方案进行改进、选优 书面化	制订改进方案	① 方案创新； ② 概率评价； ③ 调整完善； ④ 详细评价； ⑤ 提出提案	有其他方法实现这一功能吗？ 新方案的成本是多少？ 新方案能满足功能要求吗？
实施阶段	检查实施情况并评价活动成果	实施评价结果	① 审批； ② 实施与检查； ③ 成果鉴定	偏离目标了吗？

确定价值工程对象的方法较多，下面主要介绍百分比法、ABC法以及价值系数法。

1. 百分比法

百分比法是通过计算不同产品的各类技术经济指标进行比较选择，确定价值工程的对象，如选择成本利润率指标进行分析。

【例 3.6】 ABC公司有四种软件产品，它们的成本与利润的百分比如表3-5所示，试采用百分比法确定价值工程的研究对象。

表 3-5 ABC公司产品百分比分析表

产品名称	A产品	B产品	C产品	D产品	合计
成本/万元	500	300	200	100	1100
成本比重(%)	45.5	27.2	18.2	9.1	100
利润/万元	115	30	60	25	230
利润比重(%)	50	13	26.1	10.9	100
利润百分比/成本百分比	1.1	0.48	1.43	1.2	—
排序	③	④ (研究对象)	①	②	—

表3-5中的对比结果表明，B产品的成本较高且利润所占比例是问题的症结所在，应该列入价值工程的研究对象。

2. ABC 分类法

ABC分类法是一种定量分析法，又称为不均匀分布定量法或成本比重分析法，是由意大利经济学家Pareto(帕雷托)提出的，主要根据局部成本在总成本中所占比例的多少以及"关键的少数，次要的多数"的原则来选择价值工程的对象。

ABC分类法在软件工程经济学中经常应用于软件成本控制、质量管理等方面。以下介绍以软件模块(或子系统)为考察对象，以成本作为度量指标的ABC分类法的基本步骤。其中，被考察的软件模块(或子系统)有 m 个，分别用 $O_1, O_2, \cdots, O_m$ 表示，C_j 表示软件模块 O_j 的成本。

(1)将各个软件模块的成本按照从大到小的顺序进行排列，并分别计算各对应模块的成本系数。

(2)计算累计成本系数，按照ABC分类原则对软件模块进行ABC分类，如表3-6所示。

表 3-6 ABC 分类原则表

序号	类别	成本比率(%)	软件模块数量比例
1	A	70~80	10~20
2	B	20	20
3	C	10~0	60~70

(3)画出软件模块的ABC分类图，如图3-4所示。

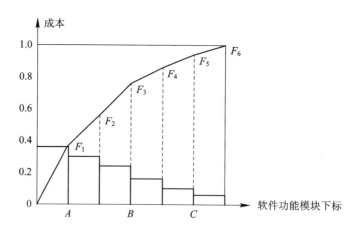

图 3-4 ABC 分类图

依据 ABC 分类法"抓住关键的少数,省略次要的多数"的原则,利用 ABC 分类法所得的三个软件模块类别在作价值分析时,A 类软件模块的集合是重点考察对象,B 类软件模块是一般考察对象,C 类软件模块一般不作价值分析。

3. 价值系数法

价值系数法是依据功能的重要程度作为选择对象的决策指标,然后确定所有备选对象的价值系数来选择分析对象的方法。价值系数法主要使用功能系数 FI、成本系数 CI 以及价值系数 VI 三个参数来确定价值工程的对象。价值系数法的评价步骤如下:

价值系数法

(1) 求各软件子系统(模块)的功能系数 FI,如公式(3.27)所示:

$$\mathrm{FI}_j = \frac{F_j}{F} = \frac{F_j}{\sum\limits_{j=1}^{m} F_j}, \ j = 1, 2, \cdots, m, \ 0 \leqslant \mathrm{FI}_j \leqslant 1 \qquad (3.27)$$

(2) 求各软件子系统(模块)的成本系数 CI,如公式(3.28)所示:

$$\mathrm{CI}_j = \frac{C_j}{C} = \frac{C_j}{\sum\limits_{j=1}^{m} C_j}, \ j = 1, 2, \cdots, m, \ 0 \leqslant \mathrm{CI}_j \leqslant 1 \qquad (3.28)$$

(3) 求各软件子系统(模块)的价值系数 VI,如公式(3.29)所示:

$$\mathrm{VI}_j = \frac{F_j}{C_j}, \ j = 1, 2, \cdots, m \qquad (3.29)$$

(4) 根据各价值系数对软件子系统(模块)进行分析评价,选择价值分析对象。评价原则有如下三点:

① $\mathrm{VI}_j = 1$,表示该软件子系统(模块)j 的功能与成本配置基本相当,无需选为价值分析对象;

② $\mathrm{VI}_j > 1$,表示该软件子系统(模块)j 的功能系数FI_j大于成本系数CI_j,其成本分配是偏低的,首先考虑到的不是增加成本,而是分析是否有过剩的功能;

③ $\mathrm{VI}_j < 1$,表示该软件子系统(模块)j 的功能系数FI_j小于成本系数CI_j,其成本分配过高,作为价值分析的主要研究对象。

通过任意方法确定好价值分析的对象后,需要收集必要的信息资料。在功能定义阶段,不仅要理清楚价值工程对象应具有的必要功能，而且要理清楚与研究对象有关的各种信息资料。价值工程所需的信息资料，通常包括使用及销售方面的信息资料；相关技术资料、经济资料、企业生产经营资料及国家政策等外部资料。收集信息资料的原则是目的性、计划性、可靠性和适时性。目的性是指要以价值工程的对象为目标，将与其相关的信息资料尽量收集齐全；计划性是指要有明确的范围与内容，并有步骤地实现；可靠性是指要对信息资料的真伪加以处理，去伪存真；适时性是指要保证所需信息资料的时效性，以适应决策的需要。

3.3.3 功能分析与评价

功能分析是价值功能活动的核心和基本内容，是指通过分析信息资料，用动词与名词的组合简明准确地表达各对象的功能，明确功能特性的要求，并绘制功能系统图。功能分析主要包括功能定义与功能整理两方面的内容。

功能定义是指对价值工程对象及组成部分的功能做明确的表述，要求能明确功能的本质，限定功能的内容，并能与其他功能区别开。

功能整理就是对定义的功能进行系统的分析、整理，明确功能之间的关系，分清功能类别，建立功能系统图。功能整理的步骤如下：

（1）分析软件产品的基本功能与辅助功能；

（2）明确功能的上下位与并列关系；

（3）排列功能系统图，如图 3-5 所示。

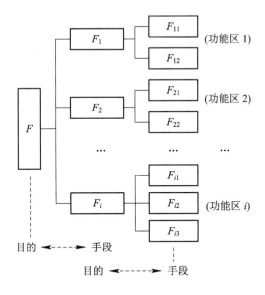

图 3-5　某软件功能系统图

通过功能定义与功能整理，明确用户所要求的软件功能，还需要对功能进行定量分析，确定重点改善的功能，即功能评价需要解决的问题。功能评价通常在功能分析的基础上，通过一定的科学方法，进一步求出实现某种功能的最低成本（目标成本或者功能评价值），并以此作为功能评价的基准，通过与实现该功能的现实成本相比较，求得功能价值（使用价值系数法）与成本改善期望值。成本期望改善值 ΔC 的计算公式如式（3.30）所示。

$$\Delta C = C - F \tag{3.30}$$

式中，ΔC 表示成本期望改善值；C 表示软件实现成本；F 表示软件功能评价值。

3.3.4 挣值管理

20 世纪 60 年代，美国国防部开发了挣值法，并将其成功地应用于国防工程中，后来逐步获得广泛的应用。挣值管理是项目管理的一种方法，用于项目成本和进度的综合监控。软件工程项目的挣值管理(Earned Value Management，EVM)，是用与进度计划、成本预算和实际成本相联系的三个基本参数进行项目绩效测量的一种方法。

挣值分析法的基本思想就是通过引进一个中间变量，即"挣值"，来帮助项目管理者分析项目的成本与工期的变动情况并给出相应的信息，以便项目管理者能对项目成本的发展趋势作出科学的预测与判断，并提出相应的对策。

挣值分析(EVA)是指将实际进度和成本绩效与较小测量基准进行比较的分析方法。

1. 挣值分析的基本概念

(1) 计划价值(Plan Value，PV)。计划价值是指为计划工作分配的经批准的预算，可以通俗地理解为应该完成多少工作。

(2) 实际成本(Actual Cost，AC)。实际成本是指在给定时间内，执行某活动实际发生的成本，可以理解为完成工作的实际成本是多少。

(3) 挣值(Earned Value，EV)。挣值是指对已完成工作的测量值，用该工作的批准预算来表示，是已完成工作经批准的预算，是客户认可的价值。

(4) 完工预算(Budget at Completion，BAC)。完工预算是项目的总预算，除非已经批准变更，否则完工预算一般不会发生变化。完工预算与计划价值、实际成本和挣值之间的关系如公式(3.31)所示：

$$\begin{cases} 计划价值(PV) = 计划完工比例 \times 完工预算(BAC) \\ 实际成本(AC) = 花费资金比例 \times 完工预算(BAC) \\ 挣值(EV) = 实际完工比例 \times 完工预算(BAC) \end{cases} \tag{3.31}$$

2. 挣值分析的绩效指标

(1) 成本偏差(Cost Variance，CV)。成本偏差是一种测量成本绩效的指标，表示为挣值与实际成本之差，计算公式如式(3.32)所示：

$$CV = EV - AC \tag{3.32}$$

(2) 进度偏差(Schedule Variance，SV)。进度偏差是一种测量成本绩效的指标，表示为挣值与计划价值之差，计算公式如式(3.33)所示：

$$SV = EV - PV \tag{3.33}$$

(3) 进度绩效指标(Schedule Performed Index，SPI)。进度绩效指标是一种测量进度效率的指标，表示为挣值和计划价值之比，主要反映项目团队完成工作的效率，计算公式如式(3.34)所示：

$$SPI = EV/PV \tag{3.34}$$

当 SPI>1 时，表示实际工作进度超前。

当 SPI=1 时，表示实际工作进度与计划进度相同。

当 SPI<1 时，表示实际工作进度延误。

（4）成本绩效指标（Cost Performed Index，CPI）。成本绩效指标是一种测量预算资源的成本效率指标，表示为挣值与实际成本之比，其计算公式如式（3.35）所示：

$$CPI = EV/AV \tag{3.35}$$

当 CPI>1 时，表示低于预算，即实际费用低于预算费用，成本有结余。

当 CPI=1 时，表示实际费用与预算费用持平。

当 CPI<1 时，表示超出预算，即实际费用高于预算费用，成本超支。

当 AC、PV 和 EV 之间的关系不一样时，其成本效率也可以预测，并可采取相应的措施进行项目管理，如表 3-7 所示。

表 3-7　AC、PV 和 EV 的六种情况及调整措施

状态	CV	SV	成本效率	可采取的措施
AC>EV>PV	<0	>0	较低	降低成本，提高成本效率
EV>AC>PV	>0	>0	较高	可适当抽调一部分人员加速其他进度较低项目的进展
AC>PV>EV	<0	<0	很低	及时预警，全面强化成本绩效管理，必要时变更基准
EV>PV>AC	>0	<0	很高	可以根据需要提前完成项目或者释放部分资源
PV>EV>AC	>0	<0	较高	加大资源投入，采取激励措施，加速项目进展的速度
PV>AC>EV	<0	<0	较低	强化监督考核，加速项目，同时控制成本

3. 挣值分析的预测指标

（1）完工尚需估算（Estimate to Complete，ETC）。完工尚需估算是指完成所有剩余项目工作尚需的预算。假设工作继续按照计划执行，完成批准的剩余工作的成本计算方法如公式（3.36）所示：

$$ETC = BAC - EV \tag{3.36}$$

（2）完工估算（Estimate at Completion，EAC）。完工估算是指完成所有工作所需的预期总成本，等于截至目前的实际成本加上完工尚需估算。EAC 有以下四种算法：

① 若成本与完工预算 BAC 相比出现了偏差，且偏差一直持续，则按式（3.37）进行估算：

$$EAC = BAC/CPI \tag{3.37}$$

② 若成本与完工预算 BAC 相比出现了偏差，但属于偶然误差，今后不再会出现，则按公式（3.38）进行估算：

$$EAC = AC + (BAC - EV) \tag{3.38}$$

③ 若最初计划不再有效，则按公式（3.39）进行估算：

$$EAC = AC + 自上而下的 ETC \tag{3.39}$$

④ 若 CPI 和 SPI 都不再有效，则按公式（3.40）进行估算：

$$EAC = AC + \frac{BAC - EV}{CPI \cdot SPI} \tag{3.40}$$

（3）完工尚需绩效指标（To Complete Performance Index，TCPI）。完工尚需绩效指标是指为实现特定的管理目标，剩余资源的使用必须达到的成本绩效指标，是完成剩余工作所需成本与可用预算之比。TCPI 主要分以下两种情况：

① 为完成计划必须保持的效率，一般需要考虑成本，用现有成本，需要知道剩余的工作量（BAC−EV）以及剩余的预算（BAC−AC），如公式（3.41）所示。

$$TCPI = \frac{BAC - EV}{BAC - AC} \tag{3.41}$$

式中，当 TCPI>1.0 时，表示该项目难以完成；当 TCPI=1.0 时，表示该项目刚好可以完成；当 TCPI<1.0 时，表示该项目可以轻易完成。

② 为完成当前完工估算必须保持的效率，通常不考虑成本，需要看还剩余多少工作量（BAC−EV），按新的估算来做，还需要多少钱（EAC−AC），如公式（3.42）所示：

$$TCPI = \frac{BAC - EV}{EAC - AC} \tag{3.42}$$

式中，当 TCPI>1.0 时，表示该项目难以完成；当 TCPI=1.0 时，表示该项目刚好可以完成；当 TCPI<1.0 时，表示该项目可以轻易完成。

（4）完工偏差（Variance at Completion，VAC）。完工偏差是对预算亏空或者盈余的一种预测，是完工预算与完工估算之差，如公式（3.43）所示：

$$VAC = BAC - EAC \tag{3.43}$$

4. 挣值分析的作用与意义

（1）通过挣值分析便于项目管理者观测和掌握项目的进展情况，可以对项目状况恶化及时进行预警，从而使项目能得到及时的补救。

（2）通过挣值分析能使项目管理者准确地把握项目进展的趋势，能对项目的未来状况进行合理的预测，从而有助于更好地作出项目决策。

（3）基于挣值分析提供的项目预测，项目管理者可以加强对可能影响项目进展的外部因素进行调控，减少项目进展的外部干扰，促使项目的顺利进行。

（4）挣值分析能够提供准确的项目进展信息，从而加强投资方的信心，协调投资方与项目管理者之间的联系，进而保障和加速项目的进展。

3.4 软件产品的定价与营销

软件产品的定价与营销是软件生存周期中两项重要的工程经济活动。软件作为一个产品，当开发机构参与招投标、投放市场等活动时，一些相关的经销商或者代理商在对软件产品进行交易时必然要关注软件的价格与营销事宜。

3.4.1 软件产品的定价

产品价格是产品价值的货币表现。对于开发机构而言，软件的价值就是开发机构在开发该软件时所耗费的代价，因此软件产品的价格可以用一定数量的货币来作为开发机构耗费代价的补偿；对于消费者而言，软件产品价格是消费者为了获得软件及其服务所支付的货币数量。

产品价格主要由其价值所决定，价值越高，则产品的价格就越高。影响软件产品价格的主要因素有：成本因素、需求因素、市场竞争与垄断因素及环境因素。

1. 软件产品的定价步骤

软件产品定价的步骤，如图 3-6 所示。

图 3-6 软件产品定价步骤示意图

1）软件产品的定价目标

软件产品的定价目标主要有：利润导向目标、收益导向目标、销售导向目标、竞争导向目标、品牌导向目标以及维持生存导向目标。

2）确定需求

确定需求是指企业应该研究价格与用户需求的关联关系。通常需求与价格存在负相关，即价格越高，需求就越低。但对于某些具有品牌效应的产品来说，会出现价格越高，需求反而更高的情况，这是由于用户认为高价格意味着该软件产品具有更好的效用，如界面更友好、功能更强大、更便于操作等。软件企业也需要研究产品的需求价格弹性，以及需求对价格变动的敏感性。通常在下列情况下，产品的需求会有较低的价格敏感性：

（1）产品高度差异化；

（2）购买者不太了解替代品；

（3）产品被认为具有较高的质量或者品牌效应；

（4）产品的功能或者可靠性具有独占性；

（5）产品的购买价格占用户总收入的比例很低。

2. 软件产品的定价方法

软件产品的定价方法包括成本导向定价法、需求导向定价法以及竞争导向定价法三种，如图 3-7 所示。

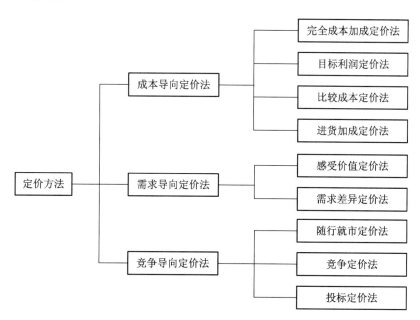

图 3-7 软件定价方法

（1）完全成本加成定价法。完全成本加成定价法的算法，如公式(3.44)所示：

$$\begin{cases} 生产企业：软件产品售价 = 成本 \times (1+成本利润率) \div (1-税率) \\ 商业企业：软件产品售价 = 成本 \div (1-销售利润率-税率) \end{cases} \quad (3.44)$$

（2）目标利润定价法。目标利润定价法，又称为目标成本定价法，可用于软件生产企业或者商业企业，算法如公式(3.45)所示：

$$\begin{cases} 生产企业：软件产品价格 = 目标成本 + 税金 \\ 商业企业：软件产品价格 = 目标成本 \times \dfrac{1+目标成本利润率}{1-产品税率} \end{cases} \quad (3.45)$$

（3）比较成本定价法。比较成本定价法主要用于软件企业给新产品进行定价，算法如公式(3.46)所示：

$$软件产品价格 = 标准品价格 + (新产品成本 - 标准品成本) \times \dfrac{1+标准品成本价格}{1-税率}$$

$$(3.46)$$

（4）进货加成定价法。进货加成定价法主要用于中间商进行定价，算法如公式(3.47)所示：

$$软件产品价格 = \dfrac{进货价格}{1+加成率} \quad (3.47)$$

（5）感受价值定价法。感受价值定价法主要以消费者对软件产品的认识与估价作为价格决策的依据。通常是软件企业推出新品或者某软件产品进入一个新市场时采用的定价方法。其具体做法是：首先，给软件产品设计一个市场形象(主要包括软件产品的功能、性能、友好的界面、服务等)；其次，进行市场调查以确定消费者对该软件产品的接受程度并制定一个能被目标市场接纳的价格，同步进行软件的成本、投资额与市场份额的估计；最后，综合比较各数据来确定是否继续开发。

（6）需求差异定价法。需求差异定价法的基本思想是根据用户群体的不同需求来差别定价。

（7）随行就市定价法。随行就市定价法是指按目标市场中的产品平均价格水平进行定价，此定价方法是中间商或者代理企业为了避免竞争风险，获得稳定收益而被迫采取的方法。这种由市场机制所形成的"市场价格"往往比较科学，它使销售方有利可图，且购买者也能接受。

（8）竞争定价法。竞争定价法是一种"进攻型"定价方法。软件企业通过自身努力，使同类软件产品在消费者心中树立起不同的产品形象，进而根据自身的特点，采用低于或高于竞争对手同类产品的价格方式来定价，以求在市场竞争中提升自己的市场地位与市场占有率。

（9）投标定价法。投标定价法是指软件企业在参加 IT 项目投标时，针对估算其他参与竞标单位报价来拟定标价，以达到最大可能中标的概率。

3. 软件企业的定价策略

所谓定价策略，是根据确定的定价目标所采取的定价方针与价格竞争方式。软件企业常采用的定价策略有：捆绑定价策略、撇脂和渗透定价策略、歧视定价策略、免费使用定价策略等。

软件企业的定价策略

1）捆绑定价策略

从经济角度来看，捆绑销售能克服商品偏好的过度分散与使用差别定价的高交易成本，如微软公司的 Microsoft Office 软件，实验室设备的各类配套软件、课程包，医疗设备等设备中的各类嵌入式软件等。

2）撇脂和渗透定价策略

（1）撇脂定价法。

撇脂定价法是将软件产品的价格定得较高，从而在短期内获取厚利，主要用于尽快回收投资，就像从牛奶中撇取出所含的奶油一样。撇脂定价法主要适用于需求弹性系数较小的细分市场，且需要满足以下条件：

① 市场上存在一批购买力非常强，且对价格不敏感的消费者；

② 这些消费者的数量要足够多，以便企业可以获取厚利；

③ 暂时没有竞争对手推出同类产品，本软件企业的产品具有非常明显的差别化优势；

④ 当有竞争对手，假如本企业有能力转换定价方法，可通过提高性价比来提高竞争力；

⑤ 本企业的品牌在市场上有较高的影响力。

撇脂定价法分为快速撇脂定价法与缓慢撇脂定价法。快速撇脂定价法通常采用高价格、高促销费用，以求迅速扩大销售，取得较高的市场占有率。采用这种方法必须有一定的市场环境，如大多数潜在消费者还不了解这种新产品时，已经了解这种新产品的人急于购买，且愿意按价购买。当企业面临潜在竞争者的威胁，应迅速使消费者建立对自己产品的偏好，也可采用快速撇脂定价法。缓慢撇脂定价法采用高价格、低促销费用的形式进行经营，以求得到更多的利润。这种方法可以在市场面比较小，市场上大多数消费者已熟悉该新产品，购买者愿意出高价，潜在竞争者威胁不大的市场环境下使用。

（2）渗透定价法。

渗透定价法是以低价来获得销售量的增加以及获得较高市场占有率的定价方法。例如，同一功能面向大众的证券投资分析软件，彼此之间优劣差别不大，软件企业可以通过低价在市场上发行，并提供相应的升级服务，以达到迅速占领市场、树立软件品牌和争取大量用户的目的。

渗透定价法也可分为快速渗透定价法和缓慢渗透定价法。快速渗透定价法实行低价格、高促销费用的策略，以求迅速打入市场，取得尽可能高的市场占有率。在市场容量很大，消费者对种软件产品不熟悉但对价格非常敏感，潜在竞争激烈，企业随着生产规模的扩大可以降低单位生产成本的情况下，适合采用快速渗透定价法。缓慢渗透定价法则是以低价格、低促销费用来推出新的软件产品。这种定价法适用于市场容量非常大、消费者熟悉软件产品但对价格反应敏感并且存在潜在竞争者的市场环境。

撇脂定价法与渗透定价法都不是一成不变的，软件企业需考虑自身软件技术的先进性、系统功能的完整性、竞争对手的差距、市场需求及接受力等因素，对这两种策略加以灵活运用。如果软件企业没有敏感地认识到市场的变化，一味地撇脂，一旦竞争对手在产品接近的情况下，采取渗透性定价，企业就会付出巨大的代价，不仅会失去潜在客户市场，也会失去老客户的信任。

3）歧视定价策略

不同的用户对软件的功能需求与价格的敏感程度不同，对一些初学者、爱好者来说，只要软件能用、基本功能运行良好就可以了，他们对价格非常敏感，高价会迫使他们不得不去考虑盗版软件；而面对企业、专业人士来说，他们追求的是软件的功能强大、安全性能好、系统健壮性强，低价的软件反倒会给人劣质的感觉，因为他们对价格是不敏感的。软件企业必须分开定价，对不同的细分市场进行"价格歧视"，才能实现企业利润的最大化。

4）免费使用定价策略

软件是高技术产品，用户在使用之前对软件的功能与性能往往存在疑虑，免费使用软件的推出可以解决这种疑虑。它可以在短时间内帮助产品聚集"人气"，获得声望。对于软件企业来说，软件的复制成本非常低，几乎等于零，在免费试用期内可以借助用户来寻找软件中的错误，进行测试，更好地完善软件。等待正式版收费软件推出时，也可以突出其比免费版软件的优势，来引起用户的兴趣。

3.4.2 软件产品的营销

软件产品的营销包括软件开发前的产品市场分析（如市场容量估算、客户需求分析等），科学的软件产品定价，有效的软件分销与促销等工作。软件产品的市场营销过程通常包括：目标市场定位，确定产品策略，确定销售/渠道策略，确定促销策略以及确定服务策略。

1. 软件产品的目标市场定位

目标市场是指软件产品市场中具有共同需求与期望，愿意且有能力从事产品交换，以满足其本身需求的潜在客户群。一个待开发的软件，必须明确其功能、性能与服务是为哪些客户所需要的，这就是目标市场定位的基本内涵。目标市场的不同定位就决定了该软件今后面临的市场进入壁垒的高低以及市场竞争的激烈程度。例如，进入IT服务与咨询领域相对容易，但进入操作系统等软件产业链上游的业务领域则很难，这是因为要面临具有强大实力的跨国企业的竞争。

理想的目标市场最好能满足以下几个条件：

（1）在本质上吸引人；

（2）有相对高的进入壁垒，可以排除一些竞争者；

（3）没有太多的竞争者，竞争不会演变成残酷的价格战；

（4）相关的购买者或供应商没有足够的讨价还价能力；

（5）基本产品或服务没有很好的替代品。

在现今激烈的市场竞争下，要满足以上所有条件是非常困难的，软件企业只有根据市场状况和自身情况去寻找理想的目标市场。

确定目标市场后，应采用市场分割的方法来为目标市场上不同层次的客户提供不同的软件产品及软件服务。市场分割是将潜在目标市场内客户群的需求与价值观分割成不同的群组，企业针对不同的群组提供不同的市场策略与信息。采用产品市场分割的原因是不同类别客户的行为模式和做事方法不尽相同，知识层次也不一样，他们对软件产品/服务的需求以及期望也会不同。例如，微软将企业客户大致划分为五类：① 程序开发者：开发企业所用的软件；② IT专业人员：架设网络，维护企业的计算机系统；③ 企业决策者：不一定很懂计算机系统，但对企业的运营拥有决策权；④ 知识工作者：企业里的白领阶层，是企业的核心成员；⑤ 一般员工：行政人员等普通员工。

2. 软件企业的产品策略确定

科技创新时代，软件企业需要不断地开发新产品，增加软件的新功能，才能吸引用户。软件企业应充分考虑自身面临的内外部环境，应用 SWOT 分析(优劣势分析)来确定今后企业的技术与产品的开发方向。同时，注意规划的系统性，增加软件产品组织的关联性，以充分利用已有的技术资源、销售渠道、市场资源，为下次新产品进入市场降低障碍和风险，提高用户的品牌接受度，提高软件企业的总体利润，树立行业知名度。

软件企业的推陈出新除了开发新产品以外，还要对原有软件版本不断地进行升级，这是由于新产品的开发通常需要投入很多精力，在市场接受前也需要承担很大的风险，相比而言，为一个已经获得市场许可的软件产品开发升级版本而言，可节省较多的时间与费用。在升级新版本的时候，一定要掌握好推向市场的时间，且要对新用户和已购买原版本的老用户在价格上实行差异化对待，才能在维护好老客户忠诚度的同时发展潜在客户。

3. 软件产品的营销渠道策略确定

在市场经济中，很多软件生产者并不将自己的软件产品直接出售给用户，而是通过一些营销中介机构将产品供应给市场，这些营销中介机构就组成了营销渠道。营销渠道是指产品和服务顺利使用或被消费的一整套相互依存的组织。这些营销中介机构的营销业务的专业化，能取得规模效益、降低营销成本、提高营销效率，同时能弥补某些软件生产企业缺少直接进行营销的人力、物力和财力缺陷。随着网络技术、电子商务和物流的迅猛发展，网络营销的普及也为软件企业开辟了便捷的途径。

对于一类面向大众化市场的标准化软件，由于用户数量多、分布广、服务难度大，适合采用分销模式、捆绑销售模式和网络直销模式。

对于另一类，如企业信息系统解决方案之类的软件服务，由于客户相对较少且固定，开发过程复杂，技术难度大、服务要求高，适合采用一对一的直销模式。企业解决方案一般面对的都是大客户，开发人员和销售人员需要在软件开发之前对客户进行前期咨询，通过详细地调研，了解客户的工作流程和对系统的功能要求，既不能一味否定客户的要求，技术至上，也不能一味地接受客户的所有要求，因为从客户的角度来说，总希望系统功能越多越好，但这样会多而不精，系统可能根本没办法正常地有效运转，系统的主要功能不能得到突出显示。

除了上述分销、捆绑销售、网络直销与一对一直销的模式外，代理商模式在软件营销中也较为常见。软件企业销售软件产品/服务的形式主要有两种：一种是建立自己专门的销售部或专门的营销机构，负责本企业软件产品/软件服务的营销工作。这样效率较高，也保证了收入与利润的集中获取，但企业需要投入巨大的人力与财力来管理营销渠道，对于实力稍弱的软件企业来说风险偏高，不能专注于做核心的软件开发工作。另一种是选择代理机构，由代理机构来负责软件产品/服务的销售工作。通常实力稍弱一点的软件企业销售能力相对薄弱，打开相关市场的难度较大，大多数软件企业通过选择招收代理机构的制度，并建立长期的合作伙伴关系。因为代理机构专门从事销售工作，掌握了大量的客户信息，与客户保持着密切的联系，销售方面更加得心应手。这样软件企业虽降低了利润率，但是保证了在产品上市的时候可以回收一部分开发投资，同时又给了代理商足够的空间来经营产品以获取利润。在这种情况下，软件企业的销售部只是一个与各个代理商联系的通道，减轻了整个企业的负担，软件企业也可以集中优势进行新技术与新产品的研发。

为了能向客户更完整地展示软件产品的优越性能，软件企业必须对代理商进行培训与销售支持，让代理商了解软件企业的产品，除了提供各种支持以及销售辅助材料外，还要制定代理商销售激励制度，如销售折扣，提供免费的培训机会等，进而保证企业自身品牌的销售以及服务质量。

4. 软件产品的促销策略确定

促销是促进营销的简称，是指采用人员或非人员的方式来帮助或说服客户购买某软件产品/软件服务，或者让消费者对某个或者某些软件产品产生好感的一种活动。促销策略主要包括直接促销和间接促销。直接促销是指人员上门推销软件产品的活动；间接促销是指采用各种媒体广告、营销推广与公共关系宣传等方式进行推销软件产品的活动。

软件作为一种特殊的无形产品，除了上述促销手段外，还有一些特殊的促销手段，如品牌促销、教育促销以及人员促销等。

1）品牌促销

软件产品/软件服务是一种高技术产品，一般用户在购买软件产品前往往都会心存疑虑。一个良好的软件产品形象能大大消除用户的购买疑虑，让用户产生安全感和信任感。因此，软件企业要大力提高品牌知名度，让客户对软件企业产生信任感，放心购买其产品。软件企业可以通过树立品牌形象，引入企业形象识别系统以及发布产品广告、企业形象广告，建立企业网站、媒体宣传等多种手段来扩大企业的品牌知名度。

2）教育促销

软件的高科技特性会导致用户较难理解与掌握，软件企业需要利用各种场合来演示自己的产品，如通过软件博览会、展销会等，让目标用户与潜在用户了解该产品的主要功能。教育促销可通过向媒体发送免费的测试软件、认证培训、举办讲座等方式进行普及知识；利用展会进行产品展示等多种手段来扩大软件产品的宣传。

3）人员促销

人员促销应注重沟通能力以及人际关系。软件企业通过专业的服务人员与用户实现有效的沟通，为客户做好完备的前期咨询工作。这种方式针对性强，让客户觉得自己备受重视，无效劳动少，因此促销成功的概率会比较高。人员促销也有利于软件企业了解市场，能够给软件企业营销决策提供有效的建议与意见。人员促销需要注意以下问题：

（1）挑选专业技术能力强、个人素质高的促销人员；

（2）软件企业要根据目标市场的特点、产品的特点等，对促销人员进行资源、促销区域、促销时间等进行合理分配；

（3）软件企业要对促销人员实施有效的管理与激励，以确保促销目标的实现。

5. 软件产品的服务策略确定

服务是指一方向另一方提供基本上无形的行为与绩效的活动，服务不会导致所有权的产生。服务的产生可能与某种物质产品相联系或毫无联系。软件服务是以客户为中心、以客户需求为主线，围绕客户在软件购买、安装、使用、二次开发过程中所遇到的一系列问题，帮助客户挖掘软件的价值，实现软件产品与客户业务的有机交融，从而为客户带来业务增值的过程。

随着互联网的迅速发展，为软件服务提供了更加强大的工具支持。处于大数据＋互联网时代，从根本上改变了软件的开发模式、使用模式与维护模式。随着分布式开发、模块式选用安装与远程界面维护技术的成熟，软件的个性化定制更加灵活，二次开发更加高效，远程管理更加直接，这些都为软件服务提供了极大的方便。软件行业的服务不应局限于售后服务，而是集售前咨询、集中培训与实施、售后运行维护与升级于一体的综合性、全程化、全方位服务。

随着软件服务市场的逐渐发展，软件企业应大力推进服务标准化、规范化，实行有偿服务及产品价格与服务相分离，逐步培育用户购买服务的观念，认识到捆绑带来的免费服务往往会使用户服务不够重视，而忽略了软件本身所包含的管理思想与其所带来的管理效益，无法实现管理创新与技术创新的结合，从而造成了软件投资的失败。

练 习 题

1. 影响软件成本测算的主要因素有哪些？

2. 某 IT 企业拟开发某嵌入型软件工程项目，预计 20k LOC 的代码量，根据该软件的各项需求以及开发投入情况，用 COCOMO 模型求得该项目的综合影响因子 U 为 1.28，从信息库得知工时费用率 $a＝8000$ 元/人·月。试对该软件的成本、工作量与工期做出估算。

3. 某 IT 公司已开发过一种规模为 15k LOC 的软件 S_A，现欲将其改编为独立型软件 S_B，经估算其设计、编码与集成修改系数是：DMC＝30％，CMC＝40％，IMC＝110％，并有工作量乘数 $U＝1.3$，工时费用率 $a＝6000$ 元/人·月。试用类比法估算目标软件 S_B 的成本。

4. A 公司购买的服务器在使用过程中发生磨损，现需要修理，修理费用 8000 元，购买原价为 40 000 元。若重置同类设备价值为 30 000 元，且新旧设备生产率及单位产品消耗是相同的，试求该电子设备的综合磨损程度及其剩余价值。

5. Z 企业花 50 000 元购进一台电子设备，预计使用 6 年，到期后残值为 5000 元。试用平均年限法求该服务器的年折旧额及年折旧率。

6. X 公司购买了一台服务器，购买价格为 85 000 元，预计其使用寿命为 10 年，其残值为 6％。请用双倍余额递减法计算每年的折旧额。

7. 提高软件工程项目价值的途径有哪些？

8. 挣值分析的四个绩效指标是什么？

9. 软件企业常采用的定价策略主要有哪些？

10. 软件产品的促销策略有哪些？

第4章 软件工程项目评价方法与经济效果评价

本章主要介绍软件工程项目常用评价与决策方法，软件工程项目的现金流量相关知识体系以及软件工程项目的经济效果评价的相关内容。

▌ 4.1 软件工程项目评价与决策方法

课程思政 4-0

软件企业在软件生产过程中常常会遇到系统的评价与决策问题，如外包商的选择、设备的选型、技术方案的确定、项目经理的选择，等等。解决这些问题的理论以及方法构成了软件工程经济学的重要内容之一。

软件工程项目的评价与决策问题通常是一个多属性问题，其解决步骤主要有以下五个方面：

(1) 确定评价主体(单位或者项目负责人)。

(2) 确定评价对象，如方案选择的评价对象是各个方案，项目经理的选择是各候选人。

(3) 建立相应的指标体系，即确定评价对象的评价指标及子指标。

(4) 确定各指标的权重系数。权重表示各个指标之间的相对重要性，且同一个级别的指标加权和必须等于1。

(5) 建立综合评价模型。常见的评价模型有基于线性加权的综合评价模型、基于模糊数学的综合评价模型、基于神经网络的综合评价模型、动态综合评价模型、协商评价模型、立体综合评价模型、基于语义的综合评价模型等。其权重系数常采用二分比较法、德尔菲法、六分比较法、九分比较法等来确定。

4.1.1 关联矩阵法

关联矩阵(Relational Matrix Analysis，RMA)法主要在确定好评价对象及评价指标后，通过二分法确定每个评价指标的权重 W_j，并根据评价主体给定的评价指标的评价尺度，确定方案的综合评定价值量(V_{ij})。其主要评价步骤如下：

关联矩阵法

(1) 确定评价主体，如企业高管、项目经理等。

(2) 确定评价方案(A_1，A_2，…)。

(3) 确定指标体系。确定指标 X 及指标体系的层次结构，一般的评估量表由两至三个层次的指标构成。

(4) 确定权重体系。确定每一个指标及所有的子指标的权重。权重系数的确定采用二分比较法，即有重要和不重要两种选项，引入了布尔变量 E_{ij} 来度量指标 X_i 与 X_j 相比较的重要性，权重算法如下：

$$\begin{cases} E_{ij} = \begin{cases} 1, & X_i \text{ 比} X_j \text{ 重要或者同等重要} \\ 0, & X_j \text{ 比} X_i \text{ 重要} \end{cases} \\ E_{ji} = 1 - E_{ij} \\ F_i = \sum_{j=1}^{n} E_{ij} \\ W_i = \dfrac{F_i}{\sum_{i=1}^{n} F_i} \end{cases} \quad , \quad i, j = 1, 2, \cdots, n \quad (4.1)$$

（5）计算综合价值量。V_j 为方案 A_j 对应的综合价值量，其计算公式为

$$V_i = \sum_{j=1}^{n} u_{ij} W_{ij}, \quad i = 1, 2, \cdots, m \quad (4.2)$$

（6）根据综合价值量给方案排序。步骤（5）中的综合价值量值越大，则方案越优，以此进行排序。

关联矩阵法主要应用于多目标软件系统。关联矩阵法用矩阵形式来表示各替代方案有关评价项目的平均值，然后计算各方案评价值的加权和，再通过分析比较，综合评价值——评价值加权和最大的方案即为最优方案。应用关联矩阵法的关键在于确定各评价指标的权重，以及由评价主体给定的评价指标的评价尺度。

【例 4.1】 某企业拟开发或者引进一个 ERP 系统软件，项目组经过研究给出了三种方案：自行开发设计 A_1、国外引进 A_2、在现有系统上改进 A_3。该企业领导要求项目经理李超用关联矩阵法对这三种方案进行系统评价。

解： ① 确定评价主体为项目经理李超。

② 确定评价对象为设计方案 A_1、A_2、A_3。

③ 确定评价指标为期望利润 X_1、投资成本 X_2、市场占有率 X_3、功能与性能 X_4。

④ 先依据公式（4.1）来确定权重体系，如表 4-1 所示。

表 4-1 例 4.1 权重系数求解表

E_{ij}	X_1	X_2	X_3	X_4	F_i	W_i
X_1	1	1	1	0	3	0.3
X_2	0	1	1	0	2	0.2
X_3	0	0	1	0	1	0.1
X_4	1	1	1	1	4	0.4

再确定各指标评价标准，如表 4-2 所示。

表 4-2 各指标评价尺度表

评价指标	评价等级得分				
	5	4	3	2	1
期望利润 X_1/万元	600 及以上	[600, 500)	[500, 400)	[400, 300)	300 以下
投资成本 X_2/万元	20 及以下	(20, 25]	(25, 30]	(30, 40]	40 以上
市场占有率 X_3(%)	40 及以上	[35, 40)	[30, 35)	[25, 30)	25 以下
功能与性能 X_4	很强	强	较强	一般	弱

⑤ 依据步骤④中表 4-2 分别对每个方案进行各指标评价，并结合表 4-1 求得的指标权重系数可以得到综合价值量，如表 4-3 所示。

表 4-3　关联价值矩阵表

A_i	X_1 0.3	X_2 0.2	X_3 0.1	X_4 0.4	V_i
A_1	3	3	4	4	$V_1 = 3.5$
A_2	4	2	4	4	$V_2 = 3.6$
A_3	2	5	2	4	$V_3 = 3.4$

表 4-3 中，V_i 的计算过程如下：

$$V_1 = 3 \times 0.3 + 3 \times 0.2 + 4 \times 0.1 + 4 \times 0.4 = 3.5$$
$$V_2 = 4 \times 0.3 + 2 \times 0.2 + 4 \times 0.1 + 4 \times 0.4 = 3.6$$
$$V_3 = 2 \times 0.3 + 5 \times 0.2 + 2 \times 0.1 + 4 \times 0.4 = 3.4$$

⑥ 根据表 4-3 所求得的各方案综合价值量值按大小进行排序，则为：$V_2 > V_1 > V_3$。

故方案排序也应该按照综合价值量的评分高低进行排序：$A_2 > A_1 > A_3$。因此本方案优先选择第二个方案（从国外引进），第一个方案（自行开发设计）次之。

4.1.2　层次分析法

层次分析法

层次分析法（Analytic Hierarchy Process，AHP）是美国运筹学家匹兹堡大学教授 T. L. Saaty（萨蒂）在 20 世纪 70 年代研究"根据各个工业部门对国家福利的贡献大小而进行电力分配"课题得出的科研成果。该方法是运用网络系统理论与多目标综合评价方法而提出的一种层次权重决策的综合分析方法。

层次分析法是社会、经济系统决策中的常用分析方法。层次分析法自 20 世纪 80 年代被引入我国以来，以其定性与定量相结合地处理各种决策问题的特点，以及系统灵活简洁的优点，迅速在我国社会经济各个领域，如资源分配、工程计划、方案排序、性能评价、城市规划、经济管理、冲突问题、能源系统分析、科研评价等领域得到了广泛的重视与应用。

层次分析法根据问题的性质与目标，将问题分解为不同的组成因素，并按照各因素之间的相互关联和隶属关系将各组成因素根据不同层次进行聚集组合，形成一个多层次的分析结构模型，使问题归结到最底层（如待决策的方案等），相对于最高层的总目标的相对重要权值来确定优劣次序的排序。层次分析法的求解流程如图 4-1 所示。

层次分析法的步骤如下：

（1）建立层次结构模型。

将要决策的目标、指标（又称为评价准则）与决策对象（待评价方案）按最高层、中间层以及最低层，绘出层次结构图，如图 4-2 所示。

（2）构造判断比较矩阵。

判断比较矩阵用于表示本层所有因素针对上一层某一个因素的相对重要性的比较。判断比较矩阵的元素 a_{ij} 用 1～9 及其倒数的标度方法给出（心理学家认为成对比较的因素不宜超过 9 个，即每层最好不要超过 9 个因素）。判断比较矩阵元素 a_{ij} 的标度方法如表 4-4 所示。

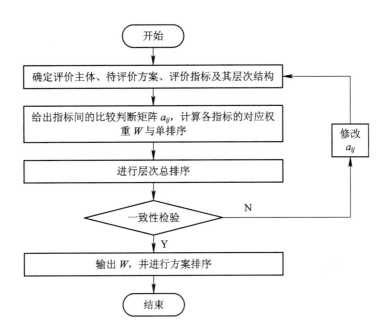

图 4-1　层次分析法求解流程图

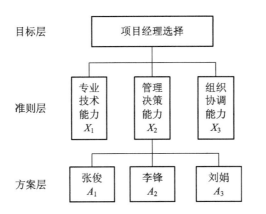

图 4-2　层次结构图示例

表 4-4　判断比较矩阵元素 a_{ij} 的标度方法表

标度	含　义
1	表示本层次两个因素 X_i 和 X_j 相比，具有同等重要性
3	表示本层次两个因素 X_i 和 X_j 相比，X_i 比 X_j 稍微重要
5	表示本层次两个因素 X_i 和 X_j 相比，X_i 比 X_j 明显重要
7	表示本层次两个因素 X_i 和 X_j 相比，X_i 比 X_j 强烈重要
9	表示本层次两个因素 X_i 和 X_j 相比，X_i 比 X_j 极端重要
2，4，6，8	上述两相邻判断的中值
倒数	因素 X_i 和 X_j 比较判断值为 a_{ij}，则因素 X_j 和 X_i 比较的判断 $a_{ji}=1/a_{ij}$

（3）进行层次单排序。

排序算法是指根据各个相关指标的比较判断矩阵求解各指标的相对重要性标度的计算方法。常用的排序算法有最小偏差法、特征向量法、最小二乘法、改进梯度特征向量法、广义特征根法等。单排序算法是指同一层次各相关指标以其相邻上一层次的某从属指标为准则的相对重要性标度的求解。以下通过例4.2介绍特征向量排序算法，计算公式如下：

$$
\begin{cases}
\boldsymbol{U}_i = \prod_{j=1}^{n} a_{ij} \\
\boldsymbol{V}_i = \sqrt[n]{\boldsymbol{U}_i} \\
W_i = \dfrac{\boldsymbol{V}_i}{\sum\limits_{i=1}^{n} \boldsymbol{V}_i}
\end{cases}
\tag{4.3}
$$

其中，a_{ij}表示指标X_i和X_j之间的判断值，$\boldsymbol{U}_i$表示指标间的判断矩阵，如$\boldsymbol{U}_1$表示某方案关于指标X_1的价值量，$\boldsymbol{V}=(\boldsymbol{V}_1,\boldsymbol{V}_2,\cdots,\boldsymbol{V}_n)$表示综合价值向量集，$\boldsymbol{V}_i$表示方案$A_i$对应的综合价值向量，$W=(W_1,W_2,\cdots,W_n)$表示权重集，$W_i$表示指标$X_i$所对应的权重系数。

【例 4.2】 某软件企业有两个技术方案的比较判断矩阵 A_1 和 A_2，如表 4-5 所示。请项目经理求解对应的权重向量。

表 4-5 A_1、A_2 方案判断矩阵

A_1	X_1	X_2	X_3	A_2	X_1	X_2	X_3
X_1	1	3	5	X_1	1	2	9
X_2	1/3	1	3	X_2	1/2	1	7
X_3	1/5	1/3	1	X_3	1/9	1/7	1

解：依据题目中所给条件及表 4-5 和公式（4.3），A_1、A_2 的单排序分别如表 4-6、表 4-7 所示。

表 4-6 A_1 的单排序求解过程表

A_1	X_1	X_2	X_3	U_i	$\boldsymbol{V}_i$	W_i
X_1	1	3	5	15	2.467	0.637
X_2	1/3	1	3	1	1	0.258
X_3	1/5	1/3	1	1/15	0.405	0.105
合计					3.872	1

表 4-7 A_2 的单排序求解过程表

A_2	X_1	X_2	X_3	U_i	$\boldsymbol{V}_i$	W_i
X_1	1	2	9	18	2.620	0.60
X_2	1/2	1	7	7/2	1.518	0.35
X_3	1/9	1/7	1	1/63	0.25	0.05
合计					4.389	1

依据表 4-6 和表 4-7 的求解结果,可得

$$W(A_1) = [0.637, 0.258, 0.105]^T$$

$$W(A_2) = [0.60, 0.35, 0.05]^T$$

(4) 进行一致性检验。

一致性检验通常有相对比较法、K 因子检验法、统计检验法等。相对比较法指的是在对 n 个同层次指标做两两比较时,一共需要 $n(n-1)/2$ 次比较的方法。在人们进行相对比较时容易出现因未采用统一标准,而导致前、后比较不一致的现象,当 a_{ij} 的这种偏离一致性累加效应较大时,将会直接影响到权重值 W 的真实性。

对应于判断比较矩阵最大特征根 λ_{max} 的特征向量,经归一化(使向量中各元素之和等于1)后记为 W。W 的元素为同一层次因素对于上一层次某因素相对重要性的排序权值,这一过程称为层次单排序。能否确认层次单排序,需要进行一致性检验。所谓一致性检验,是指对 A 确定不一致的允许范围。定义一致性指标如公式(4.4)所示:

$$\begin{cases} CI = \dfrac{\lambda_{max} - n}{n-1} \\ \lambda_{max} = \dfrac{1}{n} \sum_{i=1}^{n} \dfrac{(a_{ij}W)_i}{W_i} \end{cases} \tag{4.4}$$

其中,n 阶一致阵的唯一非零特征根为 n;n 阶正负反阵 A 的最大特征根 $\lambda \geqslant n$,当且仅当 $\lambda = n$ 时,a_{ij} 为一致矩阵的元素。

由于 λ_{max} 连续依赖于 a_{ij},则 λ_{max} 比 n 大得越多,A 的不一致性越严重。一致性指标用 CI 计算,CI 越小,说明一致性越大。用最大特征值对应的特征向量作为被比较因素对上层某因素影响程度的权向量,其不一致程度越大,引起的判断误差越大。因而可以用 $\lambda_{max} - n$ 数值的大小来衡量 A 的不一致程度。

当 CI=0 时,表示有完全的一致性;当 CI 接近于 0 时,表示有较满意的一致性;当 CI 越大时,不一致性则越严重。

为衡量 CI 的大小,引入随机一致性指标 RI。RI 的计算公式如下:

$$RI = \dfrac{1}{n} \sum_{i=1}^{n} CI_i \tag{4.5}$$

随机一致性指标 RI 和判断比较矩阵的阶数有关,一般情况下,矩阵阶数越大,则出现一致性随机偏离的可能性也越大,其对应关系如表 4-8 所示。

表 4-8　平均随机一致性指标 RI 标准值

n	1	2	3	4	5	6	7	8	9
RI	—	—	0.58	0.90	1.12	1.24	1.32	1.41	1.45

注:不同的标准不同,RI 的值也会有微小的差异。

考虑到一致性的偏离可能是由于随机原因造成的,因此在检验判断比较矩阵是否具有满意的一致性时,还要将 CI 和 RI 进行比较,得出检验系数 CR,其计算公式如公式(4.6):

$$CR = \dfrac{CI}{RI} \tag{4.6}$$

一般,如果 CR<0.1,则认为该判断矩阵通过一致性检验,称为该层次单排序具有满意一致性,否则就不具有满意一致性,需要对矩阵进行重新调整。

【例 4.3】 请对表 4-6 与表 4-7 所示的判断比较矩阵 A_1 和 A_2 作一致性检验。

解： 由表 4-6 可得

$$A_1 = \begin{bmatrix} 1 & 3 & 5 \\ \dfrac{1}{3} & 1 & 3 \\ \dfrac{1}{5} & \dfrac{1}{3} & 1 \end{bmatrix}, W_{A_1} = [0.637, 0.258, 0.105]^T$$

由表 4-7 可得

$$A_2 = \begin{bmatrix} 1 & 2 & 9 \\ \dfrac{1}{2} & 1 & 7 \\ \dfrac{1}{9} & \dfrac{1}{7} & 1 \end{bmatrix}, W_{A_2} = [0.60, 0.35, 0.05]^T$$

由公式(4.4)可得

$$A_1 W(A_1) = \begin{bmatrix} 1 & 3 & 5 \\ \dfrac{1}{3} & 1 & 3 \\ \dfrac{1}{5} & \dfrac{1}{3} & 1 \end{bmatrix} \cdot \begin{bmatrix} 0.637 \\ 0.258 \\ 0.105 \end{bmatrix} = \begin{bmatrix} 1.936 \\ 0.785 \\ 0.318 \end{bmatrix}$$

$$A_2 W(A_2) = \begin{bmatrix} 1 & 2 & 9 \\ \dfrac{1}{2} & 1 & 7 \\ \dfrac{1}{9} & \dfrac{1}{7} & 1 \end{bmatrix} \cdot \begin{bmatrix} 0.60 \\ 0.35 \\ 0.05 \end{bmatrix} = \begin{bmatrix} 1.75 \\ 1 \\ 0.167 \end{bmatrix}$$

$$\lambda_{\max}^{(A_1)} = \frac{1}{n} \sum_{i=1}^{n} \frac{(A_1 W_{A_1})_i}{W_{A_1}} = \frac{1}{3} \cdot \left(\frac{1.936}{0.637} + \frac{0.785}{0.258} + \frac{0.318}{0.105} \right) = 3.0368$$

$$\lambda_{\max}^{(A_2)} = \frac{1}{n} \sum_{i=1}^{n} \frac{(A_2 W_{A_2})_i}{W_{A_2}} = \frac{1}{3} \cdot \left(\frac{1.75}{0.60} + \frac{1}{0.35} + \frac{0.167}{0.05} \right) = 3.0379$$

$$CI_1 = \frac{\lambda_{\max}(A_1) - 3}{3 - 1} = \frac{0.0368}{2} = 0.0184$$

$$CI_2 = \frac{\lambda_{\max}(A_2) - 3}{3 - 1} = \frac{0.0379}{2} = 0.019$$

由表 4-8 可知 $RI_1 = RI_2 = 0.58$，故有

$$CR_1 = \frac{CI_1}{RI_1} = \frac{0.0184}{0.58} = 0.032 < 0.1$$

$$CR_2 = \frac{CI_2}{RI_2} = \frac{0.019}{0.58} = 0.0095 < 0.1$$

由 A_1 和 A_2 一致性指标可知，A_1 和 A_2 都通过了一致性检验，故其单排序是可靠的。

4.1.3 平均值法

平均值法是指计算每个待评价方案 A_k 在不同综合评价方法求解结果中的平均"优序"数，并依据每个待评价方案的平均优序数大小来决定该方案

平均值法

的排序位置的评价方法。

设 d_{ij} 表示方案 A_i 在采用方法 M_j 求解时的排序位置，如方案 A_1 在采用方法 M_2 求解时其排序位置为第 4 位，则 $d_{12}=4$。设 m 个待评方案 A_1，A_2，$\cdots$，A_m 采用 n 种综合排序方法 M_1，M_2，$\cdots$，M_n，可得到 n 种排序结果，则平均值法的计算步骤如下：

（1）给出 n 种排序结果矩阵 $\boldsymbol{D}=(d_{ij})_{m \times n}$，计算各方案的平均优序值：

$$\bar{d}_i = \frac{\sum\limits_{j=1}^{n} d_{ij}}{n} \tag{4.7}$$

（2）对 $\bar{d}_i$ 的大小进行比较并排序，其值越大，方案排序则越小。

【例 4.4】 设有 5 个待评方案，采用 4 种综合评价方法求解，其求解所得的排序结果如表 4 - 9 所示，试运用平均值法确定这 5 种方案的最终排序。

表 4 - 9 方案排序表

方案	M_1	M_2	M_3	M_4
A_1	1	3	2	3
A_2	3	1	3	5
A_3	2	2	4	2
A_4	4	5	1	4
A_5	5	4	5	1

解：依题意和表 4 - 9 的数据可得

$$\bar{d}_1 = \frac{1+3+2+3}{4} = 2.25$$

$$\bar{d}_2 = \frac{3+1+3+5}{4} = 3$$

$$\bar{d}_3 = \frac{2+2+4+2}{4} = 2.5$$

$$\bar{d}_4 = \frac{4+5+1+4}{4} = 3.5$$

$$\bar{d}_5 = \frac{5+4+5+1}{4} = 3.75$$

由于 $\bar{d}_1 < \bar{d}_3 < \bar{d}_2 < \bar{d}_4 < \bar{d}_5$，故有最终排序结果为 $A_1 > A_3 > A_2 > A_4 > A_5$。

4.2 软件工程项目的现金流量

在软件工程经济分析中，通常将软件工程项目或者技术方案看作一个独立的经济系统，来考察项目或技术方案的经济效果。对于一个独立的经济系统，在某个时点流出系统的货币称为现金流出（或者负现金流量），常用 CO 表示；流入系统的货币称为现金流入（正现金流量），常用 CI 表示；同一时点上的现金流入以及现金流出的代数和称为现金流量，常用 CI－CO 来表示。

所谓软件工程项目的现金流量，是指特定的经济系统(如某开发项目、某系统集成项目等)在某个时点发生了使用权或者所有权转移的现金或者等价物(如可转让定期存单、短期国库券等)的数量。

构成软件工程项目经济系统现金流量的基本要素主要有建设投资、营业收入、经营成本、税金、利润等。软件工程项目建设通常涉及软件工程项目投资现金流量表、软件工程项目资本金现金流量表、财务现金流量表以及投资方现金流量表。软件工程项目投资现金流量表主要阐明整个软件工程项目的现金流量构成，通常是从整个软件工程项目的角度，不分资金来源，以软件工程项目的全部投资为基本出发点，以软件工程项目每年的现金流量所进行的系统统计，如表 4－10 所示。

表 4－10 软件工程项目投资现金流量表

序号	项目名称	合计	计算期				
			1	2	3	…	n
1	现金流入						
(1)	营业收入						
(2)	补贴收入						
(3)	回收固定资产余值						
(4)	回收流动资金						
2	现金流出						
(1)	软件工程项目建设资金						
(2)	流动资金						
(3)	经营成本						
(4)	营业税金及其附加						
(5)	营运投资费用						
3	所得税前净现金流量(1－2 项)						
4	累计所得税前净现金流量						
5	调整所得税						
6	所得税后净现金流量(3－5 项)						
7	累计所得税后净现金流量						
各计算指标： 软件工程项目投资财务内部收益率(所得税前)/% 软件工程项目投资财务内部收益率(所得税后)/% 软件工程项目财务净现值(所得税前) 软件工程项目财务净现值(所得税后) 软件工程项目投资回收期(所得税前)/年 软件工程项目投资回收期(所得税后)/年							

1. 现金流入

现金流入一般由营业收入、补贴收入、回收固定资产余值以及回收流动资金构成。

（1）营业收入。营业收入是指软件工程项目建设成功后对外提供商业活动所取得的收入，是软件工程经济分析中现金流入的一个主要项目。它反映了软件工程项目的真实收益，其计算公式如下：

$$营业收入 = 销售数量 \times 销售单价 \tag{4.8}$$

（2）补贴收入。补贴收入是指获得政府所提供的各种基金项目、支持项目的现金补贴。

（3）回收固定资产余值。回收固定资产余值通常是在软件工程项目计算期的最后一年进行计算的，其中固定资产余值回收额需按照项目使用的固定资产折旧的方式进行计算。

（4）回收流动资金。回收流动资金一般是在软件工程项目计算期的最后一年进行计算的，其金额是指整个项目的全部流动资金。

2. 现金流出

（1）软件工程项目建设资金。软件工程项目建设资金是指软件工程项目，建设与投入运营所需要的全部投资，主要包括固定资产投资、预备费、软件工程项目建设期利息以及固定资产投资方向调节税等。

（2）流动资金。流动资金是指软件工程项目建成投产后购买原材料、支付工资等所需的现金。流动资金通常在投产前进行筹措。

（3）经营成本。经营成本是指软件工程项目在生产经营期的实际支出，是软件工程项目现金流量表中运营期间现金流出的主体部分，其计算公式如式(4.9)所示：

$$经营成本 = 总成本费用 - 折旧费 - 摊销费 - 财务费用（利息支出） \tag{4.9}$$

计算经营成本需要从总成本费用中剔除折旧费、摊销费以及财务费用的主要原因为：① 经营成本中不含利息支出。因为在软件工程项目投资现金流量表中，是以全部投资作为计算基础的，故利息支出不作为现金流出；在资本金现金流量表与投资现金流量表中已将借款利息支出单列出来了，所以经营成本中不含利息支出。② 在软件工程项目投资现金流量表中，投资是按其发生的时间作为一次性支出被计入现金流出的，所以折旧费以及摊销费不能计入现金流出，否则会造成重复计算。

在估算利润总额与所得税时，折旧费、摊销费以及财务费用（利息支出）是总成本费用的组成部分。总成本费用是生产经营活动中劳动消耗的货币表现形式，其计算公式如式(4.10)所示。

$$总成本费用 = 生产成本 + 销售费用 + 财务费用（利息支出） + 管理费用 \tag{4.10}$$

（4）营业税金及其附加。营业税金及其附加是指软件工程项目所缴纳的流转税及其附加、资源税以及土地增值税等。

（5）营运投资费用。营运投资费用是指软件工程项目运营期间所耗费的现金。

3. 所得税前净现金流量

所得税前净现金流量是指某一年度的全部现金流入和现金流出的差额，即软件工程项目投产后所获得的税前利润，是软件工程项目经济目标的集中表现形式。

4. 累计所得税前净现金流量

累计所得税前净现金流量是指某个软件工程项目本年及以前隔年所得税前净现金流量

的总和。

5. 调整所得税

调整所得税是指当年实际缴纳的所得税，有可能是以前年度欠缴的，也可能是预缴以后年度的，而不是按照当年应当缴纳的所得税金额来计算。

6. 所得税后净现金流量

所得税后净现金流量就是税后利润，主要是指当年所得税前净现金流量减去用现金缴纳所得税的余额。

7. 累计所得税后净现金流量

累计所得税后净现金流量是指本年以及以前各个年度所得税后净现金流量的累计数额。

4.3 软件工程项目的经济效果评价

4.3.1 独立方案项目评价

所谓独立方案项目评价，是指对某一给定的软件工程项目投资方案从技术经济角度出发作出是否可行的判断或者评价。主要采用以下两种方法进行评价。

1. 净现值法

（1）净现值法的基本思想。

将软件工程项目寿命期内不同时期的投资与收益的现金流量根据资金的时间价值将其转换到参考点 $t=0$（即贴现），将这一系列贴现值累加起来定义其为现金流的净现值（Net Present Value，NPV），然后根据 NPV 的数值是否大于 0 作为该软件工程项目从经济效益角度出发是否值得投资的依据。其计算公式如式（4.11）所示：

独立方案项目评价
——净现值法

$$\text{NPV} = \sum_{t=0}^{N} \frac{B_t - C_t - K_t}{(1+i)^t} + \frac{D_N}{(1+i)^N} \tag{4.11}$$

式中，NPV 表示软件工程项目的净现值；B_t 表示软件工程项目在寿命期内第 t 期的收益；C_t 表示软件工程项目在寿命期内第 t 期的成本（或者支出）；K_t 表示软件工程项目在寿命期内第 t 期的投资额；N 表示软件工程项目的使用年限；D_N 表示软件工程项目使用年限内的残值；i 表示基准贴现率。

（2）独立方案项目净现值评价准则。

若 NPV>0，则说明在基准贴现率 i 的水平下，该软件工程项目可盈利，从经济效果角度来看该项目可投资。

若 NPV≤0，则说明在基准贴现率 i 的水平下，该软件工程项目仅仅能够收支平衡甚至亏损，故从经济效果角度来看，该项目投资不可行。

【例4.5】 某厂拟投资 180 万元建设某信息系统，经过项目组的规划与概要设计，预计该信息系统将在两年后投入运行，并预计运行后可使该厂的有关产品成本降低、质量提高、工人劳动生产率提高、企业流动资金周转加快，资源利用率大大提高，并根据计算得到系统运行后的各年现金流量如表 4-11 所示。若考虑该 ERP 系统运行六年，并不考虑其残值，且根据该厂产品的行业指标确定取 $i=0.1$。试运用净现值法对该信息系统项目是否可以投资作出决策。

表 4-11　某信息系统现金流量表　　　单位：万元

t	K_t	B_t	C_t
0	60		
1	60		
2	60		
3		100	20
4		100	10
5		130	10
6		180	10

解：由题意可得 $N=6$，$D_6=0$，$i=0.1$，则有

$$\text{NPV} = \sum_{t=0}^{6} \frac{B_t - C_t - K_t}{(1+i)^t} + \frac{D_6}{(1+i)^6}$$

$$= -60 \sum_{t=0}^{2} \frac{1}{(1+0.1)^t} + \frac{100-20}{(1+0.1)^3} + \frac{100-10}{(1+0.1)^4} +$$

$$\frac{130-10}{(1+0.1)^5} + \frac{180-10}{(1+0.1)^6}$$

$$= -218.84 + 60.11 + 61.48 + 74.53 + 95.99$$

$$= 93.51(万元)$$

由于 NPV＝93.51＞0，加上其残值保守估计为 0，故该项目可投资。

2. 内部收益率法

内部收益率法是一种通过求解使软件工程项目方案达到收支平衡时的对应临界贴现率 i_0，并将 i_0 与基准贴现率或最低期望盈利率（由投资者确定）i 相比来决定软件工程项目是否值得投资的一种评价方法。此方法的原理为：项目的净现值 NPV 由式(4.11)可知一般为 i 的单调降函数，故 NPV$(i_0)=0$ 表示该软件工程项目方案在 i_0 水平下收支平

独立方案项目评价
——内部收益率法

衡，且当 $i>i_0$ 时该项目将亏损，$i<i_0$ 时该项目将盈利，从而将该项目盈亏临界点 $i=i_0$ 称为该软件工程项目的内部收益率，常记 i_0 为 IRR。内部收益率可以理解为对工程项目与占用资金的一种恢复能力，其值越高，说明项目方案的经济性越好。

根据内部收益率的上述性质，可得到软件工程项目投资方案是否可行的判别标准如下：

若 IRR$\leqslant i_c$，则有 $0=$NPV$($IRR$)\geqslant$NPV(i_c)，由净现值判别标准可知该软件工程项目方案在 i_c 水平下不可行。

若 IRR$>i_c$，则有 $0=$NPV$($IRR$)<$NPV(i_c)，由净现值判别标准可知该软件工程项目方案在 i_c 水平下可行。

上述表述中，i_c 表示基准贴现率，i_c 的水平表示该企业产品所在行业的平均水平。通常基准贴现率应高于贷款利率。而对于一个保守的投资者而言，为了减少投资风险，可将基

准贴现率进一步提高到一个最低期望贴现率i_D，即有$i_D > i_c$，并用i_D作为项目投资方案是否可行的判别依据。

在考察上述判别准则时，基准贴现率i_c和最低期望贴现率i_D都是预先给定的，因此项目投资方案是否可行所作出的判断依赖于内部收益率IRR的求解。但考虑到NPV(i)一般是关于i的单调连续降函数，故可利用对分法来求解IRR。

【例4.6】 某IT公司经市场调研拟自行投资构建一个宾馆、博物馆防盗系统并投放市场进行销售，根据项目组概要设计及市场用户的购买意向，预计上述市场投放型软件经一年即可完成系统生产与测试，并估计该防盗系统的寿命期约为5年，在此寿命期内有关现金流量如表4-12所示。今取最低限度期望贴现率$i_D = 12\%$，且不考虑系统的残值，试用内部收益率法对该防盗系统作投资分析。

表4-12　防盗系统现金流量表　　　　单位：万元

t	k	$B_t - C_t$
0	10	
1		2
2		3
3		2
4		4
5		4

解：由题意可知，$N = 5$，$i_D = 12\%$，$D_5 = 0$，利用表4-12中的现金流量信息可得该软件工程项目投资的净现值为

$$\text{NPV}(i) = \sum_{t=0}^{5} \frac{B_t - C_t - K_t}{(1+i)^t} + \frac{D_5}{(1+i)^5}$$

$$= -10 + \frac{2}{(1+i)^1} + \frac{3}{(1+i)^2} + \frac{2}{(1+i)^3} + \frac{4}{(1+i)^4} + \frac{4}{(1+i)^5}$$

对于$i = i_D$，利用对分法求解，容易求得

$$\text{IRR} = 13.5\% \text{ 或 } \text{NPV}(\text{IRR}) = \text{NPV}(0.135) = 0$$

$13.5\% = \text{IRR} > i_D = 12\%$，故从经济角度来看，该企业自行投资并承建此宾馆、博物馆防盗系统项目可行。

4.3.2　多方案项目评价

1. 净现值法

多方案净现值比较法首先分别计算各个方案的净现值，剔除NPV<0的方案，即进行方案的绝对效果检验；然后进行相对效果检验，即对所有NPV≥0的方案比较其净现值，选择净现值最大的方案作为最佳方案。

若求出的各个方案净现值的最大值有两个或者两个以上的方案时，则需要引入现值指数（NPVR，又称为净现值率）来进一步进行比选，现值指数的计算公式如式（4.12）所示：

$$\text{NPVR} = \frac{\text{NPV}}{\sum_{t=0}^{N} \frac{K_t}{(1+i)^t}} \tag{4.12}$$

现值指数是指该软件工程项目投资方案实现单位投资所能获得的净现值。当多种投资方案进行比选时，若净现值相等，则应取这些方案中对应的最大现值指数的方案为最优，因为现值指数反映了单位投资的效果，因而单位投资效果大的方案必然优于单位投资效果小的方案。

2. 净年值法

净年值法是指在项目寿命期相同的前提下做多方案比较的评价方法。但是当各个投资方案有不同的寿命期时，就无法使用净年值法进行经济效果的比较，这是由于寿命期大的投资方案的收益一般要比寿命期小的投资方案的收益多，但这并不等于前者的投资方案会比后者的投资方案好。科学的比较方法是采用相对比较法，即采用年均效益会比采用总效益来作比较更加合理一些。

多方案项目评价
——净年值法

考虑到资金的时间价值这一原理，这种"年均"的概念可以通过首先将各时间点上的净现金流量贴现在初始点($t = 0$)，从而获得该项目方案的净现值，然后再将此净现值分摊到寿命期内各年的等额年值上来体现，显然这种投资方案对应的等额年值即体现了"年均效益"的经济含义，故将这种通过资金等值换算而将项目净现值分摊到寿命期内各年的等额年值称为净年值(Net Annual Value，NAV)，当我们获得了对于同一软件工程项目的不同投资方案对应的净年值时，就可以通过净年值的比较来求解最优投资方案。这就是净年值法的基本思路。

若设 i_c 为基准贴现率，CRF 为资金回收系数，则利用资金等额转换原理，同一投资方案的净现值 NPV 和净年值 NAV 之间应有式(4.13)所示的关系：

$$\begin{cases} A = \text{NAV} = \text{NPV} \cdot \text{CRF} \\ \text{NPV} = \sum_{t=0}^{N} \frac{B_t - C_t - K_t}{(1+i_c)^t} + \frac{D_N}{(1+i_c)^N} \\ \text{CRF} = \frac{i_c (1+i_c)^N}{(1+i_c)^N - 1} \end{cases} \tag{4.13}$$

对于具有不同净年值 A_1、A_2、$\cdots$、A_m 的对应投资方案(这些方案的寿命期相应为 N_1)，可以通过净年值的比较来选择最优方案。若有

$$\max_{1 \leqslant j \leqslant m} A_j = A_k, 1 \leqslant k \leqslant m$$

则从各方案的经济效果来看，第 k 个投资方案应为最优。

由于要对同行业内不同项目进行比较，故贴现率采用行业基准贴现率 i_c。

【**例 4.7**】 A 公司根据市场调查获知目前商务决策支持系统有较大的市场需求，为此 A 公司管理人员特意组织了一个调研组对该系统进行了系统分析和概要设计，并提出实现相关功能的两种不同方案 X 和 Y，这两种方案在系统构成功能上完全一致，X 方案的数据库采用的是普通关系数据库，而 Y 方案则是采用数据仓库和数据挖掘技术；X 方案采用的是普通电脑终端，而 Y 方案则是在此基础上实现了各种移动终端的使用；X 方案寿命期为

4 年，而 Y 方案的寿命期是 8 年；X 方案的开发期是 1 年，而 Y 方案的开发期是 2 年；X 方案的净现值是 50 万元，而 Y 方案的净现值是 75 万元。试在基准贴现率 $i_c = 8\%$ 的条件下比较方案 X 和 Y 的经济效果。

解：依题意可知，两种不同的技术经济方案由于在所采用的技术及功能、性能方面 Y 方案均较 X 方案先进，从而其寿命期与净现值均要比 X 方案大，故在比较这两种不同的技术经济方案的经济效果时，可采用净年值法。

由题意可知，方案 X 和方案 Y 的寿命期分别为 $N_X = 4$，$N_Y = 8$，基准贴现率 $i_c = 8\%$。由公式(4.13)可计算出两种方案对应的资金回收系数：

$$\mathrm{CRF}_X = \frac{0.08 \times (1 + 0.08)^4}{(1 + 0.08)^4 - 1} = 0.3019$$

$$\mathrm{CRF}_Y = \frac{0.08 \times (1 + 0.08)^8}{(1 + 0.08)^8 - 1} = 0.1740$$

由式(4.13)可知，$\mathrm{NPV}_X = 50$ 万元，$\mathrm{NPV}_Y = 75$ 万元，则有

$$A_X = \mathrm{NPV}_X \cdot \mathrm{CRF}_X = 50 \times 0.3019 = 15.095 \text{ 万元}$$

$$A_Y = \mathrm{NPV}_Y \cdot \mathrm{CRF}_Y = 75 \times 0.1740 = 13.05 \text{ 万元}$$

比较 A_X 和 A_Y，从经济效果净年值的角度来分析，X 方案优于 Y 方案。从项目风险角度考虑，虽然 Y 方案的技术比较先进，但其开发周期较 X 方案长 1 年，考虑到软件技术的发展速度较快，加上项目的不确定性因素非常多，故综合决策结果应该是：先按 X 方案开发该系统，然后在此版本基础上预留一些 Y 方案的可扩充的接口，接下来根据 1 年后的相关环境和具体情况来扩充 Y 方案的优越功能。

3. 研究期法

设有两个寿命期分别为 n_1（年）和 n_2（年）的投资方案 A 和 B，且有 $n_1 < n_2$，采用研究期法对方案 A 和 B 作比较的基本思想是以寿命较短的投资方案（即方案 A）的寿命期作为两个方案比较的共同考察期，而让寿命较长的方案（即方案 B）在共同考察期末（n_1）保留一定数额的残值，然后在此基础上进行寿命期相同（均为 n_1）的两个投资方案的比较

多方案项目评价
——研究期法

与选优，显然采用净现值法或现值指数法均可完成上述任务。有两个问题需要说明：

（1）由于 21 世纪的软件工程技术迅猛发展以及当前国际社会、经济、军事局势的不确定性因素众多，因而在对两个投资方案作比较时，考察期愈长，不确定性因素愈多，从而造成投资方案中的一些技术经济参数估算结果愈粗糙，误差也可能愈大，这将给方案的比较与选优带来不利的影响。故采用研究期法作投资方案比较时采用寿命期短的方案作为共同考察期（研究期）。

（2）在采用上述方法作投资方案比较与选优时，还涉及寿命期长的投资方案在研究期末的残值确定问题。一般来说，有如下三种处理方式：① 完全承认研究期（公共考察期）外的未使用价值，将方案 B（寿命期长的方案）的未使用价值全部折算到研究期末以作为方案 B 在研究期末的残值；② 完全不承认未使用价值，即方案 B 在研究期后的未使用价值在方案比较时全部忽略不计；③ 客观估计方案 B 在研究期后的未使用价值作为残值，然后作投资方案比较与选优。

采用研究期法作方案比较常用于 IT 企业的设备采购决策中，而残值的处理方式常用方式②和方式③，只有较为接近时才可采用方式①。

【例 4.8】 某软件企业欲购买通信设备。根据市场调研，现有 X 与 Y 两种不同型号的设备供选择。根据目前的通信技术与技术经济的发展趋势，可估计出 X、Y 两设备的使用寿命分别为 4 年和 6 年，投资分别为 50 万元和 40 万元，各年的预期收益如表 4-13 所示。试在基准贴现率 $i=10\%$ 的条件下，对 X、Y 两设备的购买方案作出决策。

表 4-13 投资方案表 　　　　单位：万元

年末	0	1	2	3	4	5	6
X	-50	30	30	30	30	—	—
Y	-40	20	20	20	20	20	20

解：以下分别用研究期法②和③的处理方式对两个投资方案作比较与选择。

① 完全不承认未使用价值，由表 4-13 可得两个方案的收益贴现值为

$$\text{NPV}_X = -50 + \frac{30}{\text{CRF}} = -50 + 30 \times \frac{(1+i)^n - 1}{(1+i)^n \cdot i}$$

$$= -50 + 30 \times \frac{(1+0.1)^4 - 1}{(1+0.1)^4 \times 0.1} = 45.096 \text{ 万元}$$

$$\text{NPV}_Y = -40 + \frac{20}{\text{CRF}} = -40 + 20 \times \frac{(1+i)^n - 1}{(1+i)^n \cdot i}$$

$$= -40 + 20 \times \frac{(1+0.1)^4 - 1}{(1+0.1)^4 \times 0.1} = 23.397 \text{ 万元}$$

由此可见，选择设备 X 更加有利。

② 若估计研究期末设备的残值为 15 万元，即部分承认未使用价值时，两个方案的收益贴现值为

$$\text{NPV}_X = -50 + 30 \times \frac{(1+0.1)^4 - 1}{(1+0.1)^4 \times 0.1} = 45.096 \text{ 万元}$$

$$\text{NPV}_Y = -40 + 20 \times \frac{(1+0.1)^4 - 1}{(1+0.1)^4 \times 0.1} + \frac{15}{(1+0.1)^4} = 33.6435 \text{ 万元}$$

此时，仍然是选择设备 X 更加有利。

4. 多方案组合排序法

多方案组合排序法

在 IT 企业（包括软件开发机构）的项目规划阶段，往往会遇到如下的项目选择决策问题：在一组 n 个独立项目投资方案的比较与选择中，可以选择其中一个或多个项目投资，甚至全部项目投资（只要企业流动资金较为富裕），也可以一个项目也不选。上述背景下的项目选择决策可采用组合排序法。

组合排序法的原理和执行步骤如下：

（1）列出 n 个独立方案的所有可能组合，形成 2^n 个组合方案，其中包括 0 方案，即投资为 0、收益亦为 0 的方案。每个组合方案包含 k 个独立方案。

（2）对每个组合方案内所包含的各独立方案的现金流量进行叠加，作为组合方案的现金流量，并按组合方案的初始投资额从小到大的顺序进行排序，删除那些初始投资额超出

企业资金限额(资金约束)的组合方案，其余组合方案称为待选方案。

（3）对每个待选方案(组合方案)，按其现金流量计算净现值。

（4）按照净现值最大或单位投资的净现值最大的准则，对各组合方案进行排序。

【例 4.9】 某 IT 企业在项目规划阶段，拟对 X、Y、Z 三个独立方案作组合方案排序，此三个项目方案寿命期均为 10 年，现金流量表如表 4 - 14 所示，企业的投资金额上限为 120 万元。试在基准率 $i_c = 8\%$ 的水平下选择最优投资组合方案。

表 4 - 14 独立投资方案参数表

方案	初始投资/万元	年净收益/万元	寿命/年
X	30	6	10
Y	50	8.5	10
Z	70	12	10

解：表 4 - 14 所列出的三个独立方案构成的所有可能组合，共有 $2^3 = 8$ 个组合方案，如表 4 - 15 所示。在表中，方案组合栏填入 1 表示被选中，填入 0 表示未被选中；组合方案的顺序按照各组方案的初始投资额自小到大进行排列；初始投资一列和年净收益一列中各组合方案的数据均为各独立方案数据之和；净现值一列中各数据是根据各组合方案的初始投资与年净收益以及基准贴现率所计算的组合方案的净现值。

表 4 - 15 组合投资方案参数表

序号	方案组合			组合方案	初始投资/万元	年净收益/万元	寿命/年	净现值/万元
	X	Y	Z					
1	0	0	0	0	0	0	10	0
2	1	0	0	X	30	6	10	10.26
3	0	1	0	Y	50	8.5	10	7.04
4	0	0	1	Z	70	12.0	10	10.52
5	1	1	0	$X \& Y$	80	14.5	10	17.30
6	1	0	1	$X \& Z$	100	18.0	10	20.78
7	0	1	1	$Y \& Z$	120	20.5	10	17.56
8	1	1	1	$X \& Y \& Z$	150	26.5	10	27.82

由表 4 - 15 的计算结果可知，在该企业投资额上限为 120 万元的约束条件下，组合方案 8 被排除；组合方案 1～7 中，根据净现值最大的优化准则，组合方案 6(选择 X 和 Z 两种方案组合)确定为最优方案。

练习题

1. 简述软件工程项目的评价与决策的常用操作步骤。

2. 设有 5 个待评方案，采用 4 种综合评价方法求解，其求解所得的排序结果如表 4－16 所示。试运用平均值法确定这 5 种方案的最终排序。

表 4－16　项目求解排序表

方案	M_1	M_2	M_3	M_4
A_1	1	3	2	4
A_2	3	1	3	5
A_3	2	2	1	2
A_4	4	5	4	3
A_5	5	4	5	1

3. 某软件企业欲从事 A 信息产品的生产与销售，经过市场调查，现已选定 X、Y、Z 三种备选产品方案，各方案经论证其初始投资额 K_0、每年净收益 $B_t - C_t$、使用寿命 n 如表 4－17 所示。若不考虑残值，请在基准率为 12％时讨论这三种产品方案的可行性，并从中选出最优方案。

表 4－17　A 信息产品现金流量表

方案	K_0	$B_t - C_t$	$n/$年
X	180	58	10
Y	230	48	10
Z	46	36	10

4. 某软件企业在项目规划阶段，拟对 X、Y、Z 三个独立方案作组合方案排序，此三个项目方案寿命期均为 8 年，现金流量表如表 4－18 所示，企业的投资金额上限为 110 万元。试在基准率 $i_c = 8\%$ 的水平下选择最优投资组合方案。

表 4－18　独立投资方案参数表

方案	初始投资/万元	年净收益/万元	寿命/年
X	30	6.6	10
Y	55	9	10
Z	68	12.5	10

第5章 软件生产函数、效益分析及不确定性分析

课程思政 5-0

本章主要介绍生产函数与软件生产函数、软件工程项目效益的特点与分类，软件工程项目的经济与社会效益分析，软件工程项目不确定性分析的相关内容。

5.1 生产函数与软件生产函数

生产是指厂商对各种生产要素加以组合制成产品的过程。所谓生产要素，就是生产过程中所使用的各种资源，主要包括劳动、资本、土地和企业家才能。其中，劳动是指劳动者所提供的各种服务，主要有脑力劳动与体力劳动；资本是指生产过程中使用的资金；土地是指生产过程中使用的自然资源，如土地、森林、自然矿藏等；企业家才能是指企业家对整个生产过程的管理和组织工作，如经营能力、管理能力、组织能力以及创新能力等。企业家根据市场预测，合理地配置生产要素来从事生产经营活动，以追求企业的利润最大化。

5.1.1 生产函数和规模报酬

1. 生产函数的定义

生产函数是指一定时期内生产要素的数量与某种组合同其所能产出的最大产量之间存在的函数关系。生产函数的表达式如式(5.1)所示：

$$y = f\{L, K, N, E\} \tag{5.1}$$

式中，y 表示总产出量，L、K、N、E 分别表示投入到生产中的劳动、资本、土地、企业家才能的数量。考虑到土地的固定性(变化较小)及企业家才能难以估算，生产函数通常又被简化为式(5.2)。

$$y = f\{L, K\} \tag{5.2}$$

式(5.2)表明，在已知劳动和资本数量的组合情况时，可以推算出产品的最大产量。

2. 生产函数的特征

生产函数通常满足以下三个特征：

(1) 资本与劳动力的边际产出总是为正值，在劳动力(或者资本)投入量不变的情况下，资本(或者劳动力)的增加将引起产出的增加。

(2) 边际产量递减特性。当其他生产要素固定不变时，随着某一要素投入量的增加，其边际产量将逐渐减少。

(3) 生产函数具有非负性，总产出必须是正值，且总产量是生产要素组合的结果，单一要素的投入是不能获得产出的。

3. 规模报酬

规模报酬又称为规模经济，主要研究所有要素都同比例增加时，产量发生变化的情况。当所有投入均增加一倍时，产出也相应地增加一倍，则称该生产技术是规模报酬不变，如图 5-1(a)所示；当所有投入均增加一倍时，产出的增加是小于一倍的，则称该生产技术是规模报酬递减，如图 5-1(b)所示；当所有投入均增加一倍时，产出的增加是大于一倍的，则称该生产技术是规模报酬递增，如图 5-1(c)所示。现实生产活动中，究竟出现哪一种情况，通常依赖于规模所达到的程度。在规模较小时，增加投入可以促进规模报酬递增，而当规模达到一定程度时，则会出现规模报酬递减的情况。

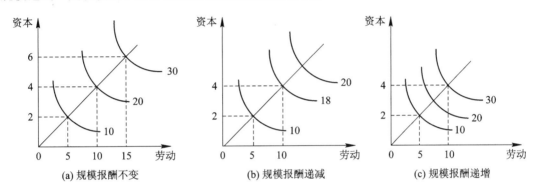

图 5-1 规模报酬图示

经济学家研究了多种形式的生产函数，如前沿生产函数、线性生产函数等，但最受经济学家青睐的是柯布－道格拉斯生产函数(Cobb-Douglas Production Function)，其数学表达式如式(5.3)所示：

$$y = A K^{\alpha} L^{\beta} \tag{5.3}$$

式中，y 表示产出量；L 表示劳动力投入；K 表示资本投入；A 表示技术水平。分别对公式中的 L 与 K 求偏导数，则有公式(5.4)：

$$\alpha = \frac{\partial Y}{\partial L} \cdot \frac{L}{Y} \approx \frac{\frac{\Delta Y}{Y}}{\frac{\Delta L}{L}}, \quad \beta = \frac{\partial Y}{\partial K} \cdot \frac{K}{Y} \approx \frac{\frac{\Delta Y}{Y}}{\frac{\Delta K}{K}} \tag{5.4}$$

式中，α 表示劳动力对产出的弹性系数，表示在其他条件不变的情况下，劳动力增加 1% 会使产出发生变化的百分比；β 表示资本对产出的弹性系数，表示在其他条件不变的情况下，资本增加 1% 会使产出发生变化的百分比。

当 α 和 β 之和等于 1，即 $y = A K^{\alpha} L^{1-\alpha}$ 时，其对应的技术规模报酬是不变的，又称为规模报酬固定；

当 α 和 β 之和大于 1 时，表示规模报酬递增；

当 α 和 β 之和小于 1 时，表示规模报酬递减。

5.1.2 软件生产函数

软件生产函数

美国的软件工程专家普特纳姆推导出了如式(5.5)所示的软件生产函数：

$$S = E \cdot K^{\frac{1}{3}} \cdot t_{\mathrm{d}}^{\frac{4}{3}} \tag{5.5}$$

式中，S 表示软件生产规模或源代码程序量（单位：NCSS）；K 表示软件工程项目在生存期内所投入的总工作量（单位：人·年）；t_d 表示软件工程项目投入的人力峰值，通常为交付期或工期（单位：年）；E 表示环境影响因子。

由公式(5.5)容易验证，在软件生产过程中，软件工作量的边际产量为正值，软件生产函数中的两个弹性系数 $\alpha = \dfrac{1}{3}$，$\beta = \dfrac{4}{3}$，两个弹性系数之和等于 $\dfrac{5}{3}$，大于 1，由此可知软件生产活动具有规模报酬递增效应。

软件生产率是指软件开发的效率，是衡量软件开发水平的一个重要因素。影响软件生产率的因素众多，主要有技术因素、管理因素以及文化因素。提高软件生产率的主要举措有以下几个方面。

1．技术方面

（1）强调对企业研发人员个人职业能力的综合评估。为了提升个人对软件企业的贡献，有必要从专业、技能、经验、学历以及年龄等多方面进行考量。

（2）软件技术领域最好根据研发人员所擅长的技术能力来划分不同的专业技术组。

（3）培养研发人员对新技术的学习掌握，并创新应用。

2．管理方面

（1）建立良好的人才激励机制，通过物质、精神奖励以及职务晋升制度提高研发人员的工作热情。

（2）建立科学、合理的研发人员梯队制度，明确划分管理与技术领域人才。

（3）依据软件企业所处的市场环境及企业自身发展的要求适时变革管理，用以应对不断变化的 IT 市场，进而增强软件企业的核心竞争力。

3．文化方面

（1）建立良好的企业学习氛围。通过研发人员个人知识的学习、交流及共享来形成群体效应，提升整个企业的知识资源。

（2）注重软件工程项目团队建设，加强团队合作精神，提高团队沟通能力。

5.2　软件工程项目效益的特点与分类

效益是指某项目实现后对项目主体方的基本目标的实现所产生的贡献。如果该项目实现后对项目主体的基本目标有所贡献与促进，则称该项目具有正效益；如果该项目实现后，无助于项目主体的基本目标的实现甚至有阻碍作用，则称该项目具有负效益，或无效益。

5.2.1　软件工程项目效益的特点

软件工程项目效益的特点有：

（1）软件工程项目的效益主要依赖于项目主体及其所追求的目标。项目主体如果是国家或者政府，其基本目标大多是社会效益（如出入境自助系统，智能交通系统等）；项目主体如果是一个企业，则其基本目标是实现利润的最大化。

（2）软件工程项目的效益主要依赖于其基本目标提出时的历史时代背景。不同历史时代的同一项目主体的目标也会不同，如我国企业信息系统的追求目标从 20 世纪 80 年代初的为生产管理服务，到 90 年代初的为经营管理服务，再到 21 世纪初的为供应链管理服务，发展到现在的为大数据以及区块链的管理服务。由于项目主体对信息系统的基本目标随着时代变化，所以企业对效益的认识也随之不断地变化。

（3）软件工程项目的投资主体和受益主体有两种形式，一种是二者相结合的，另一种是两者相分离的。

5.2.2　软件工程项目效益的分类

软件工程项目主体所提出的基本目标通常涉及经济、社会、科学技术、国防与军事，故软件工程项目的效益一般分为经济效益、社会效益、科学技术效益以及军事作战效益。

根据项目实现后对项目主体基本目标带来的贡献特征，又可将效益分为以下几种：

（1）直接效益和间接效益。直接效益是指项目实施后对基本目标直接作出的贡献，如企业营销决策支持系统的实施将提高企业的销售收入和利润等。间接效益是指由目标项目实施后所引发的其他项目或企业带来的效益，如某软件企业承接了一个高校数字化建设项目，虽然该项目利润几乎为零，但为该企业今后进入教育行业开拓了新的市场，带来了未来类似的项目机会。

（2）内部效益与外部效益。项目内部效益是指项目投资经营主体获得的效益，其成本是由项目投资经营主体承担的，如城市交通信息系统项目，项目投资与运作的成本由政府承担。项目外部效益是指项目外的效益，外部效益的受益者不需要付出任何代价，如通行者经过免费大桥是大桥项目的外部效益。

（3）有形效益与无形效益。有形效益通常具有实物形态，容易用货币进行计度量，如水电站的发电量、收费公路的收费收入等。无形效益难以用货币进行度量，又难以用其他计量单位度量，且缺乏物质形态的效果，如国防项目提高国家威望、建筑物的美学价值等，都是难以用货币或其他计量单位度量的。

5.3　软件工程项目的经济效益与社会效益分析

软件工程项目
效益的分类

5.3.1　软件工程项目的经济效益分析

不同的项目主体承担着不同的管理职能，且不同的项目主体（各企业）生产不同的产品，因此要给出一个统一的效益评价指标体系与通用的效益计算方法是比较困难的。目前，对软件工程项目实际效益和预测效益的评价通常采用经验参数估计法和系统运行前后对比法两种方法来度量。下面以 A 公司为例，介绍其实施 ERP 系统计算实际效益和预测效益的相关内容。

根据 A 公司所从事的行业和产品特点，可给出如图 5-2 所示的 ERP 效益图。

由图 5-2 中 A 公司的 ERP 效益图可知，其 ERP 的项目主体 A 公司的基本目标是经济和社会效益。在经济效益中，直接经济效益，如产品成本降低等六项内容是可以定量度量的；而间接经济效益，如提高企业决策水平、降低企业经营风险等四项内容是无法进行定量度量的，只能定性描述其效益。

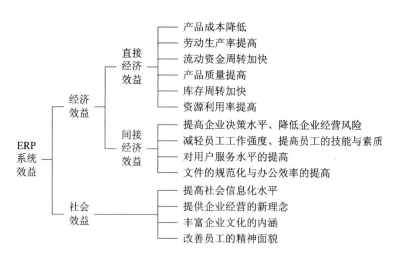

图 5-2 A公司ERP效益图

以下介绍ERP系统直接经济效益的计算方法。

1. 系统运行前后对比法

系统运行前后对比法是通过对系统目标实施前后两个不同时期有关特征量的变化来确定其直接经济效益的一种方法，该方法通常应用于项目实际效益估算以及项目后评价。

表5-1给出了在图5-2中六项直接经济效益的内涵、对应的度量指标以及相应的变量标识符。

表 5-1　直接经济效益度量指标标识符明细表

效益内涵	度量指标	项目运行前	项目运行后	效益相对变化率	效益	权重
总效益	总效益/万元	—	—	—	J	—
产品成本降低	单位成本/(万元/件)	C_1	C_2	U_C	J_1	W_1
劳动生产率提高	工时费用率/(万元/(人·年))	α_1	α_2	U_α	J_2	W_2
流动资金周转加快	平均流动资金占有率/(万元/年)	F_1	F_2	U_F	J_3	W_3
产品质量提高	平均使用寿命/年	T_{m1}	T_{m2}	U_{T_m}	J_4	W_4
库存周转加快	库存周转天数/(天/件)	I_1	I_2	U_I	J_5	W_5
资源利用率提高	能耗支出/(万元/年)	O_1	O_2	U_O	J_6	W_6
中间变量或参数	企业职工人数/人	L_1	L_2			
	企业产品产量/(件/年)	θ_1	θ_2			
	银行贷款利率/%		i			
	软件工程项目使用年限/年		T_0			
	单位产品库存费用/(万元/年)		β			

注：$U_C = \dfrac{\Delta C}{C_1}$，$U_\alpha = \dfrac{\Delta \alpha}{\alpha_1}$，$U_F = \dfrac{\Delta F}{F_1}$，$U_I = \dfrac{\Delta I}{I_1}$，$U_O = \dfrac{\Delta O}{O_1}$，$U_{T_m} = \dfrac{\Delta T_m}{T_{m1}}$。

式(5.6)给出了直接经济效益综合与各项直接经济效益的计算公式：

$$\begin{cases} J = W_1 J_1 + W_2 J_2 + W_3 J_3 + W_4 J_4 + W_5 J_5 + W_6 J_6 \\ J_1 = (C_1 - C_2)\theta_2 \cdot T_0 \\ J_2 = (\alpha_2 L_2 - \alpha_1 L_1)\theta_2 \cdot T_0 \\ J_3 = (F_2 - F_1) i \cdot T_0 \\ J_4 = \theta_1 \cdot T_0 \left(\dfrac{C_1}{T_{m1}} - \dfrac{C_2}{T_{m2}} \right) T_{m2} \\ J_5 = (I_1 - I_2)\theta_2 \cdot T_0 \cdot \beta \\ J_6 = (O_1 - O_2) T_0 \end{cases} \tag{5.6}$$

式(5.6)和表 5-1 中，W_k 表示直接经济效益 J_k 中由于软件工程项目运行而产生的百分比。考虑到要准确估计出 W_k 的数值是较困难的，通常只能由专家根据经验来判断其估计值。

2. 经验参数估计法

经验参数估计法是利用软件工程项目在实施前后各经济效益的相对变化的经验数值来估计各项直接经济效益的方法。该方法适用于系统规划阶段所作的效益预测。考虑到项目主体生产品类别的多样性，故对产品质量提高的认识有很大的差别，所以无法得到企业实施 ERP 系统前后的质量效益的相对变化率的同一经验值，因此式(5.7)给出的是运用经验参数估计法求解各项直接经济效益的计算公式。

$$\begin{cases} J_1 = C_1 \cdot U_C \cdot \theta_2 \cdot T_0 \\ J_2 = \alpha_1 (L_1 - L_2) U_a \cdot T_0 \\ J_3 = F_1 \cdot U_F \cdot i \cdot T_0 \\ J_5 = I_1 \cdot U_1 \cdot \theta_2 \cdot T_0 \cdot \beta \\ J_6 = O_1 \cdot U_O \cdot T_0 \end{cases} \tag{5.7}$$

在计算 J_k 时，经验参数 U_k 可参照表 5-2。该表是美国生产与库存控制学会在 20 世纪 90 年代对美国企业实施 ERP 后所得的各项直接经济效益的相对变化率的一个统计表。而 θ_2、L_2 两个参数则需要作出预测。

表 5-2 经验参数表

序号	参数	经验统计价值/%
1	U_C	12
2	U_a	10~15
3	U_F	15~20
4	U_I	50
5	U_O	5~10

5.3.2 软件工程项目的社会效益分析

1. 软件工程项目的分类

软件工程项目从系统目标来看主要分为以下三类：

（1）系统目标是系统经济性的软件工程项目；

软件工程项目的
社会效益分析

（2）系统目标是系统社会性的软件工程项目；

（3）系统目标是系统军事作战性的软件工程项目。

第（1）类软件工程项目的系统评价主要侧重于该软件工程项目投资的经济效果，重点分析其直接经济效果；第（2）类软件工程项目的系统评价主要从对国家/社会的利益出发，重点研究该类软件对社会所带来的贡献与影响；第（3）类软件工程项目的系统评价主要侧重于该类软件工程项目的运行对提高系统作战效果以及提高我国军事装备现代化水平所作出的贡献与影响。以下主要介绍第（2）类软件工程项目的系统评价方法。

依据第（2）类软件工程项目的系统目标，可以理解为这类软件大多属于公益性软件工程项目。根据满足社会性需要的不同，公益性软件大致可以分为以下类型：

（1）生产与生活服务工程，如供水系统、供电系统、供气系统、通信系统、邮政系统、交通运输系统等；

（2）社会安全工程，如治安系统工程、城市消防系统等；

（3）环境保护与灾害防治工程，如污染治理、防洪、水资源治理工程、野生资源保护工程、应急联动系统项目等；

（4）科教与社会福利工程，如科研系统、学校信息系统、博物馆管理系统、医疗信息系统、游乐场信息系统等。

2. 软件工程项目社会效益评价的特征

软件工程项目的社会效益评价的主要特征有：

（1）由于其定量分析比较困难，系统评价以定性评价为主。

（2）社会评价无通用方法。不同的软件工程项目，涉及众多行业与部门，其社会评价涉及的内容有较大不同，从而所采用的评价方法差异也较大。

（3）对社会的贡献主要以间接效益、无形效果与外部效果为主。因为无形效果难以用货币进行度量，所以常用的方法为类比法和公众调查法。

公益性软件系统通常需要进行社会效益分析，故人们常使用效益—成本分析法，以下介绍其基本原理。假设 B_t 表示某公用事业软件工程项目第 t 年的净收益，C_t 表示公用事业软件工程项目第 t 年的净支出，T 表示项目的寿命，i 表示平均贴现率，B 表示公用事业软件工程项目的总收益，C 表示公用事业软件工程项目的总支出，则可用 B/C 作为公用事业软件工程项目可行性的度量指标，如公式（5.8）所示：

$$\frac{B}{C} = \frac{\sum\limits_{t=0}^{T} \dfrac{B_t}{(1+i)^t}}{\sum\limits_{t=0}^{T} \dfrac{C_t}{(1+i)^t}} \tag{5.8}$$

当 B/C 大于1时，表示公用事业软件工程项目的总收益 B 大于公用事业软件工程项目的总支出 C，此时认为该项目是可以投资开发的；当 B/C 小于或等于1时，表示公用事业软件工程项目的总收益 B 小于或等于公用事业软件工程项目的总支出 C，此时不建议投资开发该项目。

【例 5.1】 S市交通非常拥挤，为此该市政府拟在该市的某个中心路口投建一个城市管理控制系统，并成立了相应的项目组。此项目组做了如下工作：

（1）调查了 S 市该中心路口的东西方向（X）和南北方向（Y）两个通道的车流状况，并经过统计分析得知，X、Y 通道的车流到达均服从非齐次泊松过程模型（Non-homogeneous Poisson Process，NHPP)的到达规律，车流平均到达率分别是 μ_X 和 μ_Y（单位：辆/小时），每一个通道的车流均由货车、客车和轿车组成，各类车在车流所占比例数据如表 5-3 所示。

表 5-3 S市该路口车流信息表

序号	通道	货车	客车	轿车	平均到达率 μ/（辆/小时）
1	X	20%	60%	20%	5000
2	Y	20%	60%	20%	4000

（2）通过统计资料调查得到以下数据：近四年来该路口共发生死亡事故两起，平均每起赔付 30 万元，伤残事故 50 起，平均每起赔付 1 万元。

（3）项目组对该市交通管理控制系统做了概要设计，预计需投资 $K_0 = 120$ 万。系统的寿命期为 5 年，每年的系统运维费为 10 万元。

（4）项目组根据目标系统的功能与性能设计指标，按照表 5-3 所示的路口车流信息进行了计算机仿真，通过仿真获知该目标系统安装运行后与安装运行前相比，车流相对少了，两个通道 X、Y 可以减少的平均等待时间 ΔW_X、ΔW_Y 如表 5-4 所示。此外，由于该目标系统的安装实施及相关人力与组织措施的投入，可杜绝交通事故。

表 5-4 目标系统信息明细表

初始投资 K_0/万元	寿命期 T/年	年管理维护费 K_r/万元	减少等待时间/（分/辆）	
			ΔW_X	ΔW_Y
120	5	10	1	1.2

若每辆货车、客车、轿车的停车等待损失费分别是 2 元/小时、4 元/小时、1 元/小时，且不计系统残值及贴现率因素的影响，试对该市交通管理控制系统作效益—成本分析。

解：交通管理控制系统属于非盈利性的公用事业项目，故对该系统的可行性分析以社会效益为主。

① 先计算 X、Y 通道的车流等待所造成每辆车的平均损失率 $\bar{C}$，用每种车型的损失费乘以其车型比例的和即为每辆车的平均损失率 $\bar{C}$。

$$\bar{C} = 2 \times 20\% + 4 \times 60\% + 1 \times 20\% = 3 \text{ 元 / 小时}$$

② X、Y 通道由于安装运行了交通管理控制系统，减少了车流等待损失费 B_{1X} 和 B_{1Y}，5 年 $= 24 \times 365 \times 5$（小时)，则有

$$B_{1X} = \mu_X \cdot \Delta W_X \cdot \bar{C} \cdot T = 5000 \times \frac{1}{60} \times 3 \times (24 \times 365 \times 5) = 1095 \text{ 万元}$$

$$B_{1Y} = \mu_Y \cdot \Delta W_Y \cdot \bar{C} \cdot T = 4000 \times \frac{1.2}{60} \times 3 \times (24 \times 365 \times 5) = 1051.2 \text{ 万元}$$

$$B_1 = B_{1X} + B_{1Y} = 1095 + 1051.2 = 2146.2 \text{ 万元}$$

而使用交通管理控制系统后，由于能杜绝交通事故而得到的费用节省额为

$$B_2 = \frac{2 \times 30 + 50 \times 1}{4} \times 5 = 27.5 \times 5 = 137.5 \text{ 万元}$$

则总效益为

$$B = B_1 + B_2 = 2146.2 + 137.5 = 2283.7 \text{ 万元}$$

③ 该交通管理控制系统若投入运行，5 年后的总支出为

$$C = K_0 + K_r \cdot T = 120 + 10 \times 5 = 170 \text{ 万元}$$

该交通管理控制系统的效益—成本比值为

$$\frac{B}{C} = \frac{2283.7}{170} = 13.43 > 1$$

由于该交通管理控制系统的效益—成本比值远远大于 1，因此该系统的社会效益是非常明显的，应当支持该公共事业软件工程项目的建设，用于改变 S 市的交通管理拥挤的现状，进而保证往返车辆的行使安全。

5.4　软件工程项目的不确定性分析

在进行软件工程项目的财务分析和经济分析时，所依据的项目的现金流量是估算和预测的，这些估算或预测值难免与将来实际发生的费用不一致，导致这些数据因素的不确定性。这些不确定性是决策者事先不知道决策的可能结果，其变化会对项目的评价产生影响。不确定性分析就是分析当相关的这些因素发生变化时，对项目的评价结论的影响程度。

与不确定性相区别的是风险的概念。因为风险是对有可能结果的描述，即决策者事先可能知道决策所有可能的结果以及每种结果出现的概率。

在现实社会中，一个拟建软件工程项目的所有未来结果都是未知的，因为影响方案经济效果的市场需求以及各种价格的未来变化都带有不确定性，而且在做现金流量预算方案时由于各种数据缺乏足够的信息或者测算方法上的误差，使得方案的经济效果评价指标带有不确定性。因此，不确定性是所有项目固有的内在特性，只是对于不同的项目，这种不确定性的程度不一样。

5.4.1　项目不确定性因素产生的原因

项目不确定性因素产生的原因可以归纳为以下几点：

（1）统计误差。统计误差主要是原始统计上的误差以及因为统计样本不足、公式或模型的使用不合理所造成的误差。统计样本不足不能如实反映客观的变动趋势和数据之间的关系，而公式与模型的不合理则不能较好地反映实际情况。例如项目中固定资产投资与流动资金是项目经济评价中的重要基础数据，但在实际中往往由于各种原因高估或低估其数额，从而影响项目的经济评价效果。

（2）宏观经济的影响。例如通货膨胀的存在会产生物价的浮动，从而影响软件工程项目评价中所使用的价格，进而导致年销售收入、年经营成本等数据和实际发生的数据产生偏差。

（3）技术更新的影响。有些项目周期长，加上软件技术的更新速度快，原有技术以及生产水平估计的经济指标就会与实际值产生偏差。

（4）微观市场的影响。市场供求结果的变化会影响产品的市场供求状况，进而对某些指标值产生影响。

（5）其他外部因素的影响。例如政府相关政策的变化、国际形势的变化等。

5.4.2 项目不确定性分析的作用

不确定性分析是软件工程项目经济评价中的一个重要内容。因为项目前评价通常是以一些确定的数据为基础的,如项目总投资、项目周期、年销售收入、年经营成本、年利率等指标值往往是已知的、确定的,即使对某个指标值所作的估算也认为是可靠且有效的。实际上,由于上述不确定性因素的存在,这些指标值与实际值之间往往存在较大差异,这样就导致项目评价的结果产生了影响。如果不对此进行分析,就可能会引起投资决策的失误。例如某软件工程项目的基准收益率 i_0 为 9%,根据项目基础数据求出的项目内部收益率为 10%,由于内部收益率大于基准收益率,根据方案的评价准则必定认为该项目是可行的。但如果凭此就做出投资决策是有失周全的,因为还没有考虑到不确定性因素问题。如果在该项目实施过程中存在通货膨胀,且通货膨胀大于 2%,则项目的风险就会较大。因此,为了有效减少不确定性因素对软件工程项目经济效果的影响,提高项目的风险防范能力,进而提高项目投资决策的科学性和可靠性,除对项目进行确定性分析以外,还很有必要对软件工程项目进行不确定性分析。

5.4.3 项目不确定性分析的方法与步骤

1. 项目不确定性分析的步骤

（1）鉴别不确定性因素。尽管软件工程项目在运行中所涉及的因素都具有不确定性,但在不同条件下的不确定性程度是不同的,故应找出不确定性程度较大的因素来进行分析。

项目不确定性分析
的方法与步骤

（2）界定不确定性因素的性质。不确定性包括不可测定的不确定性与可测定的风险。对于不可测定的不确定性因素,应界定其变化的幅度与范围,确定其边界值;对可测定的风险因素应确定其概率分布状况。

（3）选择不确定性分析的方法。根据不确定性因素的性质,选择不确定性分析的方法。盈亏平衡分析与敏感性分析,适用于不可测定的不确定性分析,而概率分析适用于可测定的风险分析。

（4）明确不确定性分析的结果。根据分析的需要与依据的指标不同,不确定性分析的结果可分为平衡点确定、不同区间的方案选择、不同方案的比较选择、敏感度与敏感性因素的界定、风险预测等。

2. 项目不确定性分析的方法

常用的不确定性分析方法有盈亏平衡分析、敏感性分析、概率分析等。在具体应用时,应综合考虑项目的类型、特点,决策者的要求,相应的人力、物力和财力,以及软件工程项目对国民经济的影响程度等条件后再来选择。盈亏平衡分析只适用于项目的财务评价,而敏感性分析与概率分析则可以同时用于财务评价以及国民经济评价。概率分析法是在选定不确定性因素的基础上,通过估计其发生变动的范围,然后根据已有资料或者经验等情况,估计出变化值出现的概率,并根据这些概率的大小,分析测算事件变动给项目经济效益带来的结果与所获结果稳定性的分析方法。在概率分析中,一般是计算软件工程项目净现值的期望值及分布状况和净现值大小或等于零时的累计概率。计算出来的值越大，则说明该软件工程项目所承担的风险越小。

（1）概率分析的步骤。

概率分析的步骤通常有以下六步：

① 选定软件工程项目的效益指标（如内部收益率、净现值等）作为分析对象。

② 选定需要进行概率分析的不确定性因素，如软件产品的价格、投资额等。

③ 估计出每个不确定性因素的变化范围以及可能出现的概率。单因素概率分析是设定一个因素变化，其他因素保持不变，即主要对一个自变量进行概率分析。多因素分析是设定多个因素同时变化，对多个自变量进行概率分析。

④ 计算在不确定性因素变量的影响下投资经济效益的期望值。

⑤ 计算出表明期望值稳定性的标准偏差。

⑥ 综合考虑期望值与标准偏差，说明在该不确定性因素的影响下，软件工程项目的经济效益指标的期望值以及获得的可能性。

（2）期望值。

期望值又称为数学期望，是随机事件的各种变量和相应概率的加权平均值。不确定性因素可能发生的变化值是随机变量，其出现的可能性大小为随机变量的概率。一系列随机变量所发生的概率排列称为概率分布，一个事件发生的全部概率分布的总和等于 1，期望值就代表了不确定性因素在实际中最可能出现的数值。

随机变量可以分为离散随机变量与连续随机变量。离散随机变量是指事件发生的可能性变化为有限次数，并且每次发生的概率值为确定的随机变量。其期望值的计算公式如式（5.9）所示：

$$E(X) = \sum_{i=1}^{n} X_i P_i, \quad i = 1, 2, \cdots, n \tag{5.9}$$

式中，$E(X)$ 表示期望值；i 表示随机变量的序数；X_i 表示随机变量值；P_i 表示随机变量发生的概率。

根据期望值的计算公式，可以得到软件工程项目净现值的期望值计算公式，如式（5.10）所示：

$$E(\mathrm{NPV}) = \sum \mathrm{NPV}_i P_i \tag{5.10}$$

式中，$E(\mathrm{NPV})$ 表示 NPV 的期望值；NPV_i 表示各种现金流量下的净现值；P_i 表示各种现金流量下的概率值。

净现值的期望值在概率分析中是非常重要的指标。在对软件工程项目进行概率分析时，通常要计算项目净现值的期望值及净现值大于或等于 0 的累计概率。累计概率越大，则表示项目所承担的风险越小。

【例 5.2】 某软件工程项目的投资方案因各因素可能出现的数值及其对应概率如表 5-5 所示，假设投资发生在年初，净现金流量均发生在年末。已知标准折现率为 10%，试求净现值的期望值与净现值大于 0 的累计概率。

表 5-5 某软件工程项目的投资方案变量因素值及其概率表

投资额		年净收益		寿命期	
数值/万元	概率	数值/万元	概率	数值/年	概率
120	0.3	20	0.25	10	1
150	0.5	28	0.4		
175	0.2	33	0.35		

解：① 计算净现值的期望值。

根据各种因素的取值范围，共有九种不同的组合状态，根据净现值的计算公式，可求出各种状态的净现值及其对应的概率，如表 5-6 所示。

表 5-6 方案所有组合状态的净现值及其概率表

投资额	120/万元			150/万元			175/万元		
年净效益	20	28	33	20	28	33	20	28	33
组合概率	0.075	0.12	0.105	0.125	0.2	0.175	0.05	0.08	0.07
净现值	2.89	52.05	82.77	-27.11	22.05	52.77	-52.11	-2.95	27.77

② 净现值的求解示例。

$$\mathrm{NPV} = -120 + 20(P/A, 10\%, 10) = -120 + 20 \times 6.1446 = 2.89$$

根据净现值的期望值的计算公式(5.10)可得

$$E(\mathrm{NPV}) = \sum \mathrm{NPV}_i P_i$$

$$= 2.89 \times 0.075 + 52.05 \times 0.12 + 82.77 \times 0.105 + (-27.11) \times 0.125 +$$

$$22.05 \times 0.2 + 52.77 \times 0.175 + (-52.11) \times 0.05 + (-2.95) \times 0.08 +$$

$$27.77 \times 0.07$$

$$= 24.512 \text{ 万元}$$

因此，投资方案的净现值的期望值为 24.512 万元。

③ 计算累计概率。

净现值期望值的累计概率计算如表 5-7 所示。

表 5-7 净现值期望值的累计概率计算表

序号	净现值	概率分布	加权净现值	累计概率
1	-52.11	0.05	-2.61	0.05
2	-27.11	0.125	-3.39	0.175
3	-2.95	0.08	-0.24	0.26
4	2.89	0.075	0.22	0.33
5	22.05	0.2	4.41	0.53
6	27.77	0.07	1.94	0.60
7	52.05	0.12	6.25	0.72
8	52.77	0.175	9.23	0.90
9	82.77	0.105	8.69	1.00

根据表 5-7 所示，净现值小于 0 的累计概率为

$$P(\text{NPV} < 0) = 0.26 + (0.33 - 0.26) \times \frac{2.95}{2.95 + 2.89} = 0.2954$$

净现值大于或者等于 0 的累计概率为

$$P(\text{NPV} > 0) = 1 - 0.2954 = 0.7046$$

计算得到净现值大于或者等于 0 的累计概率是 70.46%。该概率值较大，故该项目的风险值较小。

练 习 题

1. 什么是生产函数？其主要特征是什么？

2. 规模经济是如何判断的？

3. 什么是软件生产率？影响软件生产率的因素有哪些？

4. 提高软件生产率的主要措施有哪些？

5. 效益的特点有哪些？

6. 为什么要进行不确定性分析？

7. 不确定性分析的步骤是怎样的？

8. 概率分析的步骤是怎样的？

9. 某汽车制造企业欲投资建设 ERP 系统，需进行经济效果评价。已知该企业目前的整车单位成本 C_1 为 2 万元/辆，货币劳动率 α_1 为 2 万元/年，平均流动资金占用额 F_1 为 500 万/年，库存周转天数 I_1 为 30 天/辆，O_1 能耗支出为 5 万元/年。若该企业运行拟建设的 ERP 系统后各效益指标的相对变化率分别取表 5-2 的下限，ERP 系统的寿命 T_0 为 5 年，运行后企业整车产量 Q_2 为 1000 辆/年，职工人数 L_2 为 3000 人，整车库存费用 β 为 0.01 万元/天。试在银行贷款利率为 8%，各效益指标权系数 W_1、W_2 为 0.2，W_3、W_6 为 0.15，W_4 为 0，W_5 为 0.3 的情况下估计 ERP 系统的经济效果。

第6章 软件工程项目进度计划的制订

软件工程项目进度计划是指在确保合同工期和主要里程碑时间的前提下，对设计和项目实施的各项工作进行的时间和逻辑上的合理安排，从而达到合理利用资源、降低费用支出的目的。因此，制订一个比较完备的进度计划，是完成软件工程项目的保证。本章主要介绍软件工程项目的工作分解结构、进度网络计划图的绘制规则，时间参数的计算，关键工作、关键线路求解及风险分析，网络计划的优化等相关内容。

课程思政 6-0

6.1 进度的基本概念

进度是指工作等进行的速度或进展的程度。对软件工程项目进行进度管理是为了确保项目根据需求能按期完成。

6.1.1 软件工程项目的工作分解结构

工作分解结构（Work Breakdown Structure，WBS）以可交付成果为导向，把项目工作（或活动）分解为较小的、易于管理和控制的单元。软件工程项目的规划、设计、开发、测试等各阶段的工作任务通常是由一系列项目活动构成的，故软件企业管理人员或者项目经理经常运用WBS原理将整个软件工程项目任务进行详细的分解。

软件工程项目
的工作分解结

WBS 主要是对实现目标以及可交付成果进行的所有工作范围的层级分解。WBS 的最底层单元是工作包，它是指定工作范围、设定软件工程项目产品质量和规格、估算和控制费用以及安排进度的基础。如图 6-1 所示，工作 A～工作 E 下面的 1.1.1、1.1.2、1.2.1.1

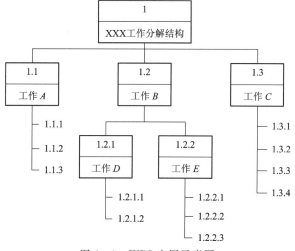

图 6-1 WBS 应用示意图

等编号就表示各项目工作下的工作包。

WBS 处于软件工程项目计划过程的中心,是制订软件工程项目进度计划,进行需求分析、成本预算以及制订风险管理计划和采购计划等的重要基础,也是控制软件工程项目变更的重要基础。软件工程项目范围都是由 WBS 定义的,所以 WBS 也是一个软件工程项目的综合工具。

软件工程项目管理人员在创建 WBS 时应注意如图 6-2 所示的四个要点。

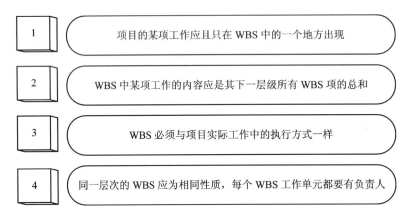

图 6-2　WBS 的应用要点

WBS 的创建步骤如图 6-3 所示。一般要求创建的 WBS 不超过 7 层,且每一层底层的工作量为每周 40 小时。

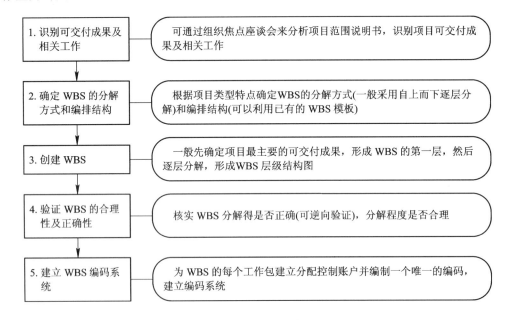

图 6-3　WBS 的创建步骤

WBS 的结构可按不同的方式进行分解,如按项目阶段分解、按产品或者项目功能分解、按项目部门分解、按子项目分解等。图 6-4 是某成本管理软件工程项目按项目阶段分解的 WBS 示意图。

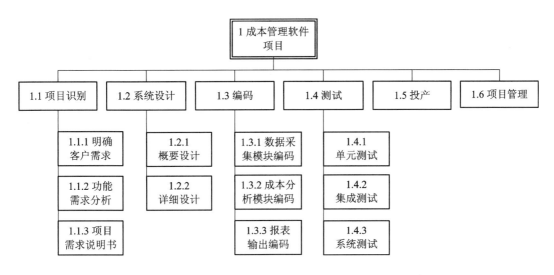

图 6-4 某成本管理软件工程项目按阶段分解的 WBS 示意图

6.1.2 软件工程项目的进度网络计划图

通过 WBS 得到的软件工程项目工作(活动/任务)以及相关层次结构,在实施过程中存在着必然的逻辑关系。假设用 A、B 表示任意两个软件工程项目工作(活动/任务),用箭线表示工作,用节点表示工作的开始或者结束。由图 6-5(a)可知,A 工作在 B 工作前,则 A、B 工作的关系为:A 是 B 的先行工作,B 是 A 的后继工作;由图 6-5(b)可知,A 工作完成后紧接着开始 B 工作,则 A、B 工作的关系为:A 是 B 的紧前工作,B 是 A 的紧后工作。

项目工作逻辑
顺序及其关系

先行工作 A 与后继工作 B 主要包括以下四种依赖关系:

(1) 完成对开始:后继工作 B 要在先行工作 A 完成之后开始。

图 6-5 项目工作逻辑顺序示意图

(2) 开始对开始:后继工作 B 要在先行工作 A 开始之后开始。例如,开始写测试结果(后继工作)必须在测试(先行工作)开始之后开始。

(3) 完成对完成:后继工作 B 要在先行工作 A 完成之后完成。例如,文档(后继工作)要在系统架构(先行工作)完成之后完成。

(4) 开始对完成:先行工作 A 要在后继工作 B 开始之后完成。

网络计划是以网络图的形式来制订计划,求得计划的最优方案,并用该最优计划组织和控制整个项目的进程,最终实现预定目标的一种较为科学的管理方法。网络计划应该在确定软件工程项目的技术方案与组织方案,进行工作分解,明确各项目工作之间逻辑关系及各项目工作的持续时间(又称为工作时长)后,再进行编制。

网络计划图能够清晰地表示各项目工作(任务/活动)的内在逻辑关系,在编制各种工程或软件工程项目计划时被广泛应用。软件工程项目进度网络计划图主要包括双代号网络计划图和单代号网络计划图。其中，双代号网络计划图因包含的因素多且能准确地反映项目的关键线路而被广泛应用。

双代号网络计划图又称为"箭线图"，是指用箭线表示项目工作，并在节点处将各项目工作连接起来以表示依赖关系的网络图。每个项目工作必须用唯一的紧前工作和唯一的紧后工作来描述；紧前工作的编号要小于紧后工作的编号；每一个工作必须要有唯一的工作编号；项目工作用箭线表示，箭线应该画成水平直线、垂直直线或者折线，水平直线投影的方向必须自左向右。

如图6-6所示，①、②、③、④、⑤、⑥表示网络计划图的节点，即某项目工作(任务/活动)的开始点或者结束点(节点用圆圈表示，并在圆圈内进行编号；节点编号的顺序应遵循从左至右、从小到大的原则，编号可以不连续，但严禁复制)；A、B、C、D、E、F表示项目活动或者任务；虚箭线表示实际项目中不存在的一项虚设工作，一般不占用任何资源，也不消耗任何时间，主要用于正确表达各项目工作之间的逻辑关系。

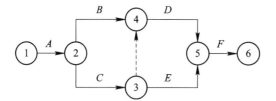

图6-6 双代号网络计划图

1. 双代号网络计划图的绘制规则

双代号网络计划图(以下简称网络计划图)的绘制规则如下：

(1) 网络计划图应正确表达各项目工作之间已定的逻辑关系。在网络计划图中，一个工作(任务/活动)只有唯一的一条箭线以及相应的一对节点编号，箭尾的节点编号要小于箭头的节点编号；工作的名称应该标注在箭线的上方，工作持续时间(工作时长)则应标注在箭线的下方。

如图6-7所示，i和j表示节点，A表示项目工作(任务/活动)，D_{i-j}表示持续时间。

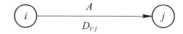

图6-7 网络计划图工作表示方法

(2) 不得出现回路，如图6-8(a)所示。

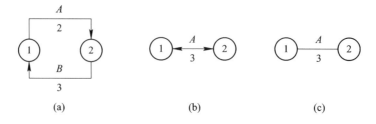

(a)　　　　　　(b)　　　　　　(c)

图6-8 活动规则示意图(一)

（3）不得出现双向箭头或者不带箭头的活动，如图 6-8(b)、(c)所示。

（4）不得出现没有箭头节点或没有箭尾节点的箭线，如图 6-9(a)、(b)所示。

（5）当起点节点有多条外向箭线或终点节点有多条内向箭线时，对起点节点和终点节点可使用母线法绘图，如图 6-9(c)、(d)所示。

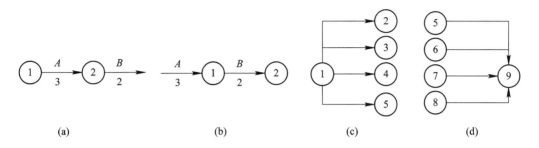

图 6-9　活动规则示意图（二）

（6）绘制网络计划图的箭线时不宜有交叉，当交叉不可避免时，可用过桥法（如图 6-10(a)所示）、断线法（如图 6-10(b)所示）或指向法（如图 6-10(c)所示）。

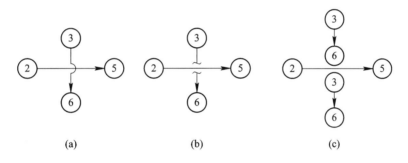

图 6-10　交叉图绘制图示

（7）网络计划图中必须只有一个起点节点（编号为①）；在不分期完成任务的网络计划图中，必须只有一个终点节点；其他所有节点均为中间节点。

（8）不允许出现相同编号的工作（任务/活动）或者节点。

（9）绘制的箭线应主要以水平线为主，竖线和斜线为辅，不应画成曲线。绘制的箭线不应出现箭头指向左方的水平箭线或箭头偏向左方的斜向箭线（如图 6-11(a)所示），应保持自左向右的方向（如图 6-11(b)所示）。

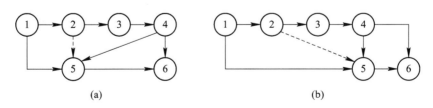

图 6-11　活动规则示意图（三）

（10）绘制网络计划图时应该条理清晰、布局合理，尽量把关键线路安排在中心醒目的位置。

网络计划图中不同的逻辑关系应该用不同的表示方法，为了准确地表示各项目工作

(任务/活动)中的逻辑关系，项目管理人员可以合理使用虚箭线。网络计划图的逻辑关系表示方法如表 6-1 所示。

表 6-1　双代号网络计划图的逻辑关系表示方法

序号	逻 辑 关 系	表 示 方 法
1	A 是 B 的紧前工作(即 B 是 A 的紧后工作)，A、B 依此顺序进行	
2	A、B、C 均无紧前工作，且平行进行	
3	A 工作完成以后，B、C 工作才能开始	
4	A、B 工作完成后，C 工作才能开始	
5	A、B 工作完成后，C、D 工作才能开始	
6	A 工作完成后，C 工作才能开始；A、B 工作都完成后，D 工作才能开始	

　　表 6-2 为某软件工程项目的工作逻辑关系及持续时间明细表，其主要包括各项目工作的逻辑关系以及工作时长。

表 6-2　某软件工程项目的工作逻辑关系及持续时间明细表

序号	工作代号	工 作 内 容	工作时长/月	紧前工作
1	A	可行性分析与需求分析	10	—
2	B	测试需求	2	A
3	C	概要设计	6	A
4	D	系统管理	7	A
5	E	测试计划	5	B
6	F_1	详细设计 I	10	C

序号	工作代号	工 作 内 容	工作时长/月	紧前工作
7	F_2	详细设计Ⅱ	8	C、D
8	G	测试工具准备	4	E
9	H	配置管理与质量保障	5	F_1、F_2
10	I	系统集成与测试	8	G、H

表 6-2 中，各项目工作所需的工作时长一般通过三点估算法、专家估算法等方法估算得到。

2. 项目工作时长的算法

1）三点估算法

项目工作
时长的算法

三点估算法一般应用于开发团队对所做项目的功能、性能等特征不是很了解的情况。三点估算法主要借助数学方法对软件工程项目工作的时间进行估算，即通过考虑估算中的不确定性及风险，将项目工作的时间看作一个随机变量，在项目工作重复进行时的实际完成时间一般表现为一种 β 随机分布形式，使用三种估算值来界定项目工作持续时间的近似区间，从而进行其项目工作时间的计算。用 t_e 表示工作时长，t_o 表示最乐观完成时间，t_p 表示最悲观完成时间，t_m 表示最可能完成时间，则

$$t_e = \frac{t_o + 4t_m + t_p}{6} \tag{6.1}$$

其中，t_o、t_p 和 t_m 是符合 β 分布的随机变量，且不必是对称的，这些属性都与软件工程项目工作持续时间的分布特征相符合。

【例 6.1】 某软件企业因信息化技术的飞速发展和企业经营管理的迫切需要，要设计一套适合本企业管理的信息系统。该项目由本企业的技术一部负责，并任命张祥为项目经理。于是张祥运用德尔菲法召集整个项目团队成员进行了头脑风暴，获得了三点估算法中各个项目工作的最乐观完成时间 t_o、最可能完成时间 t_m 以及最悲观完成时间 t_p，见表 6-3 中的第 3～5 列，因此根据公式(6.1)即可计算出最后一列的估计工作时长。

表 6-3 三点估算法明细表

序号	工作名称	t_o	t_m	t_p	t_e
1	A	3	5	7	5
2	B	5	7.5	12	7.9
3	C	2	3	4	3
4	D	2	2.5	4.5	2.8
5	E	5	11	13	10.4
6	F	5	7.5	12	7.9
7	G	5	6	7	6

2）专家估算法

专家估算法主要依据若干有经验的专家对同类项目的经验，估算并分解各项工作（任务/活动），然后取其算术平均值来进行未来项目各模块时长的估算。其计划公式如下：

$$t_e = \frac{1}{n}\sum_{i=1}^{n} t_i \tag{6.2}$$

式中：T_e表示某个项目工作的估算时长；t_i表示第i个有经验的专家对项目工作的估算值。

【例6.2】 关于例6.1中的项目，如项目经理把项目分解成7个工作（任务/活动）后，找来5个专家分别对各项目工作的时长进行估算，专家给出的值如表6-4中的第3～7列所示，则可以根据公式(6.2)算出各项目工作的时长 t_e。

表6-4 专家估算法明细表

序号	工作名称	专家1	专家2	专家3	专家4	专家5	t_e
1	A	3	5	6	5	6	5
2	B	5	7.5	9	7.5	8	7.4
3	C	2	3	3.5	3	4	3.1
4	D	2	3	1.5	2.5	3.5	2.5
5	E	9	11	9.5	12	10	10.3
6	F	6.8	8.2	8	7.5	9	7.9
7	G	7	6.8	7.7	6	6.5	6.8

项目管理人员在绘制网络计划图前，一般要先给出其工作逻辑关系以及持续时间（工作时长）明细表（至少要标明紧前工作或者紧后工作，也可将紧前、紧后关系全部列出），再将其转化为网络计划。根据表6-2可绘制出如图6-12所示的网络计划图。

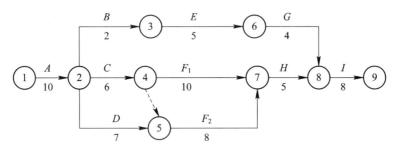

图6-12 表6-2对应的网络计划图

6.2 软件工程项目进度分析

本节介绍双代号网络计划图中时间参数的计算、关键工作（任务/活动）以及关键线路的求解规则。

6.2.1 网络计划图中时间参数的计算

1. 按各项目工作计算法计算时间参数时需符合的要求

（1）必须在确定了各项目工作的时长之后才能进行时间参数计算。

按项目工作计算法
计算时间参数

虚工作可以视为正常工作来进行计算,但其工作时长要用 0 来表示。

(2) 工作的时间参数应该分别标注出来,如图 6-13 所示。其中:i 和 j 分别表示某项目工作的两相邻节点;A 表示 i、j 节点间的项目工作(任务/活动);D_{i-j} 表示 i、j 节点间的项目工作的时长(持续时间);ES_{i-j} 表示 i、j 节点间的项目工作的最早开始时间;EF_{i-j} 表示 i、j 节点间的项目工作的最早完成时间;LS_{i-j} 表示 i、j 节点间的项目工作的最迟开始时间;LF_{i-j} 表示 i、j 节点间的项目工作的最迟完成时间;TF_{i-j} 表示 i、j 节点间的项目总时差;FF_{i-j} 表示 i、j 节点间的项目自由时差。

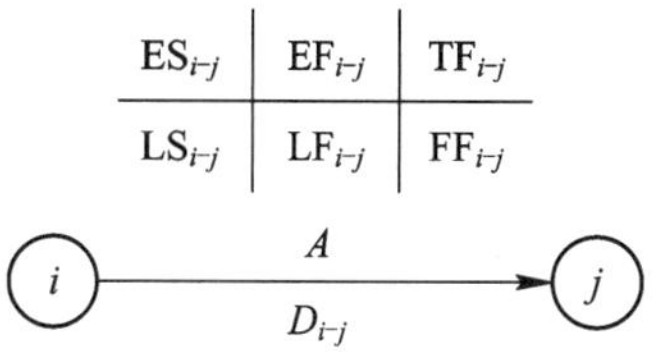

图 6-13　项目工作计算法标注图示

(3) 项目工作(以下用项目工作 $i-j$ 表示 i、j 活动间的工作)最早开始时间的计算方法如下:

ES_{i-j} 应从网络计划图中的起始节点开始,顺着箭线的箭头方向逐项计算。

网络计划图中以起始节点 i 为箭尾的工作 $i-j$ 的最早开始时间 ES_{i-j} 如未做规定,则应按 0 开始计算,如公式(6.3)所示:

$$ES_{i-j} = 0 \quad (i = 1) \tag{6.3}$$

其他项目工作的最早开始时间 ES_{i-j} 应按公式(6.4)进行计算:

$$ES_{i-j} = \max\{ES_{h-i} + D_{h-i}\} \tag{6.4}$$

式中:D_{h-i} 表示项目工作 $i-j$ 的紧前工作 $h-i$ 的时长;ES_{h-i} 表示项目工作 $i-j$ 的紧前工作 $h-i$ 的最早开始时间。

(4) 项目工作 $i-j$ 的最早完成时间 EF_{i-j} 应按公式(6.5)进行计算:

$$EF_{i-j} = ES_{i-j} + D_{i-j} \tag{6.5}$$

式中,D_{i-j} 表示项目工作 $i-j$ 的活动时长。

(5) 项目网络计划的工期 T_c 应按公式(6.6)进行计算:

$$T_c = \max\{EF_{i-n}\} \tag{6.6}$$

式中,EF_{i-n} 表示以整个网络计划图的终节点(即当 $j=n$ 时)为箭头节点的项目工作 $i-n$ 的最早完成时间。

(6) 项目网络计划的计划工期 T_p 应按如下要求来确定。

① 当已经规定了要求的项目工期 T_r 时,计划工期 T_p 必须满足公式(6.7)的要求:

$$T_p \leqslant T_r \tag{6.7}$$

② 当未规定要求的项目工期时,计划工期 T_p 必须满足公式(6.8)的要求:

$$T_p = T_c \tag{6.8}$$

(7) 项目工作的最迟完成时间的计算规则如下:

项目工作 $i-j$ 的最迟完成时间 LF_{i-j} 应从网络计划图中的终节点开始,逆着箭线的箭头方向依次进行计算;

以终节点(即 $j=n$)为箭头节点的项目工作的最迟完成时间 LF_{i-n} 应按公式(6.9)进行计算:

$$LF_{i-n} = T_p \tag{6.9}$$

其他项目工作的最迟完成时间 LF_{i-j} 应按公式(6.10)进行计算:

$$\text{LF}_{i-j} = \min\{\text{LF}_{j-k} - D_{j-k}\} \tag{6.10}$$

式中 LF_{j-k} 表示项目工作 $i-j$ 的各项紧后工作 $j-k$ 的最迟完成时间；D_{j-k} 表示项目工作 $i-j$ 的各项紧后工作 $j-k$ 的活动时长。

（8）项目工作 $i-j$ 的最迟开始时间 LS_{i-j} 应按公式（6.11）进行计算：

$$\text{LS}_{i-j} = \text{LF}_{i-j} - D_{i-j} \tag{6.11}$$

（9）项目工作 $i-j$ 的总时差 TF_{i-j} 应按公式（6.12）进行计算：

$$\text{TF}_{i-j} = \text{LS}_{i-j} - \text{ES}_{i-j} \quad \text{或} \quad \text{TF}_{i-j} = \text{LF}_{i-j} - \text{EF}_{i-j} \tag{6.12}$$

（10）项目工作 $i-j$ 的自由时差 FF_{i-j} 的计算应遵循以下规则：

① 项目工作 $i-j$ 有紧后工作 $j-k$ 时的自由时差应按公式（6.13）进行计算：

$$\text{FF}_{i-j} = \min\{\text{ES}_{j-k}\} - \text{EF}_{i-j} \tag{6.13}$$

式中，ES_{j-k} 表示项目工作 $i-j$ 的紧后工作 $j-k$ 的最早开始时间。

② 以终节点（即当 $j=n$ 时）为箭头节点的项目工作的自由时差应按公式（6.14）进行计算：

$$\text{FF}_{i-n} = T_p - \text{EF}_{i-n} \tag{6.14}$$

2. 按各项目工作节点法计算时间参数时需符合的要求

（1）项目工作节点时间参数的计算结果要分别标注，如图 6-14 所示。其中：i 和 j 分别表示某项目工作的两相邻节点；A 表示 i、j 节点间的项目工作（任务/活动）；D_{i-j} 表示 i、j 节点间的项目工作时长（持续时间）；ET_i 表示节点 i 的最早时间；LT_i 表示节点 i 的最迟时间；ET_j 表示节点 j 的最早时间；LT_j 表示节点 j 的最迟时间。

按项目工作节点法
计算时间参数

（2）项目工作节点最早时间的计算方法如下：

工作节点 i 的最早时间 ET_i 应从网络计划图中的起始节点开始，顺着箭线的箭头方向进行计算。

① 当没有规定最早工作节点的时间时，ET_i 应按公式（6.15）进行计算：

$$\text{ET}_i = 0 \quad (i=1) \tag{6.15}$$

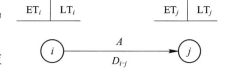

图 6-14 项目工作节点法标注图示

② 其他工作节点 j 的最早时间 ET_j 应按公式（6.16）进行计算：

$$\text{ET}_j = \max\{\text{ET}_i + D_{i-j}\} \tag{6.16}$$

式中，D_{i-j} 表示项目工作 $i-j$ 的时长。

（3）项目网络计划的工期 T_c 应按公式（6.17）进行计算：

$$T_c = \text{ET}_n \tag{6.17}$$

式中，ET_n 表示终节点的最早时间。

（4）项目工作节点最迟时间的计算方法如下：

项目工作节点 i 的最迟工作时间 LT_i 应从网络计划图中的终节点开始，逆着箭线的箭头方向逐项计算。

① 终节点 n 的最迟时间 LT_n 应按公式（6.18）进行计算：

$$\text{LT}_n = T_p \tag{6.18}$$

② 其他工作节点的最迟时间 LT_i 应按公式（6.19）进行计算：

$$\text{LT}_i = \min\{\text{LT}_j - D_{i-j}\} \tag{6.19}$$

式中，LT_j 表示项目工作 $i-j$ 的箭头节点 j 的最迟时间。

（5）项目工作 $i-j$ 的最早开始时间 ES_{i-j} 应按公式（6.20）进行计算：

$$ES_{i-j} = ET_i \qquad (6.20)$$

（6）项目工作 $i-j$ 的最早完成时间 EF_{i-j} 应按公式（6.21）进行计算：

$$EF_{i-j} = ET_i + D_{i-j} \qquad (6.21)$$

（7）项目工作 $i-j$ 的最迟完成时间 LF_{i-j} 应按公式（6.22）进行计算：

$$LF_{i-j} = LT_j \qquad (6.22)$$

（8）项目工作 $i-j$ 的最迟开始时间 LS_{i-j} 应按公式（6.23）进行计算：

$$LS_{i-j} = LT_j - D_{i-j} \qquad (6.23)$$

（9）项目工作 $i-j$ 的总时差 TF_{i-j} 应按公式（6.24）进行计算：

$$TF_{i-j} = LT_j - ET_i - D_{i-j} \qquad (6.24)$$

（10）项目工作 $i-j$ 的自由时差 FF_{i-j} 应按公式（6.25）进行计算：

$$FF_{i-j} = ET_j - ET_i - D_{i-j} \qquad (6.25)$$

6.2.2　关键工作及关键线路

关键工作及
关键线路

网络计划图中的线路是指从起始节点开始，沿着箭头的方向顺序通过一系列箭线与工作节点，最后达到终节点的通路。一个网络计划图中一般会有多条线路，线路可以用节点的代号来描述，如①—②—⑥—⑧—⑨。而线路的长度则是指网络计划图中线路上各项目工作的时长（持续时间）总和。

在网络计划图的各条线路中，全部由关键工作组成的线路或者线路长度最长的线路称为关键线路，其他线路的工作时长均低于关键线路，故称之为非关键线路。关键线路所途径的各项目工作，称为关键工作；关键线路所途径的节点，称为关键节点。

关键工作及关键线路的确定一般需要符合如下规定：

（1）总时差最少的项目工作应确定为关键工作，关键工作的总时差 $TF_{i-j}=0$；

（2）在网络计划图中，关键线路一般用粗线、双线或者彩色线标注出来。

（3）一般情况下，一个网络计划图中至少会有一条关键线路，最多只能有有限条关键线路。

项目工作的总时差和自由时差反映了本项目工作实施时的机动时间。当时差为 0 时，说明该项目工作无机动时间，不能提前完成，故该项目工作就是影响整个项目完成的关键环节，即该工作为本项目的关键工作。

6.2.3　关键线路求解

关键线路的求解主要有两种方法：第一种是通过确定项目工作或者节点的时间参数来找到关键工作、关键节点和关键线路；第二种是通过项目节点的标号法来寻求项目的关键线路。

1. 通过时间参数确定关键线路

首先，通过计算项目工作的时间参数来求解关键工作和关键线路，主要有四个步骤：

（1）顺着箭线的箭头方向（即自左向右的方向）求解各项目工作的最早开始时间和最早完成时间；

（2）逆着箭线的箭头方向（即自右向左的方向）求解各项目工作的最迟完成时间和最迟开始时间；

（3）根据前面两步的计算结果求解各项目工作的总时差和自由时差；

（4）根据第（3）步求得的各项目工作的总时差和自由时差的结果判断是否为关键工作，确定好关键工作并将其串连起来的线路即为关键线路。

具体计算过程如图 6-15 所示。

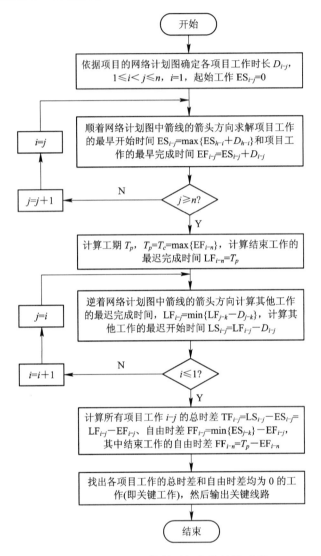

图 6-15　项目工作的时间参数计算过程

其次，根据节点的时间参数求解关键节点，主要有四个步骤：

（1）确定第一个节点的最早时间 $ET_1=0$，顺着箭线的箭头方向（即自左向右的方向）求解各项目节点的最早完成时间；

（2）逆着箭线的箭头方向（即自右向左的方向）求解各项目节点的最迟完成时间；

（3）根据前面两步的计算结果求解各节点的时差；

（4）求解各项目工作的最早开始时间、最早完成时间、最迟完成时间、最迟开始时间、总时差以及自由时差，根据第（3）步求得的各项目节点的时差结果，找出时差等于 0 且同时满足该节点在关键线路上的节点（即关键节点）。

具体计算过程如图 6-16 所示。

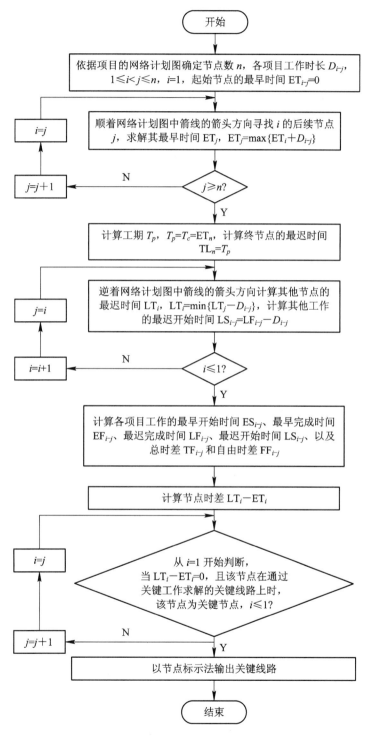

图 6-16 节点的时间参数计算过程

计算项目工作的时差时，其总时差和自由时差都为 0 是判断其是否为关键工作以及在关键线路上的充分必要条件；而节点的时差为 0 是其对应的通路在关键线路上的必要条件，但不是充分条件，因为节点的时差为 0 时，其通路不一定在关键线路上。

【例 6.3】 某小型软件工程项目未规定工期，该项目经过 WBS 分解后，项目经理使用三点估算法获得了各个项目工作的最乐观完成时间 t_o、最悲观完成时间 t_p 以及最可能完成时间 t_m（单位均为月），详见表 6-5。

【例 6.3】详解

（1）根据表 6-5 中给出的三点估算法的数据计算 t_e 一列的值。

（2）通过表 6-5 的项目工作明细绘制对应的双代号网络计划图。

（3）通过项目工作的时间参数计算来找出网络计划图中的关键工作、关键线路，并用项目工作代号来描述关键线路。

（4）通过节点的时间参数计算来找出网络计划图中的节点，并通过第(3)步的关键线路来确定关键节点，用节点代号来描述关键线路。

表 6-5 项目工作明细表

序号	工作名称	t_o	t_m	t_p	t_e	紧前关系
1	A_1	3	4	5	4	—
2	A_2	1.85	1.95	2.35	2	A_1
3	A_3	1.6	2	2.4	2	A_2
4	B_1	1.8	3	4.2	3	A_1
5	B_2	3.5	3.8	5.3	4	A_2、B_1
6	B_3	1.7	1.9	2.7	2	A_3、B_2
7	C_1	1.8	2	2.2	2	B_1
8	C_2	4.6	4.9	5.8	5	B_2、C_1
9	C_3	2.5	3	3.5	3	C_2
10	D	0.85	0.95	1.35	1	C_3
11	E	0.8	0.9	1.6	1	C_3
12	F	2.6	2.9	3.8	3	B_3、D
13	G	3.5	4	4.5	4	F
14	H	3	4	5	4	E、F

解：（1）t_e 一列的计算结果如表 6-5"t_e"列所示。

（2）绘制的双代号网络计划图如图 6-17 所示。

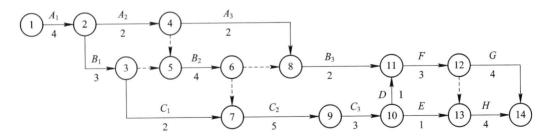

图 6-17 双代号网络计划图

（3）通过项目工作的时间参数计算来求解。

① 顺着箭线的箭头方向求解各项目工作的最早开始时间 ES_{i-j}。

由公式(6.3)可得起始项目工作 $\mathrm{ES}_{1-2}=0$，其他项目工作的最早开始时间 ES_{i-j} 按公式(6.4)进行计算：

$$\mathrm{ES}_{2-3}=\mathrm{ES}_{1-2}+D_{1-2}=0+4=4$$
$$\mathrm{ES}_{2-4}=\mathrm{ES}_{1-2}+D_{1-2}=0+4=4$$
$$\mathrm{ES}_{3-5}=\mathrm{ES}_{2-3}+D_{2-3}=4+3=7$$
$$\mathrm{ES}_{4-5}=\mathrm{ES}_{2-4}+D_{2-4}=4+2=6$$
$$\mathrm{ES}_{5-6}=\max\{\mathrm{ES}_{3-5}+D_{3-5},\mathrm{ES}_{4-5}+D_{4-5}\}=\max\{7+0,6+0\}=7$$
$$\vdots$$

依次类推，算出其他工作的最早开始时间，如表 6-6 的"ES_{i-j}"一列所示。

② 各项目工作的最早完成时间 EF_{i-j} 按公式(6.5)进行计算：

$$\mathrm{EF}_{1-2}=\mathrm{ES}_{1-2}+D_{1-2}=0+4=4$$
$$\mathrm{EF}_{2-3}=\mathrm{ES}_{2-3}+D_{2-3}=4+3=7$$
$$\mathrm{EF}_{2-4}=\mathrm{ES}_{2-4}+D_{2-4}=4+2=6$$
$$\mathrm{EF}_{3-5}=\mathrm{ES}_{3-5}+D_{3-5}=7+0=7$$
$$\mathrm{EF}_{4-5}=\mathrm{ES}_{4-5}+D_{4-5}=6+0=6$$
$$\mathrm{EF}_{5-6}=\mathrm{ES}_{5-6}+D_{5-6}=7+4=11$$
$$\vdots$$

依次类推，算出其他项目工作的最早完成时间，如表 6-6 的"EF_{i-j}"一列所示。

③ 网络计划的工期 T_c 按公式(6.6)进行计算：

$$T_c=\max\{\mathrm{EF}_{12-14},\mathrm{EF}_{13-14}\}=\max\{27,27\}=27$$

由于该项目未规定工期，故计划工期 T_p 按公式(6.8)进行计算：

$$T_p=T_c=27$$

④ 逆着网络计划图中箭线的箭头方向求解各项目工作的最迟完成时间 LF_{i-j}。按公式(6.9)计算终节点连接处的项目最迟完成时间：

$$\mathrm{LF}_{13-14}=T_p=27$$
$$\mathrm{LF}_{12-14}=T_p=27$$

其他项目工作的最迟完成时间按公式(6.10)进行计算：

$$\mathrm{LF}_{12-13}=\mathrm{LF}_{13-14}-D_{13-14}=27-4=23$$
$$\mathrm{LF}_{11-12}=\min\{\mathrm{LF}_{12-13}-D_{12-13},\mathrm{LF}_{12-14}-D_{12-14}\}=\min\{23-0,27-4\}=23$$
$$\mathrm{LF}_{10-13}=\mathrm{LF}_{13-14}-D_{13-14}=27-4=23$$
$$\mathrm{LF}_{10-11}=\mathrm{LF}_{11-12}-D_{11-12}=23-3=20$$
$$\mathrm{LF}_{8-11}=\mathrm{LF}_{11-12}-D_{11-12}=23-3=20$$
$$\mathrm{LF}_{9-10}=\min\{\mathrm{LF}_{10-11}-D_{10-11},\mathrm{LF}_{10-13}-D_{10-13}\}=\min\{20-1,23-1\}=19$$
$$\vdots$$

依次类推，算出其他项目工作的最迟完成时间，如表 6-6 的"LF_{i-j}"一列所示。

⑤ 逆着网络计划图中箭线的箭头方向求解各项目工作的最迟开始时间 LS_{i-j}，按公式(6.11)进行计算：

$$\text{LS}_{13-14} = \text{LF}_{13-14} - D_{13-14} = 27 - 4 = 23$$
$$\text{LS}_{12-14} = \text{LF}_{12-14} - D_{12-14} = 27 - 4 = 23$$
$$\text{LS}_{12-13} = \text{LF}_{12-13} - D_{12-13} = 23 - 0 = 23$$
$$\text{LS}_{11-12} = \text{LF}_{11-12} - D_{11-12} = 23 - 3 = 20$$
$$\text{LS}_{10-13} = \text{LF}_{10-13} - D_{10-13} = 23 - 1 = 22$$
$$\text{LS}_{10-11} = \text{LF}_{10-11} - D_{10-11} = 20 - 1 = 19$$
$$\vdots$$

依次类推,算出所有工作的最迟开始时间,如表 6-6 的"LS_{i-j}"一列所示。

⑥ 网络计划图中所有项目工作 $i-j$ 的总时差按公式(6.12)进行计算:

$$\text{TF}_{1-2} = \text{LS}_{1-2} - \text{ES}_{1-2} = 0 - 0 = 0$$
$$\text{TF}_{2-3} = \text{LS}_{2-3} - \text{ES}_{2-3} = 4 - 4 = 0$$
$$\text{TF}_{2-4} = \text{LS}_{2-4} - \text{ES}_{2-4} = 5 - 4 = 1$$
$$\vdots$$

依次类推,算出所有工作的总时差,如表 6-6 的"TF_{i-j}"一列所示。

⑦ 网络计划图中所有项目工作 $i-j$ 的自由时差按公式(6.13)进行计算:

$$\text{FF}_{1-2} = \min\{\text{ES}_{2-3}, \text{ES}_{2-4}\} - \text{EF}_{1-2} = 4 - 4 = 0$$
$$\text{FF}_{2-3} = \min\{\text{ES}_{3-5}, \text{ES}_{3-7}\} - \text{EF}_{2-3} = 7 - 7 = 0$$
$$\text{FF}_{2-4} = \text{ES}_{4-8} - \text{EF}_{2-4} = 7 - 7 = 0$$
$$\text{FF}_{3-5} = \text{FF}_{2-3} = 0(\text{虚工作的自由时差归其紧前工作所有})$$
$$\vdots$$

依次类推,算出其他工作的自由时差,其中结束工作的自由时差按公式(6.14)进行计算:

$$\text{FF}_{12-14} = T_p - \text{EF}_{12-14} = 27 - 27 = 0$$
$$\text{FF}_{13-14} = T_p - \text{EF}_{13-14} = 27 - 27 = 0$$

所有项目工作的自由时差如表 6-6 的"FF_{i-j}"一列所示。

表 6-6　项目工作时间参数计算明细表

序号	项目工作	ES_{i-j}	EF_{i-j}	LS_{i-j}	LF_{i-j}	TF_{i-j}	FF_{i-j}	是否关键工作
1	A_1	$\text{ES}_{1-2}=0$	$\text{EF}_{1-2}=4$	$\text{LS}_{1-2}=0$	$\text{LF}_{1-2}=4$	$\text{TF}_{1-2}=0$	$\text{FF}_{1-2}=0$	是
2	A_2	$\text{ES}_{2-4}=4$	$\text{EF}_{2-4}=6$	$\text{LS}_{2-4}=5$	$\text{LF}_{2-4}=7$	$\text{TF}_{2-4}=1$	$\text{FF}_{2-4}=0$	否
3	B_1	$\text{ES}_{2-3}=4$	$\text{EF}_{2-3}=7$	$\text{LSF}_{2-3}=4$	$\text{LF}_{2-3}=7$	$\text{TF}_{2-3}=0$	$\text{FF}_{2-3}=0$	是
4	—	$\text{ES}_{3-5}=7$	$\text{EF}_{3-5}=7$	$\text{LS}_{3-5}=7$	$\text{LF}_{3-5}=7$	$\text{TF}_{3-5}=0$	$\text{FF}_{3-5}=0$	是
5	—	$\text{ES}_{4-5}=6$	$\text{EF}_{4-5}=6$	$\text{LS}_{4-5}=7$	$\text{LF}_{4-5}=7$	$\text{TF}_{4-5}=1$	$\text{FF}_{4-5}=0$	否
6	C_1	$\text{ES}_{3-7}=7$	$\text{EF}_{3-7}=9$	$\text{LS}_{3-7}=9$	$\text{LF}_{3-7}=11$	$\text{TF}_{3-7}=2$	$\text{FF}_{3-7}=2$	否
7	A_3	$\text{ES}_{4-8}=6$	$\text{EF}_{4-8}=8$	$\text{LS}_{4-8}=16$	$\text{LF}_{4-8}=18$	$\text{TF}_{4-8}=10$	$\text{FF}_{4-8}=3$	否
8	B_2	$\text{ES}_{5-6}=7$	$\text{EF}_{5-6}=11$	$\text{LS}_{5-6}=7$	$\text{LF}_{5-6}=11$	$\text{TF}_{5-6}=0$	$\text{FF}_{5-6}=0$	是

序号	项目工作	ES_{i-j}	EF_{i-j}	LS_{i-j}	LF_{i-j}	TF_{i-j}	FF_{i-j}	是否关键工作
9	—	$\text{ES}_{6-7}=11$	$\text{EF}_{6-7}=11$	$\text{LS}_{6-7}=11$	$\text{LF}_{6-7}=11$	$\text{TF}_{6-7}=0$	$\text{FF}_{6-7}=0$	是
10	—	$\text{ES}_{6-8}=11$	$\text{EF}_{6-8}=11$	$\text{LS}_{6-8}=18$	$\text{LF}_{6-8}=18$	$\text{TF}_{6-8}=7$	$\text{FF}_{6-8}=0$	否
11	C_2	$\text{ES}_{7-9}=11$	$\text{EF}_{7-9}=16$	$\text{LS}_{7-9}=11$	$\text{LF}_{7-9}=16$	$\text{TF}_{7-9}=0$	$\text{FF}_{7-9}=0$	是
12	B_3	$\text{ES}_{8-11}=11$	$\text{EF}_{8-11}=13$	$\text{LS}_{8-11}=18$	$\text{LF}_{8-11}=20$	$\text{TF}_{8-11}=7$	$\text{FF}_{8-11}=7$	否
13	C_3	$\text{ES}_{9-10}=16$	$\text{EF}_{9-10}=19$	$\text{LS}_{9-10}=16$	$\text{LF}_{9-10}=19$	$\text{TF}_{9-10}=0$	$\text{FF}_{9-10}=0$	是
14	D	$\text{ES}_{10-11}=19$	$\text{EF}_{10-11}=20$	$\text{LS}_{10-11}=19$	$\text{LF}_{10-11}=20$	$\text{TF}_{10-11}=0$	$\text{FF}_{10-11}=0$	是
15	E	$\text{ES}_{10-13}=19$	$\text{EF}_{10-13}=20$	$\text{LS}_{10-13}=22$	$\text{LF}_{10-13}=23$	$\text{TF}_{10-13}=3$	$\text{FF}_{10-13}=3$	否
16	F	$\text{ES}_{11-12}=20$	$\text{EF}_{11-12}=23$	$\text{LS}_{11-12}=20$	$\text{LF}_{11-12}=23$	$\text{TF}_{11-12}=0$	$\text{FF}_{11-12}=0$	是
17	—	$\text{ES}_{12-13}=23$	$\text{EF}_{12-13}=23$	$\text{LS}_{12-13}=23$	$\text{LF}_{12-13}=23$	$\text{TF}_{12-13}=0$	$\text{FF}_{12-13}=0$	是
18	G	$\text{ES}_{12-14}=23$	$\text{EF}_{12-14}=27$	$\text{LS}_{12-14}=23$	$\text{LF}_{12-14}=27$	$\text{TF}_{12-14}=0$	$\text{FF}_{12-14}=0$	是
19	H	$\text{ES}_{13-14}=23$	$\text{EF}_{13-14}=27$	$\text{LS}_{13-14}=23$	$\text{LF}_{13-14}=27$	$\text{TF}_{13-14}=0$	$\text{FF}_{13-14}=0$	是

在表 6-6 最后一列"是否关键工作"中用"是/否"标注出关键工作：TF_{i-j} 和 FF_{i-j} 都为 0，则为关键工作，否则为非关键工作。所有计算结果及关键线路的标注如图 6-18 所示。

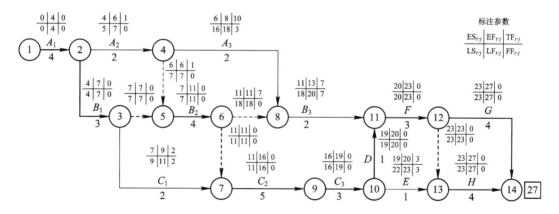

图 6-18 例 6.3 项目工作计算法计算结果图

由图 6-18 可见，该项目的关键线路可以用关键工作进行标识，即 $A_1-B_1-B_2-C_2-C_3-D-F-G$ 和 $A_1-B_1-B_2-C_2-C_3-D-F-H$ 两条关键线路。

（4）通过节点的时间参数计算来求解。

① 计算工作节点的最早时间 ET_i。

工作节点 1 的最早时间按公式(6.15)计算：

$$\text{ET}_1 = 0$$

其他工作节点的最早时间主要顺着网络计划图中箭线的箭头方向按公式(6.16)进行计算：

$$\text{ET}_2 = \text{ET}_1 + D_{1-2} = 0+4 = 4$$
$$\text{ET}_3 = \text{ET}_2 + D_{2-3} = 4+3 = 7$$

$$ET_4 = ET_2 + D_{2-4} = 4 + 2 = 6$$
$$ET_5 = \max\{ET_3 + D_{3-5}, ET_4 + D_{4-5}\} = \{7+0, 6+0\} = 7$$
$$\vdots$$

依次类推，算出所有节点的最早时间，如表 6-7 的"ET_i"一列所示。

② 网络计划的工期按公式(6.17)进行计算：
$$T_c = ET_{14} = 27$$

网络计划的计划工期 T_p 按公式(6.8)进行计算：
$$T_p = T_c = 27$$

③ 计算项目节点的最迟时间从网络计划图中的终节点开始，逆着箭线的箭头方向逐项计算。因项目未规定工期，故终节点的最迟时间按公式(6.18)进行计算：
$$LT_{14} = T_p = 27$$

其他节点的最迟时间按公式(6.19)进行计算：
$$LT_{13} = LT_{14} - D_{13-14} = 27 - 4 = 23$$
$$LT_{12} = \min\{LT_{14} - D_{12-14}, LT_{13} - D_{12-13}\} = \min\{27-4, 23-0\} = 23$$
$$LT_{11} = LT_{12} - D_{11-12} = 23 - 3 = 20$$
$$\vdots$$

依次类推，算出所有节点的最迟时间，如表 6-7 的"LT_i"一列所示。

④ 计算项目节点的时差，结果如表 6-7 的"时差 $LT_i - ET_i$"一列所示。

项目工作的计算详见本题第(3)步的计算结果，然后根据节点时差及项目工作计算得出的关键线路来确定关键节点，并在表 6.7"是否关键节点"一列进行标注。

表 6-7 节点时间参数计算明细表

序号	节点	ET_i	LT_i	时差 $LT_i - ET_i$	是否关键节点
1	1	0	0	0	是
2	2	4	4	0	是
3	3	7	7	0	是
4	4	6	7	1	否
5	5	7	7	0	是
6	6	11	11	0	是
7	7	11	11	0	是
8	8	11	18	7	否
9	9	16	16	0	是
10	10	19	19	0	是
11	11	20	20	0	是
12	12	23	23	0	是
13	13	23	23	0	是
14	14	27	27	0	是

所有计算结果及关键线路的标注如图 6-19 所示。

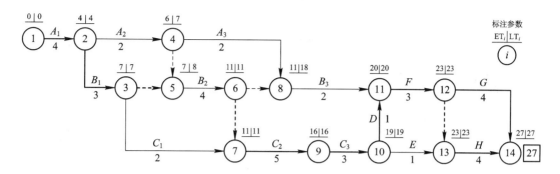

图 6 - 19   例 6.3 节点计算法计算结果图

由图 6 - 19 可见，该项目的关键线路可以用关键节点进行标识，即①－②－③－⑤－
⑥－⑦－⑨－⑩－⑪－⑫－⑬－⑭和①－②－③－⑤－⑥－⑦－⑨－⑩－⑪－⑫－⑭两条
关键线路。

在绘制网络计划图时，可以先绘制草图，在项目工作所表示的箭线上方标识最早开始
时间 ES_{i-j} 和最早完成时间 EF_{i-j}，在项目工作所表示的箭线下方标识最迟开始时间 LS_{i-j}
和最迟完成时间 LF_{i-j}；在各节点的上方和下方分别标识最早时间 ET_i 和最迟时间 LT_i，以
便于计算各项目工作的自由时差、总时差及节点时差。再按照图 6 - 15 或者图 6 - 16 进行
关键线路求解的标注。

2. 通过标号法确定关键线路

下面主要讲解如何通过"标号法"快速求解双代号网络计划图中关键线路。以图 6 - 17
为例，使用标号法来计算项目工期以及求解关键线路。

（1）网络计划图中起始节点的标号值为 0，按照公式（6.15）可得起始节点的标号值：

$$b_1 = 0$$

（2）其他节点的标号值按照公式（6.16）根据节点编号由小到大的顺序逐个计算：

$$b_j = ET_j = \max\{ET_i + D_{i-j}\}$$
$$b_2 = b_1 + D_{1-2} = 0 + 4 = 4$$
$$b_3 = b_2 + D_{2-3} = 4 + 3 = 7$$
$$b_4 = b_2 + D_{2-4} = 4 + 2 = 6$$
$$b_5 = \max\{b_3 + D_{3-5}, b_4 + D_{4-5}\} = \max\{7 + 0, 6 + 0\} = 7$$
$$\vdots$$

计算完所有项目节点的标号值以后，再用其标号值以及源节点（源节点是指确定该节
点标号值的节点，如项目节点⑤的标号值是由项目节点③决定的，故其源节点为项目节点
③）对该项目节点进行双标号，若源节点有多个，则应该全部标注出来。

（3）用"标号法"计算的工期等于终节点的标号值，本例中的工期即为终节点⑭的标号
值 27。

（4）从网络计划图的终节点开始，逆着箭线的箭头方向逐步确定关键线路。本例是从
终节点⑭开始逆着箭线的箭头方向逐步找出关键线路 ①－②－③－⑤－⑥－⑦－⑨－⑩
－⑪－⑫－⑬－⑭和①－②－③－⑤－⑥－⑦－⑨－⑩－⑪－⑫－⑭，关键线路上的项目
工作即为关键工作，如图 6 - 20 所示。

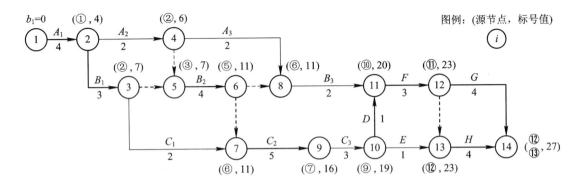

图 6-20 标号法确定关键工作和关键线路图(例 6.3)

6.2.4 网络进度计划的风险分析

1. 软件工程项目的总工期概率特性

对于给定的大、中型软件工程项目,影响开发过程能否按进度计划的预期实施的因素较多,且 WBS 下的底层活动数量 n 也很大,可以粗略地认为这些影响因素虽然数量多,但是彼此独立,且对软件工程项目计划的总工期 T_p 影响微小。由概率论的中心极限定理可知,软件工程项目计划的总工期 T_p 服从正态分布,期望总工期 μ 为各关键工作的活动时长的加权和,如公式(6.26)所示;方差 σ^2 如公式(6.27)所示:

$$E(T_p) = \sum E(t(i, j)) = \sum t_e = \sum \frac{t_o + 4t_m + t_p}{6} = \mu \qquad (6.26)$$

$$\mathrm{var}(T_p) = \sum \mathrm{var}(t(i, j)) = \sum \left(\frac{t_o + t_p}{6} \right) = \sigma^2 \qquad (6.27)$$

从而有 $T_p \sim N(t_e, \sigma^2)$。其中,$t_e$ 表示工作节点 i、j 间的工作时长(t_o 表示最乐观完成时间,t_p 表示最悲观完成时间,t_m 表示最可能完成时间),可按公式(6.1)进行计算。利用上述结论,可以推断给定一个项目规定工期(或工期目标)T_r,该软件工程项目的计划网络完工的概率 P 可按公式(6.28)进行计算:

$$P(T_p \leqslant T_r) = p\left(\frac{T_p - t_e}{\sigma} \leqslant \frac{T_r - t_e}{\sigma} \right) = p\left(\eta \leqslant \frac{T_r - t_e}{\sigma} \right) = \Phi\left(\frac{T_r - t_e}{\sigma} \right) \quad (6.28)$$

由于 $\eta \leqslant \dfrac{T_r - t_e}{\sigma}$ 服从标准正态分布,故 $\Phi(\cdot)$ 为标准正态分布表中的拉普拉斯函数。公式(6.28)的现实意义:对于一个软件工程项目,在项目管理人员估算了各项目工作的活动时长 t_e,并求解了网络计划图中的关键线路后,一个任意给定的规定工期 T_r(一般由投资方或者用户方提出)可以按照 T_r 的要求计算完工的可能性,也便于开发企业据此来决定是否同意用户的工期要求。

2. 网络计划的难度系数

假设一个软件工程项目的网络计划及其关键路线已经求解出来,其关键路线的期望总工期和方差分别为 μ 和 σ^2,对于投资方给出的规定工期 T_r,可定义一个网络计划的难度系数 δ,来度量关键路线的执行规定工期的难易程度,如公式(6.29)所示:

$$\delta = 2 \cdot \frac{T_r - \mu}{\sigma} \qquad (6.29)$$

对于式(6.29)定义的网络计划难度系数 δ，容易得到如式(6.30)所示的性质：

$$P(T_p \leqslant T_r) = \Phi\left(\frac{T_r - \mu}{\sigma}\right) = \Phi\left(\frac{\delta}{2}\right) \begin{cases} = 0 & \delta \in (-\infty, -6) = \Delta_1 \\ \in (0, 0.308) & \delta \in (-6, -1) = \Delta_2 \\ \in (0.308, 0.692) & \delta \in (-1, 1) = \Delta_3 \\ \in (0.692, 1) & \delta \in (1, 6) = \Delta_4 \\ = 1 & \delta \in (6, +\infty) = \Delta_5 \end{cases}$$

$$(6.30)$$

当 δ 的值等于 -6、-1、1 和 6 时，所对应 $\Phi\left(\frac{\delta}{2}\right)$ 的值分别为 0、0.308、0.692 以及约等于 1。由分布函数的单调不减性(如图 6-21 所示)，可得到公式(6.30)的结论。

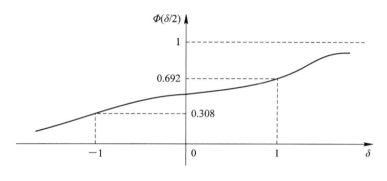

图 6-21 $\Phi\left(\dfrac{\delta}{2}\right)$ 曲线图

6.3 网络计划优化

根据 6.2 节所述的方法，绘制了网络计划图，完成了各项目工作的时间参数求解，并找出了关键工作和关键线路后，就可以制作项目进度计划方案了。项目进度计划方案如表 6-8 所示，其中，将各项目工作分配给具体的负责人，并用 project(项目管理工具)等相关软件绘制项目进度表，便于直观展示和控制项目进度。但是即使有了项目进度表，整个方案是否能按计划来实施还取决于很多不确定的因素，如对用户需求的理解，对系统的功能与性能的理解，对开发过程中某些功能模块难度的认识，对项目工作时长的估算等。因此，应依据实际项目情况进行网络计划的优化。网络计划的优化目标主要包括工期、费用以及资源。网络计划具体按哪种模式优化，要按计划软件工程项目的需要及其相关条件来选定。

表 6-8 软件工程项目进度计划方案

序号	项目工作	项目工作的各项功能、性能指标	ES_{i-j}	EF_{i-j}	LS_{i-j}	LF_{i-j}	负责人
1	A	…	…	…	…	…	赵亮
2	B	…	…	…	…	…	张俊
⋮	⋮	⋮	⋮	⋮	⋮	⋮	
n	M	…	…	…	…	…	…

网络计划的选定目标，在满足现有既定约束条件的基础上，通过不断改进网络计划来寻求满意的方案。

6.3.1 工期优化

如果软件工程项目的计算工期 T_p 大于要求工期 T_r，则可以通过压缩关键工作的工作时长来优化工期。

软件工程项目工期优化的计算应按照以下步骤进行：

（1）计算并找出初始网络计划的计算工期 T_p、关键工作和关键线路。

（2）按要求工期 T_r 计算应缩短的总工作时长。

（3）确定软件工程项目中各个关键工作能缩短的工作时长。

（4）选择缩短工作时长的关键工作。选择时应该优先考虑有作业空间、有充足的备用资源以及增加费用额最少的项目工作；选定后，压缩其工作时长，并重新计算整个网络计划的计算工期 T_p。如果被压缩的关键工作在工期优化后，导致其变成了非关键工作，则应延长其工作时长，使之仍为关键工作。

（5）当重新计算的工期仍然超过项目要求的工期时，则需重复步骤（1）～（4），直至满足项目的要求或不能再压缩了为止。

（6）当项目的所有关键工作的工作时长都已达到其能缩短的极限，而计算工期 T_p 仍然不能满足项目的工期要求时，应对原软件工程项目计划的技术方案、组织方案进行调整，或者对项目要求工期 T_r 进行重新审定。

6.3.2 资源优化

网络计划主要有"资源有限，工期最短"和"工期固定，资源均衡"两种资源优化方式。软件工程项目的网络计划资源优化主要使用"工期固定，资源均衡"的优化方式。

"工期固定，资源均衡"的优化是在保持项目工期不变的情况下，使资源分布尽量均衡，即在资源需用量的动态曲线上，尽可能不出现短时期的高峰和低谷，促使每个时段的资源需用量接近于平均值。可使用"削高峰法"来进行"工期固定，资源均衡"的优化，具体步骤如下：

（1）计算软件工程项目网络计划中每个"时间单位"的资源需用量。

（2）确定削高峰目标，其值等于每个"时间单位"资源需用量的最大值减去一个单位资源量。

（3）找出高峰时段的最后时间（T_h）及有关工作的最早开始时间（ES_{i-j}）和总时差（TF_{i-j}）。

（4）按公式（6.31）计算有关工作的时间差值（ΔT_{i-j}）：

$$\Delta T_{i-j} = TF_{i-j} - (T_h - ES_{i-j}) \tag{6.31}$$

应该优先以时间差值最大的工作（$i'-j'$）作为调整对象，令

$$ES_{i'-j'} = T_h$$

（5）当峰值不能再减少时，即得到优化方案，否则，重复步骤（1）～（4）。

6.3.3 工期－费用优化

工期－费用优化是通过对不同工期时的软件工程项目总费用的比较分析，从而寻求出

项目总费用最低时的最优工期。

工期－费用优化时应算出在不同工期下的直接项目费用，并考虑相应的间接费用的影响，然后通过迭加求出整个软件工程项目总费用最低时的工期。其主要优化步骤如下：

（1）按项目工作的正常持续时间来确定关键工作、关键线路并计算项目工期。

（2）各项目工作的直接费用率按公式（6.32）进行计算：

$$\Delta C_{i-j} = \frac{\mathrm{CC}_{i-j} - \mathrm{CN}_{i-j}}{\mathrm{DN}_{i-j} - \mathrm{DC}_{i-j}} \tag{6.32}$$

式中：ΔC_{i-j} 表示工作 $i-j$ 的直接费用；CC_{i-j} 表示工作 $i-j$ 的工作时长缩短为最短工作时长后，完成该工作所需的直接费用；CN_{i-j} 表示在正常条件下，完成工作 $i-j$ 所需要的直接费用；DC_{i-j} 表示工作 $i-j$ 的最短工作时长；DN_{i-j} 表示工作 $i-j$ 的正常工作时长。

（3）找出软件工程项目中直接费用率最低的一项或一组关键工作，作为缩短工作时长的对象。

（4）缩短找出的一项或者一组关键工作的工作时长，缩短值必须符合不能压缩成为非关键工作和缩短后的工作时长不小于最短工作时长的原则。

（5）计算缩短工作时长的关键工作而引起相应增加的直接费用。

（6）根据间接费用的变化，计算出软件工程项目的总费用。

（7）重复步骤（3）～（6），计算到项目总费用最低为止。

练 习 题

1. 软件工程项目管理人员在创建 WBS 时应注意的要点有哪些？

2. 简述创建 WBS 的具体步骤。

3. 关键工作及关键线路的确定需要符合哪些规定？

4. 网络计划主要有哪两种资源优化方式？软件工程项目的网络计划资源优化主要使用哪种方法？

5. 简述软件工程项目工期优化的计算步骤。

6. 简述双代号网络计划图的绘制规则。

7. 软件工程项目的先行工作 A 与后继工作 B，主要包括的依赖关系有哪些？

8. 某软件工程项目经工作分解后，给出了活动明细表，如表 6-9 所示。

（1）求解每个活动的 t_e 值，并填入表中；

（2）绘制对应网络计划图；

（3）求解该网络计划图的关键活动、关键节点和关键路线。

表 6-9　某软件工程项目活动明细表

编号	活动代号	t_o	t_m	t_p	t_e	紧前活动
1	a	3	4	5		—
2	b	5	7	15		—
3	c	8	10	14		—
4	d	1	3	5		a

编号	活动代号	t_o	t_m	t_p	t_e	紧前活动
5	e	2	5	8		b
6	f	0	0	0		c
7	g	1	3	5		d
8	h	3	6	9		e、f
9	i	2	4	6		c
10	j	2	5	8		g、h、i

第7章 软件工程项目的团队建设、风险管理及质量管理

课程思政 7-0

7.1 软件工程项目的团队建设

软件工程项目通常是由一个开发团队共同协作来实现项目目标的。团队建设的主要目标就是帮助人们更加有效地一起工作进而提高项目的绩效。

Bruce Tuckman（布鲁斯·塔克曼）在 1965 年发表了团队建设四阶段模型，并在 20 世纪 70 年代进行了修改，增加了一个阶段模型，即塔克曼模型。

（1）形成阶段。此阶段主要进行团队成员的引进工作，通常发生在软件工程项目组组建初期，或者新成员被引进项目组的时候。

（2）震荡阶段。此阶段发生在团队成员对项目组的运作具有不同观点时，项目组成员之间互相试探，常常伴随有内部冲突。

（3）规范阶段。此阶段项目组的规则、方法、行为、工具等均已建立，处于项目规范阶段，团队成员间的协作没有了上一个阶段的冲突及不信任，能够有意识地解决项目组的问题，进而实现团队和谐。

（4）执行阶段。此阶段主要指团队目标达成时，而不是团队的工作过程中。这一阶段项目组成员间的关系固定，团队成员间更容易建立彼此之间的忠诚关系。项目组此时能够管理比较复杂的任务，处理较大的变故。

（5）终止阶段。此阶段主要是指项目组成功达到目标直至完成工作后团队的解体。

7.1.1 软件工程项目团队的特点

软件工程项目团队的特点主要有：

（1）软件工程项目团队的目的性。软件工程项目团队的使命通常是完成项目中特定的任务，故该组织具有较高的目的性。

（2）软件工程项目团队的临时性。软件工程项目团队往往是为了完成某个项目而临时组建的队伍，其生命周期往往较短，项目组团队成员通常是从不同的职能部门、组织机构临时借调过来的，待项目完工后，项目组成员也将随之解散。

（3）软件工程项目团队的合作性。软件工程项目团队是按照团队作业的模式来开展项目工作的，这种模式强调团队合作精神，团队合作精神是项目成功的重要精神保障。

（4）软件工程项目团队的凝聚力。由于一个软件工程项目通常涉及的专业较多，整个项目组成员又通常来自不同的部门、不同的组织、不同的专业领域，要完成项目目标需要各成员互补的基本技能。当项目规模较大的时候，随着团队的增大，需要所有的团队成员都具备高度的凝聚力，进而要求项目经理及其他管理人员加大力度宣传团队凝聚力的重要性及其相关工作。

7.1.2　软件工程项目团队的作用

软件工程项目通常以团队的形式来完成任务，其团队的作用主要有：

（1）能够更有效地实现目标。软件工程项目团队把不同专业的人组合成一个整体，可见单凭个人的力量往往是无法完成任务的。如果在软件开发项目中有项目经理、技术经理、配置经理、质量保障经理、销售经理、市场经理、设计工程师、系统分析师、测试工程师、培训工程师、售前工程师、售后工程师等，整个项目只有在多种专业结构的团队通力合作下，才能顺利完成开发目标。

（2）能够满足团队成员的心理需求。项目组团队成员工作和生活在团队中，能够在团队中获得一定程度的成就和满足感，能够满足团队成员的心理需求。

（3）能够使个人得到较快的进步。在软件工程项目团队的共同协作的工作过程中，团队成员都会非常自然地形成相互影响、相互交流、相互学习的良好工作局面，进而能不断提升个人的工作技能和思想觉悟。

（4）能够提高决策质量。由于软件工程项目团队是由不同专业、不同技能、不同经验的个体组成的团队，看问题的深度、广度会比单一性质的群体好很多，故软件工程项目团队所作出的决策质量会比单一性质的群体决策更高，且更有创意。

7.1.3　软件工程项目团队成员的选择

随着软件开发技术的发展以及软件规模的膨胀，软件开发的分工与组织变得越来越复杂了。对于一个软件工程项目来说，参与的角色通常包括项目经理、需求分析人员、开发经理、设计师、开发工程师、测试经理、测试工程师、集成工程师、系统分析师、质量管理人员等。

1. 软件工程项目经理的职责与应具备的素质

软件工程项目经理的基本职责有：

（1）确保软件工程项目目标的实现，领导项目团队按时并优质地完成全部项目的相关工作。

（2）保持与客户的沟通，了解项目的整体需求，能即时反馈阶段性成果，并对客户提出的合理需求进行相应的变更。

（3）制订软件工程项目开发计划文档，量化各阶段任务，并合理地分配给相应的团队人员。

（4）跟踪软件工程项目的进度，协调项目组团队成员之间的合作。

（5）监督软件工程项目进展中各阶段的文档，保持与质量保障人员的沟通，保证文档的完整性与规范性。

（6）如果项目开发过程中有需求的变更，项目经理需要向客户了解需求，在无法判断新需求对项目整体影响的情况下，需同项目组团队成员商量，决定是否接受客户的需求，再跟客户协商；在确定要变更需求的情况下，需产生需求变更文档，更改开发计划，同步通知质量保障人员。

（7）项目提交测试后，项目经理需了解测试结果，根据测试的 bug（漏洞）严重程度更改开发计划。

（8）及时向上级汇报项目的进展情况、需求变更等所有项目相关信息。

（9）软件工程项目完成的时候项目经理需要做项目总结，形成软件工程项目总结文档。

软件工程项目经理应具备的素质如下：

（1）具有高度的使命感与社会责任感。

（2）具备良好的职业道德，将用户利益置于首位，不以权谋私，有良好的工作热情与敬业精神，能努力完成任务。

（3）具有创新精神，有强烈的管理雄心以及愿望，敢于承担责任和风险。

（4）为人要诚实可靠，具有一定的人格魅力和个人感召力，能与上、下级进行良好的沟通和协调。

（5）能根据软件工程项目的成本、工期与人力资源等多因素综合权衡技术方案的优劣。

（6）具有团队精神，能够与他人进行良好的合作。

（7）任劳任怨，忠于职守。

软件工程项目经理的业务素质是各种能力的综合体现，主要包括必要能力、核心能力与增效能力三个方面。其中，必要能力包括专业技术能力、决策能力、指挥能力与组织能力；核心能力是指创新能力；增效能力主要包括控制能力与协调能力。这些能力都是软件工程项目经理有效行使岗位职责，充分发挥其领导作用应具备的条件。

2. 软件工程项目团队成员配备的原则

创建软件工程项目团队的首要工作是选择项目组成员，通常根据项目需要，参考项目计划进行人员配备。在大、中型软件工程项目中，项目经理往往在项目团队中需要几个项目副经理或者"项目助理"，如高级工程师、合同管理员、销售经理、支持服务经理等。他们能帮助项目经理进行项目预算、进度、技术与绩效的管理工作。而对于小型软件工程项目，项目经理很可能需要一个人充当以上所有的角色。组建软件工程项目团队时各类人员的比例应该根据具体项目来合理分配与协调。

在对软件工程项目进行成员配备时，通常需要遵循以下原则：

（1）项目组成员的配备要为软件工程项目目标服务；

（2）根据岗位确定项目组成员，保证人员配备的效率；

（3）由于软件工程项目在项目进展各阶段所需要的人力资源的数量、种类和质量是不同的，故要根据项目的需要适时地加入或者退出相关项目组成员，保证人力资源成本的节约。

7.1.4 软件工程项目团队的建设

软件工程项目团队的建设通常先要确定团队的任务结构与组织结构，然后再根据项目各阶段建设任务进行项目组人员的分配和组织，项目经理通常负责调配软件设计、开发、测试、管理等工作的核心骨干人员，以便形成合理的技术组织结构。

软件工程项目
团队的建设

图 7-1 给出了一个常规的软件工程项目团队的任务结构。对于任一软件工程项目，均可根据其自身的目标与功能需求，参考图 7-1 的模式写出对应的项目任务结构。

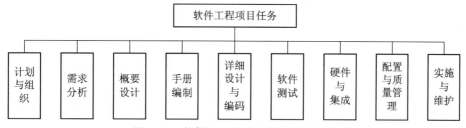

图 7-1　软件工程项目团队任务结构图

图 7-1 中，每一个方框中的项目活动可以交由一个团队小组来完成，但对于很多大、中型软件工程项目而言，由于部分项目活动比较复杂或者工作量较大，且各项目活动在项目实施过程中人力投入密度呈瑞利分布曲线的特征，所以一般按照软件开发过程的四个主要阶段——设计与需求、概要设计、详细设计与编码以及集成与测试的任务进行细分。如表 7-1 所示的软件工程项目阶段任务细分表，若第 x 个项目活动在第 y 阶段有执行需要，则在第 x 行第 y 列所对应的方格中打√。对于已经打√阶段的活动可以采用层次分析法、功能点法、德尔菲法等进行规模估算，进而计算各阶段活动需投入的人力数量，再完成该软件工程项目的团队组织结构设计。

表 7-1 软件工程项目阶段任务细分表

项目活动	项 目 阶 段			
	设计与需求阶段	概要设计阶段	详细设计与编码阶段	集成与测试阶段
需求分析	√	√	√	√
计划与组织	√	√	√	√
概要设计		√		
手册编制		√	√	√
详细设计与编码	√	√	√	√
软件测试	√	√	√	√
硬件与集成			√	√
配置与质量管理			√	√

在确定软件工程项目各阶段的人数时，需要注意以下几个问题：

（1）应该尽量使各阶段活动的全职软件人员人数为整数，确实不足的地方可以将同一阶段的其他活动全职人员的人数进行合并。

（2）当项目规模较大的时候，编程或者测试阶段可以将程序员再分成若干个小组，但每个小组（基本单元）原则上不要超过 7 人。

（3）在配置各个团队小组的人员时，尽量注意每个全职软件人员在完成项目任务时工作时间的连续性问题。为了提高工作效率、保证项目进度，不宜将项目团队人员频繁地调动或更换工作任务。

表 7-2 给出了某软件工程项目通过上述步骤，获得的各阶段的全职软件人数。由表 7-2 的数据以及上述注意事项，再结合软件工程项目的实际需要，比较容易得到软件开发周期的项目团队组织结构图（如图 7-2 所示）。

表 7-2 某软件工程项目各阶段活动人数明细表

项目活动	项 目 阶 段			
	设计与需求阶段	概要设计阶段	详细设计与编码阶段	集成与测试阶段
需求分析	7	2	6	2
计划与组织	3	2	5	3
概要设计	1	13		
手册编制		2	4	3
详细设计与编码	2	4	28	13
软件测试	1	2	6	15

项目活动	项目阶段			
	设计与需求阶段	概要设计阶段	详细设计与编码阶段	集成与测试阶段
硬件与集成			2	3
配置与质量管理			4	3
总计	14	25	55	42

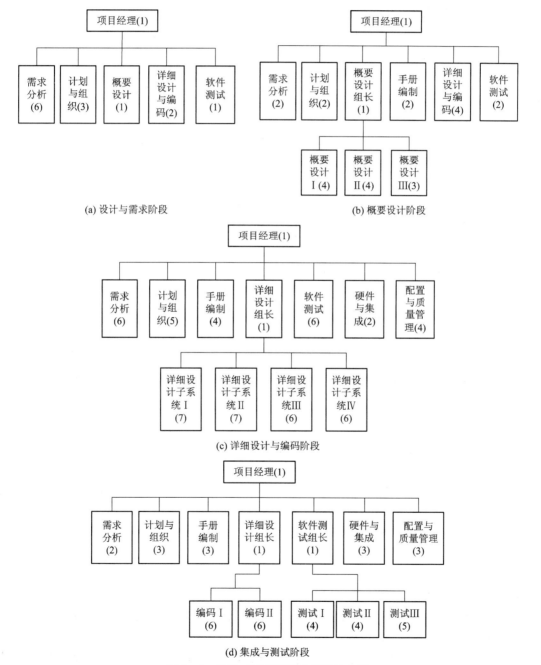

(a) 设计与需求阶段 (b) 概要设计阶段

(c) 详细设计与编码阶段

(d) 集成与测试阶段

图 7-2 软件工程项目团队组织结构图

7.2 软件工程项目的风险管理

软件工程风险概述

7.2.1 软件工程项目风险概述

风险是指在一定的时期和条件下,可能发生的各种结果的变化情况。

1. 软件工程项目风险的特点

(1)风险存在的普遍性与客观性。在软件工程项目的生命周期内,风险是无处不在的,风险是不以人的意志为转移的客观事实。

(2)风险的偶然性和必然性。风险是一种随机现象,任何风险的发生都是由很多风险因素共同作用的结果。有些风险事故是偶然的、不确定的,但有些风险会因环境的变化、项目的实施所产生的影响呈现规律性的变化,故风险有时又具有必然性。

(3)风险的不确定性。风险是否会发生、何时何地发生、发生之后造成何种影响等情况都是不确定的。

(4)风险的多样性与层次性。软件工程项目在其生命周期内会有多种风险,且各种风险因素间的内在关系错综复杂,而各个风险因素和外界的交叉影响又使风险表现出很多层次性。在软件工程项目建设过程中,不同阶段有不同的风险,风险也会随着项目的变化而变化。

2. 软件工程项目风险产生的原因

导致软件工程项目风险产生的原因主要有:软件工程项目进度过于紧迫;软件工程项目预算太紧张;软件性能和可靠性要求过高;开发人员缺乏相关的项目经验;软件工程项目的组织结构不适宜;软件工程项目的期望过高,脱离现实;没有充分理解合同的条款;软件规模估计不太恰当;软件工程项目风险分析与管理不当;缺乏项目管理经验;缺乏政策性支持;对必要的硬件不熟悉;项目需求不断变动;软件开发计划设计不当;软件开发过程模型选择不适用;缺乏自动化软件工具的支持等。

3. 软件工程项目风险的分类

软件工程项目按照不同的标准、角度有多种分类方式。按照风险的来源,可分为外部风险(不可控)和内部风险(可控性较强);按照风险的影响范围,可分为整体风险和局部风险;按照风险的状态,可分为静态风险和动态风险;按照风险的影响期限,可分为短期风险和长期风险;按照风险的内容,可分为以下 9 种风险:

(1)技术风险。技术风险主要指软件工程项目中潜在的设计、接口、实现技术的不确定性等问题。

(2)进度风险。软件工程项目进度风险主要取决于其资源的充分性、计划的合理性以及项目工作人员的经验等方面。

(3)费用风险。费用风险是指由于软件工程项目的技术、进度等多种因素的影响,可能会造成整个项目费用超支的风险。

(4)管理风险。管理风险是指在软件工程项目建设过程中,管理对象或者管理职能等因素的状况发生了变化,可能会给项目带来风险。

（5）已知风险。已知风险是指通过评估软件工程项目计划、经济与技术环境等可靠信息可以发现的风险，如开发环境较差、不可实现的软件工程项目交付时间等。

（6）不可预测风险。不可预测风险是指很难预测到的项目风险。

（7）可预测风险。可预测风险是指可以根据过去类似软件工程项目经验来推测有可能发生的风险。

（8）社会环境风险。社会环境风险是指由于国内外政治、经济环境、自然灾害等可能给软件工程项目带来的风险。

（9）商业风险。例如开发的软件产品不符合投资方的整体商业策略等风险。

软件工程项目的风险主要来自于用户需求的变化、信息技术的变革与更新、软件系统的部署、流程重组、项目组人员变动、开发方式（如自主开发、外包、合作等方式）等。不同的影响因素与项目进展过程中不同的变化规律会导致不同的项目风险。

4. 软件工程项目风险管理的策略

风险管理是指在项目进行过程中，不断对项目风险进行识别、评估、制定策略以及监控的过程。

对于高风险的软件开发项目，采取积极的风险管理策略可以降低或者避免许多项目风险。采取主动的软件工程项目风险管理思路，积极预防与消灭风险根源的管理策略，可以尽可能地避免或降低项目风险。一个良好的软件工程项目风险管理策略通常包括以下内容：

（1）在整个软件工程项目开发中要规划项目风险管理，尽可能地规避风险；

（2）指定软件工程项目的风险管理者，全程监控各项风险因素；

（3）建立软件工程项目的风险清单和风险管理计划；

（4）建立良好的项目风险反馈渠道。

5. 风险管理的步骤

（1）风险识别；

（2）风险分析；

（3）风险规划；

（4）风险控制。

7.2.2 软件工程项目的风险识别

风险识别又称为风险辨识，是指试图通过系统化的方法来寻找可能影响软件工程项目的风险以及确认项目风险特性的过程。对软件工程项目进行风险管理首要的问题就是风险识别，需要查明软件工程项目中的不确定因素以及可能带来的后果，以便明确对软件工程项目构成威胁的各种因素，进而制定规避和降低风险的计划与策略。

软件工程项目风险识别阶段需要回答以下问题：软件工程项目中有哪些潜在的风险因素？这些潜在的风险因素可能会引起怎样的风险？这些风险的重要程度是怎样的？

软件工程项目风险的识别如图 7-3 所示。风险识别的输入可以依据软件工程项目的历史项目数据、WBS、项目计划、项目资源与要求等信息。在识别风险时，通常使用风险树、故障树等风险识别工具。软件工程项目的风险识别在很大程度上会依赖于项目决策者和风险分析者的项目经验与专业知识，因此经常使用头脑风暴法、德尔菲法、访谈法等进行识别。

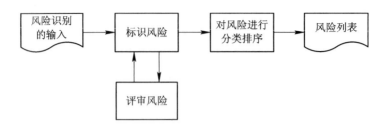

图 7-3 软件工程项目风险识别过程图

1. 软件工程项目风险识别的内容

风险识别是有规律地贯穿于整个软件工程项目过程中的。风险识别主要包括以下三个方面的内容：

（1）识别并确定软件工程项目有哪些潜在的危险；

（2）识别引起这些项目风险的主要影响因素有哪些；

（3）识别软件工程项目风险可能引起的后果。

2. 软件工程项目风险识别的方法

在软件工程项目风险识别过程中，可以综合运用一些技术与工具来识别项目风险，其主要的方法有以下几种：

（1）头脑风暴法，又称为智力激励法、BS(Brain Storming)法，是由美国创造学家 A. F. 奥斯本于 1939 年首次提出、1953 年正式发表的一种激发创造性思维的方法。头脑风暴法通过小型会议的组织形式，让所有参与者在自由愉快、畅所欲言的气氛中自由地交换想法或点子，并以此激发参与者的创意及灵感，使各种设想在相互碰撞中激起脑海中的创造性"风暴"。

（2）德尔菲法，又称为专家调查法或专家意见法。德尔菲法是 Rand 公司在 20 世纪 60 年代后期为美国空军所开发的，该方法是以匿名方式，轮番征询专家意见，最终得出预测结果的一种集体经验判断法。德尔菲法的主要优点：匿名性、反馈性（可以有效避免面对面商议中可能出现的各种偏见）、调查结果的收敛性及其简便实用性。德尔菲法的主要缺点：调查结果通常受专家认识及知识结构的制约；专家思维的局限性在一定程度上会影响到调查的实际效果；在选择专家等问题上，尚缺乏有效的或是较为统一的衡量标准。

（3）访谈法，主要分为集体访谈法和个别访谈法。集体访谈法就是召开座谈会，可以根据项目风险识别需要选择部分有代表性的个人，围绕项目需了解的中心议题进行讨论座谈，收集相关资料的一种访谈方式。采用集体访谈法的意义有：可以相互启发、相互补充，集体反映情况和问题，得到个别访问中被访问者一下子想不到的材料，收集到比较全面的资料；节约调查时间，用较少的时间了解事物的来龙去脉，迅速收集到所需要的资料，相对于个别访问，调查时间少，可以提高工作效率；可以及时验证、纠正问题。在集体访谈会议上，几个人一起座谈，当一个人说得不全面或说错时，其他人可以补充、纠正，以便风险专员当场对所述材料进行验证，获得真实、客观的材料。如果集体访谈过程中被问及的问题与到会人员的利益发生矛盾时，往往会造成项目调查数据失真的情况，故在访谈法中，集体访谈法往往需要与个别访谈法相结合进行。

（4）情景分析法，是指根据软件工程项目发展趋势的多样性，通过对系统内外相关的问题进行系统分析，设计出多种可能的未来前景，然后用类似于撰写电影剧本的手法，对系统发展态势做出自始至终的情景与画面的描述。当一个软件工程项目持续的时间较长时，通常需要考虑各种技术、经济与社会因素的影响，对此类项目进行风险识别就可选用情景分析法。

（5）风险条目检查表，是一种最常用也是比较简单的风险识别方法，是利用检查表作为风险识别的工具，通常使用一组提问来帮助管理者了解软件工程项目在各方面有哪些风险。软件工程项目风险条目检查表通常包括以下 8 个检查表。

① 软件产品规模风险检查表。软件工程项目的风险通常与其产品规模成正比。与软件规模相关的风险因素主要有：

a. 估算软件产品规模的方法。

b. 软件产品估算结果的信任度。

c. 软件产品规模与以往类似项目产品规模的平均值偏差。

d. 相对于以往项目的可复用软件的多少。

e. 软件产品的用户数量。

f. 软件产品使用的数据库大小。

g. 软件产品的需求变化量。

② 软件工程项目需求风险检查表。软件工程项目在确定需求时通常都会面临一些不确定性，如果不加以控制则有可能会导致较大的威胁。与软件工程项目用户需求相关的风险因素主要有：

a. 对软件产品需求缺少认同。

b. 对软件产品缺少清晰的认识。

c. 在进行项目需求分析时客户方的参与不够。

d. 无优先需求。

e. 不断变化的项目需求。

f. 缺少有效的需求变化管理过程。

g. 缺少对项目需求变化的相关分析。

③ 项目技术风险检查表。与项目技术相关的风险因素有：

a. 缺乏对开发人员的培训。

b. 开发人员对方法、工具或者新的技术理解不够。

c. 开发人员的相关项目经验不足。

d. 待开发的软件系统是否要和开发商提供未经证实的软件接口？

e. 软件需求是否需要采用比较特殊的功能或者用户界面？

f. 软件需求是否有过高的性能约束？

g. 客户需要达到的系统功能是否可行？

④ 商业影响风险检查表：

a. 本软件工程项目或产品对企业的收入有何影响？

b. 本软件工程项目或产品与用户需求的吻合度。

c. 软件产品的交付期限是否合理？

d. 产品的终端用户的操作能力如何？

e. 与本软件产品必须进行互操作的其他软件或者产品的数量是多少？

f. 软件产品延迟交付所造成的成本耗费有多少？

g. 软件产品缺陷所造成的成本耗费有多少？

⑤ 管理风险检查表：

a. 软件工程项目的计划和任务的定义是否充分？

b. 是否有不切实际的承诺？

c. 是否了解实际项目状态？

d. 项目组员工之间是否有冲突？

e. 软件工程项目的所有者与决策者是否能分清？

⑥ 相关性风险检查表：

a. 项目内部与外包商的合作关系如何？

b. 是否有经验丰富的开发人员？

c. 交互成员或者团体的依赖性如何？

d. 软件工程项目的复用性如何？

⑦ 开发环境风险检查表：

a. 是否有可用的软件工程项目管理工具？

b. 是否有软件开发过程管理？

c. 是否有使用的软件测试工具？

d. 是否有使用的分析设计工具？

e. 软件配置管理工具如何？

f. 项目文档及其配套是否合适？

⑧ 开发团队风险检查表：

a. 是否有最优秀的人员可用？

b. 是否有足够的团队人员可用？

c. 团队成员在技术上是否能配套？

d. 软件开发人员是否能完整的参加整个项目的工作？

e. 软件开发人员是否接受过相关的必要培训？

f. 软件开发人员是否对自己的工作有正确的期望？

g. 项目团队开发人员的流动是否仍能保证整个项目开发的连续性？

（6）SWOT技术，是综合运用软件工程项目的优势、劣势、机会和威胁四个方面，从多个视角对软件工程项目的风险进行识别的方法。

除了以上六种风险识别方法外，因果图法、系统流程图法、风险树分析法、幕景分析法等方法都可以运用到软件工程项目的风险识别中。

在完成风险识别后要把结果整理成风险登记册，为后面的风险分析与风险管理做准备。风险识别的结果主要有：

① 已识别出来的软件工程项目风险。已识别出来的软件工程项目风险主要包括风险因素与风险事件。风险因素是指一系列可能影响软件工程项目向好的方面或者坏的方面发展的各种风险事件。

② 可能潜在的软件工程项目风险。可能潜在的软件工程项目风险通常是指尚无任何迹

象表明将会发生但可以想象得到的软件工程项目风险，这些潜在的软件工程项目风险是有可能发展成为真正的项目风险的，如重要的开发技术人员辞职、自然灾害等。

③ 软件工程项目风险的征兆。软件工程项目风险的征兆通常是指项目风险的触发器。

针对以上整理出的项目风险，需要根据风险点列出相应的风险识别表（如表 7 - 3 中的模板所示）；然后根据风险事件对风险进行分类，分类主要是为了将风险按分类方法的要求来落实项目中的具体工作阶段，便于进行风险的分析、跟踪与控制；再用风险将要发生的症状来描述风险的触发点；最后根据风险识别阶段的结果来提出项目各阶段相关工作的改进计划。

表 7 - 3　风险识别表的模板

编号	级别	风险	描述	分类	根源	触发点	潜在响应	发生概率	影响	状态	时间	改进计划

7.2.3　软件工程项目的风险评估分析

风险评估分析主要是对软件工程项目的单个风险进行评估，而非风险识别阶段则针对的是项目整体。风险评估分析是指对识别出的风险做进一步分析，对风险发生的概率、风险影响范围、风险后果的严重程度以及对风险发生的时间进行估计与评价。

1. 定性风险分析

风险的定性分析是对已识别的风险影响与风险大小的评估过程，通常按照风险对项目目标潜在的影响大小进行排序，是定量风险分析的铺垫。定性风险分析的依据主要有风险管理计划、风险识别成果、软件工程项目类型、软件工程项目进展情况、数据的精确度、概率与影响程度等。

（1）定性风险分析的方法。

风险的概率是指风险存在的可能性。风险存在的概率通常分为五个等级，如表 7 - 4 所示。风险后果是指风险一旦发生对软件工程项目目标所产生的影响。风险的概率和风险后果都针对的是某一具体风险事件，而非整个软件工程项目，用这两个因素来进行风险分析有助于识别需要管理的风险事件。

表 7 - 4　用概率表示风险发生的可能性及等级表

风险存在的可能性	风险存在的概率	等级
极高	0.9	A
高	0.7	B
中	0.5	C
低	0.3	D
较低	0.1	E

风险的影响程度通常受风险影响的范围、风险的性质以及持续时间的制约。其中，风险影响的范围主要包括严重程度、分布情况以及变动的幅度；风险的性质是指当风险发生

时可能产生的各种问题。风险的后果可根据风险影响的程度分为如表 7-5 所示的四个等级。

表 7-5　风险后果影响的定性等级表

等级	等级说明
I	灾难性的
II	严重
III	轻度
IV	忽略

将表 7-4 中的风险发生概率等级和表 7-5 中的风险后果影响等级编制为矩阵，并赋予一定的加权值，可得定性等级矩阵。表 7-6 所示为某项目风险发生概率。

表 7-6　风险发生概率的定性等级矩阵实例表

概率等级	影响等级 I	影响等级 II	影响等级 III	影响等级 IV
A	1	3	6	13
B	2	4	8	16
C	5	7	11	18
D	9	10	14	19
E	12	15	17	20

表 7-6 的风险发生概率定性等级矩阵中的加权指数通常被称为风险评估指数，是根据具体项目风险事件的可能性以及严重性水平进行综合评估的。一般将最高风险指数定为 1，其发生的频率高，且可能造成灾难性的后果；相应的，指数为 20 表示最低风险，其对应的风险是几乎不可能发生的，且其后果也是可以忽略的。

（2）前 10 位首要风险事件的跟踪。

在软件工程项目开发过程中，需要对各个风险事件进行风险评估指数的评定以及定期跟踪风险评估指数在前 10 位的风险事件，并与投资方、用户一起定期审查风险来源情况、风险评估指数排名变化情况、风险控制的进展情况等，进行实施跟进与总结。

（3）风险数据的质量分析。

风险数据的质量分析主要是评价与分析有关风险的数据对风险管理与控制有用程度的一种方式，主要涉及风险数据的可靠性、精确度、完整性检查以及检查对风险事件的理解程度。

（4）更新风险登记册。

进行定性风险分析的意义主要是更新风险登记册。风险登记册通常是在风险识别过程中形成的，需要在项目进行的同时根据定性风险分析的相关信息进行更新。更新的内容主要有：① 按照风险评估指数由低至高进行排序，列出风险优先级；② 列出需要近期尽快采取应对措施的风险清单；③ 理清需要进一步分析与应对的风险清单；④ 实时关注风险趋势。

2. 定量风险分析

在进行了定性风险分析后，为了进一步了解软件工程项目风险发生的可能性以及后果的严重性等，需要对项目风险进行定量分析。定量风险分析主要有敏感性分析、概率分析、决策树分析等分析技术。

（1）敏感性分析。

敏感性分析主要是指在把其他不确定因素保持在基准值的条件下，考察软件工程项目的每个要素的不确定性对项目目标产生影响的程度。例如分析当软件工程项目成本发生变化时，会导致该项目的绩效发生的变化情况。敏感性分析可以掌握在软件工程项目经济分析中由于使用某些不可靠的数据或某些参数值的错误估算，而可能导致的对投资项目价值指标的影响程度，有助于确定需要在软件工程项目决策中进行重点分析和评价的因素。

（2）概率分析。

概率分析是指运用概率论以及数理统计的方法，预测与研究各种不确定因素对软件工程项目投资价值影响的分析方法。概率分析主要有参数解析法和随机模拟法两种方法。

参数解析法是指先由各个子效益与各个子费用的统计参数通过数学关系式求出其统计参数，再通过总效益与总费用统计参数求出软件工程项目的经济指标（如效益费用比）的统计参数，最后给各经济效益指标配置一定的概率分布线型，求出其分布的分析方法。参数解析法的目的是推导经济效益指标统计参数的求解公式和选择合适的经济效益指标线型，若求解出来的统计参数不能解析则表示无法使用。

随机模拟法又称为蒙特卡罗分析，是指人为地构造出一种概率模型，使其参数刚好重合于所需计算的量；或者通过实验，使用统计方法求出这些参数的估值，再把这些估值作为要求量的近似值进行分析的方法。例如在软件工程项目风险分析中，各风险因素之间存在着较为复杂的影响机制，不易确切地估算分布线型和参数时，可以使用随机模拟法来获取某些决策指标的随机变化信息。随机模拟法的操作步骤如下：

① 假设函数 Y 满足：

$$Y = f(X), X = (x_1, x_2, x_3, \cdots, x_n)$$

其中，X 表示服从某一概率分布的随机变量；$f(X)$ 表示某一未知函数式，用解析法不难求得 Y 的概率分布（包括分辨率和其他统计参数，如方差、期望值等）。

② 计算机快速实施随机抽样，求出各随机变量 X。

③ 代入步骤①的公式，求出函数值 Y。

④ 反复执行步骤②和③，得到函数 Y 的一批数据。

⑤ 对求出的结果进行统计学处理，当独立模拟的次数较多时，就以此确定函数 Y 的概率特征，并用样本近似均值作为函数 Y 的期望值，样本标准差作为精度的统计估计。

（3）决策树分析。

决策树分析是一种图形分析方法，可以帮助决策人员在未来结果不确定的情况下做最好行动路径的选择。预期货币值法是决策树分析较为常用的一种计算方法。预期货币值（Expected Monetary Value，EMV）是风险事件的货币价值与风险概率的乘积。假设某 IT 公司准备做项目 1 和项目 2 的

决策分析树

项目方案提交决策，则可以做如图 7-4 所示的决策树，通过预期货币值来决策。

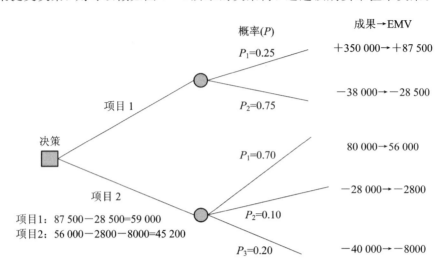

图 7-4　决策树示例图

在建立决策树前，需要估算相关项目事件的发生概率。如图 7-4 所示，该 IT 公司有 25%（$P_1=0.25$）的概率赢得项目 1，并盈利 350 000 元；该项目同时有 75%（$P_2=0.75$）的概率丢失并损失 38 000 元。同理，对于项目 2，该 IT 公司有 70%（$P_1=0.70$）的概率盈利 80 000 元，有 10% 的概率（$P_2=0.10$）损失 28 000 元，有 20% 的概率（$P_2=0.20$）损失 40 000 元。专家需要进一步再对图 7-4 中的概率和成果进行估算。

图 7-4 中的项目 1 和项目 2 的预期值是：

$EMV_1=350\,000\times0.25+(-38\,000)\times0.75=87\,500-28\,500=59\,000（元）$

$EMV_2=80\,000\times0.70+(-28\,000)\times0.10+(-40\,000)\times0.20$
$\quad\quad=56\,000-2800-8000=45\,200（元）$

预期货币值通常是估计一项决策的总货币值，故投资方一般都希望得到一个正数。预期货币值越高，则获利越多。图 7-4 中所决策的项目 1 和项目 2 都是正数，倘若该公司希望从这两个项目中投资一个的话，则会选择投资项目 1，因其预期货币值更高；倘若该公司希望这两个项目的预期货币值都是正数，公司投资资金充裕的话，则会选择同时投资这两个项目。但从风险的角度来看，项目 1 只有 25% 的概率挣得 350 000 元，项目 2 有 70% 的概率挣得 80 000 元。如果该公司的投资决策者是风险爱好者，且公司用于项目投资的资金充裕的话，就会选择投资项目 1，而保守的投资决策者则会选择项目 2。预期货币值有助于计算项目或方案所有可能的结果及其概率，进而协助企业决策者减少过于保守或者过度寻求刺激的风险策略倾向。

3. 软件工程项目风险评估

在进行软件工程项目风险分析时，要对识别的项目风险进行分类，分析风险发生的原因，确定其风险后果的影响程度，再列出可量化的风险管理清单。表 7-7 为某软件工程项目风险管理清单。

表 7-7　某软件工程项目风险管理清单

风险名称	风险类别	风险概率	风险影响	风险排序
用户需求变更	软件工程项目需求风险	0.8	Ⅰ	1
软件规模估算可能较低	软件产品规模	0.6	Ⅱ	2
项目组人员流动	开发团队风险	0.6	Ⅲ	3
…	…	…	…	…
技术达不到预期的项目效果	项目技术风险	0.1	Ⅳ	10

确定风险管理清单实际上就是量化风险评估后的结果，以便于项目决策者在实现软件工程项目目标过程中合理地规划各种资源及其风险控制。

7.2.4　软件工程项目的风险响应规划

当软件工程项目的风险被识别并量化后，为了增加正面风险、减少负面风险，需要制订风险响应计划。

1. 应对负面风险的策略

（1）风险规避策略。

当项目风险潜在的威胁可能性非常大，并有可能带来非常严重的后果时，通常采用风险规避策略，但并不是所有的风险都可以完全规避和消除，只有具体的风险事件才可以。例如，坚决不在软件工程项目实施中采用不成熟的技术就是典型的风险规避策略。但在规避风险的同时，也就彻底放弃了所规避事件可能为项目所带来的各种收益。

（2）风险承担策略。

风险承担策略是指直接接受风险带来的所有后果。例如为了拓展某行业的软件市场，某 IT 公司承接了某影响力较大，但利润几乎为零的项目。

（3）风险转移策略。

风险转移策略是指将风险的结果以及管理责任转移到第三方。例如将某个软件工程项目子项目的开发工作分包给第三方软件企业。

（4）风险缓解策略。

风险缓解策略通常从缓解软件工程项目风险产生的主要原因入手，进而得到控制与应对风险的措施。例如使用成熟的技术、聘用经验丰富的项目管理人员、使用先进的分析和验证技术等方法。

2. 应对正面风险的策略

（1）风险开发策略。

风险开发策略是指采取一些措施来促进比较积极的风险的发生。例如某企业到高校进行产业合作项目实施过程中，采集了一些活动现场的照片等素材，然后编辑成图文并茂的宣传稿并发布到其微信公众号、企业官网，可以协助其进行正面宣传以及业务拓展。

（2）风险共享策略。

风险共享策略主要是指将风险的所有权分配给另外一方。同样，以上 IT 企业如果到高校实施项目，通常要签订合作协议，与高校的校长、系主任或者教师建立合作关系从而获得更好的声誉。或者该 IT 企业还可以联动其他知名企业进行相关专业人才的定向培养。

（3）风险增强策略。

风险增强策略主要是指通过最大化正面风险的某些关键因素，进而增加良好的项目机会。例如企业通过高校共同定向培养对口知名企业的人才、定岗培训关键技能，使学生实习和就业水平大大提高，在学生和家长中的声誉极好，这将会给该公司带来更多的合作机会。

（4）风险承担策略。

应对正面风险时，有一些风险是软件工程项目团队不采取任何措施也可以获得某些积极效果的，此时就会运用风险承担策略。

7.2.5　软件工程项目的风险控制

软件工程项目的风险控制主要是为了改变软件工程项目管理组织所承受的风险程度，采取相应的风险处置措施，最大限度地降低风险事件发生的概率以及减小损失幅度的管理工作。

1. 软件工程项目风险控制的主要内容

（1）实施项目风险管理计划；

（2）持续进行软件工程项目风险的识别与度量；

（3）追踪软件工程项目风险发生的各种征兆；

（4）监控软件工程项目潜在的风险发展；

（5）应对与处理各种已经发生的风险事件；

（6）减小或消除软件工程项目风险事件的影响等。

2. 软件工程项目风险控制的主要措施

（1）项目权变措施。应对事先没有考虑或者没有计划到的风险，根据实际情况提出应急应对措施。

（2）风险纠正措施。在监控软件工程项目风险过程中，当发现已列入监控的风险在进一步发展甚至导致了新的风险产生时，应及时对风险进行深入分析与评价，在找出引发风险事件原因的前提下，及时采取相应的纠正措施。

（3）软件工程项目变更申请的应对措施。当软件工程项目的实施方案、配套硬件设备、项目费用、项目进度安排等发生变化时，需要正式的变更申请，并注意以下事项：项目变更的合理性与必要性；所有的变更在技术上的可行性；项目变更的费用是否合理；项目变更能否在规定的工期内完成；变更后是否会对后续项目的实施产生不良的影响。

（4）对风险应对计划进行实时更新。在风险监控的基础上，对软件工程项目的各种风险进行重新评估，再将风险排序并对其应对计划进行更新，以便有效控制新发生的风险和排序靠前的重要风险。

（5）定期进行风险预警。风险控制的关键点在于培养敏锐的风险意识，建立一个有效的风险预警系统，以便及时觉察风险计划的偏离。

为了有效控制风险通常可以使用一些软件工具来进行辅助控制。例如风险登记表可以使用 Excel、Access、Word 等软件进行制作；电子数据表可以帮助管理人员进行追踪与量化风险、制作图表以及进行敏感度分析；Visio 等软件可以用来创建风险决策树；Monto Carlo 模拟软件可以创建模型，进而使用模型来分析并响应风险。

7.3 软件工程项目的质量管理

关于软件质量，CMM 的定义是：一个系统、组件、过程符合特定需求的程度；一个系统、组件、过程符合客户要求或者期望的程度。

软件质量的属性较多，如稳定性、正确性、健壮性、易用性、兼容性、安全性、容错性、可测试性、可复用性等。软件质量的要素主要从技术和商业两个角度来衡量。从技术角度来看，对软件整体质量影响最大的质量属性就是质量要素；从商业角度来看，客户最关心的实用性最强的、最能成为卖点的质量属性就是质量要素。不同的软件，先要判定其质量要素才能给出提高其质量的具体举措，而不是将所有的质量属性都一一做好。

7.3.1 影响软件质量的因素

我们通过对软件行业多年的实践总结出：软件质量是人、过程与技术的函数，即公式（7.1）所示：

$$Q = \{M, P, T\} \tag{7.1}$$

式中，Q 表示软件质量，M 表示人，P 表示过程，T 表示技术。

1. 人的因素（M）

软件主要是人的脑力劳动的成果，是人类进行创造性思维的成果。软件管理主要就是人员的管理，有效的软件管理能更好地发挥人的作用。用户、程序员、分析员、测试员、设计员等的工作配合得当，是开发高质量软件的重要前提。

2. 过程因素（P）

软件过程可分为软件工程过程、软件管理过程和软件支持过程。其中，软件工程过程主要是指软件开发与生产的过程，如需求分析、概要设计、详细设计、集成与测试等；软件管理过程是指对软件开发与生产过程进行管理的过程，如项目策划过程、项目质量管理过程、跟踪监控过程等；软件支持过程是指对有效软件开发与生产进行支持的过程，如评审过程、度量过程等。这些过程是相互联系的，需要系统组织成一个有效的运作体系进而提高软件质量。

3. 技术因素（T）

当今，软件技术更新速度快，应该充分利用现成的软件复用技术，有效的软件开发工具、环境等进行开发。但在实际的软件工程项目中却采用得较少，传统的手工开发方式仍占主导地位。软件的复杂性和软件技术发展不相适应的状况越来越明显，如图 7-5 所示。这种差异成为制约软件质量提高的重要因素。

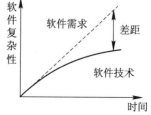

图 7-5 软件技术与软件需求的差距图

7.3.2 软件质量模型

软件质量模型代表了人们对软件质量特性的认识与理解程度，是软件质量评价的基础。

当前，软件质量模型较多，常见的有 McCall 模型、"FURPS"及"FURPS＋"模型、Boe-hm 模型和 ISO/IEC 9126 模型。

1. McCall 模型

McCall 模型将软件质量凌驾于软件产品运行、修正和转移三个方面的 11 个特性之上，如图 7 - 6 所示。

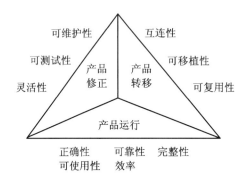

图 7 - 6 McCall 模型图

（1）正确性：软件代码满足需求规约并实现用户目标的程度。

（2）可靠性：软件代码达到所需精度与完成预期功能的程度。

（3）完整性：对未授权人使用软件及其数据的可控情况。

（4）可使用性：了解、操作程序，为程序输入数据做准备以及解释程序输出所需要的工时量。

（5）效率：程序完成各项功能所需要的资源与代码的数量。

（6）可维护性：查找并修复程序中存在的错误所需要的工时量。

（7）可测试性：测试程序，以确保系统能完成客户期望的功能所需要的工时量。

（8）灵活性：修改运行程序所需付出的工时量。

（9）互连性：软件和其他软件相互连接的情况及其工时量。

（10）可移植性：将程序从一个软件或者硬件系统环境移植到另一个新的环境所需要的工时量。

（11）可复用性：软件代码可以在其他应用程序中重复使用的程度。

2. "FURPS"及"FURPS＋"模型

1）"FURPS"模型

惠普公司提出了一套软件质量因素的"FURPS"模型，主要涉及功能性、可用性、可靠性、性能以及支持度五个功能方面的评估指标。

（1）功能性（Functionality）：主要通过评价特征值与软件代码的功能、交互函数的通用性以及整个软件系统的安全性进行评价和分析。

（2）可用性（Usability）：主要通过考虑人的因素、一致性、系统的整体美观以及相关文档来进行评价和分析。

（3）可靠性（Reliability）：主要通过度量软件产生错误的严重程度及其频率、软件平均失效的间隔时间、程序输出结果的准确性、软件失效后的恢复能力以及程序的可预测性等多个方面进行评价和分析。

（4）性能（Performance）：通过软件的处理速度、响应时间、运行程序时的资源耗费情况、效率以及吞吐量五个方面进行评价和分析。

（5）支持度（Supportability）：软件系统扩展程序的能力，主要包括可扩展性、服务性以及可适应性三个属性。

2）"FURPS＋"模型

"FURPS＋"模型中的"＋"指除了上面的功能性因素外，还增加了一些非功能性因素，主要是一些辅助性的和次要的因素。

（1）接口（Interface）：强加于外部系统接口之上的约束。

（2）实现（Implementation）：资源限制、语言与工具、硬件等。

（3）操作（Operation）：对其操作设置的系统管理。

（4）包装（Packaging）：软件系统的物理外包装等。

（5）授权（Legal）：软件的许可证等。

3．Boehm 模型

Boehm 模型着眼于整个软件系统的功效，主要分解成可移植性、有效性以及可维护性，如表 7 - 8 所示。

表 7 - 8　Boehm 模型表

序号	软件系统功效	包含内容
1	可移植性	—
2	有效性	可靠性、效率、运行工程
3	可维护性	可理解性、测试性、可修改性

4．ISO/IEC 9126 模型

国际标准组织在 20 世纪 90 年代发布了 ISO/IEC 9126 国际质量标准，其质量模型主要包括六个质量特性以及 21 个质量子特性，如表 7 - 9 所示。

表 7 - 9　ISO/IEC 9126 模型表

序号	质量特性	质量子特性
1	功能性	准确性、适合性、可操作性、安全性、依从性
2	可靠性	容错性、成熟性、可恢复性
3	可用性	可理解性、可操作性、易学性
4	效率	资源特性、时间特性
5	可维护性	可分析性、稳定性、可改变性、可测试性
6	可移植性	适应性、一致性、可安装性、可替换性

7.3.3　软件质量保证的内容

软件质量保证（Software Quality Assurance，SQA）的主要工作内容有：

（1）与软件质量保证计划直接相关的各项工作。先根据软件工程项目计划来制订相应的软件质量保证计划，定义出各个项目阶段的检查重点，标识出检查、审计的对象以及不同阶段需要输出的对象。编写完软件质量保证计划后，组织软件质量保证计划的评审，形成完整的评审报告，并把通过评审的软件质量保证计划发送给项目经理及相关人员。

软件质量保证的内容

（2）参与软件工程项目的阶段性评审及审计。

（3）对软件工程项目常规活动与规程的符合性进行检查。

（4）对项目的配置管理工作的检查及审计。

（5）跟踪所发现问题的解决情况。

（6）在软件质量保证过程中收集新方法，提供过程改进的相关依据。

（7）生成软件质量审计报告。

【案例 7.1】 某 IT 企业中标了某大型连锁酒店的信息系统建设项目，该项目包含 ERP、单店管理系统、客户管理系统等子系统。该项目由项目经理李俊全权负责，他认为信息系统项目的质量管理重在系统的测试，进而制订了详细的软件测试计划来进行该项目的管理。在整个项目实施过程中，李俊通过定期给用户提交测试报告来证明项目质量的可靠性，而客户却总对项目的质量不放心。试问为什么客户会对项目质量不放心？

分析：质量是软件工程项目交付成果的一个重要因素。客户对该信息系统质量不放心的主要原因可能是李俊对于整个软件工程项目的质量认识过于简单。测试仅仅可对所交付的部分软件成果的部分质量进行保证，不能保证该系统完全符合客户的需求，也不能对项目过程进行监控与改善。李俊没有对该信息系统建设项目制订一个切实可行的质量管理计划，并按计划实施，仅仅是向客户提交测试报告而完全没有提交全面的项目质量管理情况的报告，容易误导客户。这种沟通方式过于单一，导致客户对项目质量不放心。与项目成果质量相关的活动主要包括建立相关质量方针和目标，进行质量规划、质量控制、质量保证与改进工作。质量控制是对项目交付成果与项目管理结果，结合已制定的质量标准进行项目质量度量的活动。只有通过贯穿整个软件工程项目生命周期的质量保证与质量控制，才能取得客户的信任和认可。

练 习 题

1. 软件工程项目团队的特点主要有哪些？

2. 软件工程项目团队的作用有哪些？

3. 软件工程项目经理的基本职责有哪些？

4. 在确定软件工程项目各个阶段的人数时，需要注意的问题有哪些？

5. 风险有哪些特点？

6. 风险识别的过程是怎样的？

7. 应对负面风险的基本策略有哪些？

8. 软件工程项目风险控制的主要措施有哪些？

9. 影响软件质量的因素有哪些？

10. 请简要介绍 McCall 模型。

11. 软件质量保证的内容有哪些？

第8章 软 件 测 试

课程思政 8-0

软件测试（Software Testing）是指在规定的条件下对程序进行操作，来发现程序错误，衡量软件质量，并对其是否满足设计要求进行评估的过程。软件测试是软件开发的一个基本组成部分，是保证软件质量的关键步骤，也是软件可靠性增长的重要环节。

8.1 软件测试的模型

软件测试模型（Soft Test Model）是软件测试与测试对象的基本特征、基本关系的抽象，是测试理论家们根据大量的实际测试应用总结出来的，能够代表某一种应用的内在规律，并对应于适合此类应用的一组测试性框架。

软件测试的模型

软件测试是与软件开发紧密相关的一系列有计划、系统性的活动，软件测试也需要测试模型去指导实践。软件开发的主要模型有瀑布模型、原型模型、螺旋模型、增量模型以及统一过程（RUP）模型等。由于软件开发与软件测试之间的紧密关系，所以根据不同的开发模型可引申出对应的测试模型，主要有 V 模型、W 模型、H 模型、X 模型、前置测试模型等。

8.1.1 软件测试 V 模型

在软件测试方面，V 模型是最广为人知的模型，由于其模型构成图与软件过程模型图相同，形似字母 V，故称为软件测试 V 模型。V 模型通过开发与测试同时进行的方式来缩短开发周期，提高开发效率。V 模型反映了测试活动与分析、设计之间的关系，非常明确地标明了测试过程中所存在的不同级别，且清楚地描述了这些测试阶段与开发过程各阶段所对应的关系，软件测试 V 模型如图 8-1 所示。

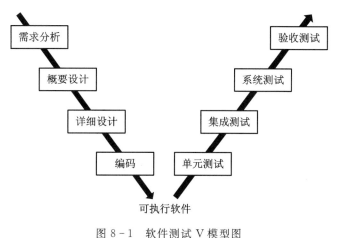

图 8-1 软件测试 V 模型图

软件测试 V 模型图中，需求分析对应验收测试，说明在做需求分析的同时，测试人员可通过阅读、审查需求分析的结果来充分了解产品的设计特性、用户的真正需求，确定测试目标、准备测试用例并策划测试活动。概要设计对应系统测试，当系统设计人员在做系统概要设计时，测试人员可以了解系统是如何实现的，基于什么样的平台，设计系统的测试方案和测试计划，并事先准备系统的测试环境，包括硬件与第三方软件的采购。详细设计对应集成测试，当设计人员在做详细设计时，测试人员可以参与设计，对设计进行评审，找出设计的缺陷，同时设计功能、新特性等各方面的测试用例，完善测试计划，并基于这些测试用例来开发测试脚本。编码对应单元测试，由于软件开发是一个由单元(模块)到整体(系统)的过程，因此软件测试的首次活动应为单元测试，以确定每个单元能否正常工作。

V 模型的优点是能将复杂的测试工作按阶段来实现，并从多角度测试系统找出更多的缺陷。然而，V 模型也有一定的局限性，其缺点是软件测试容易误导为软件开发的最后一个阶段，需求、设计阶段所产生的问题不能尽早发现，质量控制与测试效率不能高效地发挥。它将测试过程作为在需求分析、概要设计、详细设计及编码之后的一个小阶段，会导致需求分析或系统设计阶段所隐藏的问题可能一直到后期的验收测试时才会被发现，此时可能已经很难通过更改程序的逻辑结构去修正问题，最终导致项目失败。

8.1.2 软件测试 W 模型

由于软件测试 V 模型在软件开发编码完成后才能介入测试工作，导致一些在需求和设计中的问题在后期验收测试中才被发现，这样不能体现"尽早地与不断地进行软件测试"的原则。据此，测试工作应在软件开发的各个阶段同步进行，便由此演化成了一种软件测试 W 模型。相对于 V 模型，W 模型增加了软件开发各阶段中同步进行的验证和确认活动。如图 8-2 所示，由两个 V 字形模型组成，分别代表测试与开发过程，图中明确表示了测试与开发的并行关系。

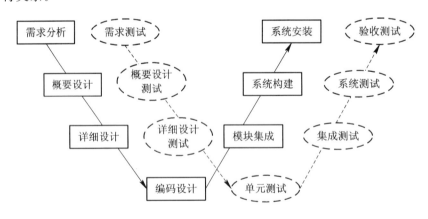

图 8-2　软件测试 W 模型图

软件测试 W 模型主要强调测试阶段和开发阶段同步进行，伴随整个软件开发周期的测试对象不仅包括程序，还包括需求分析文档、概要设计文档、详细设计文档和编码文档。软件测试 W 模型有利于尽早地、较为全面地发现问题。例如，需求分析完成后，测试人员就需要立刻参与到需求文档的验证和确认工作中，以便尽早找出缺陷所在。与此同时，对需求的测试也有利于及时了解项目难度和测试风险，并及早制定相应的应对措施，可以明显减少总体测试的时间，进而加快项目进度。

然而，软件测试 W 模型也是存在局限性的。在 W 模型中，软件开发的需求、设计、编码等工作被视为是串行的，与此同时，测试与开发工作也保持着一种线性的前后关系，即上一阶段工作完全结束，才正式开始下一个阶段的工作，这样就无法支持迭代的开发模型。而且对于当前软件开发复杂多变的情况，W 模型并不能解除测试管理所面临的困惑。

8.1.3 软件测试 H 模型

由于 V 模型和 W 模型中都存在一定的局限性，所以 H 模型就将测试活动完全独立出来，形成了一个完全独立的流程，将测试准备活动和测试执行活动清晰地体现出来，如图 8-3 所示。

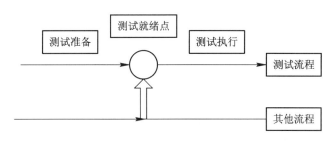

图 8-3 软件测试 H 模型图

软件测试 H 模型图中，仅显现了在整个生命周期中某个层次上的一次测试过程。图中所标注的"其他流程"可以是任意的开发流程，即是分析流程、设计流程或编码流程等的任意一个。H 模型的优点是将测试从开发中独立出来，有利于测试人员研究更好的测试技术，在同步测试不同的多个项目时，还可对测试资源进行重复利用，高效地调整测试人员，在缺陷修复时可以不受项目组内部人员的限制。而其缺点是独立测试组对系统认识不够深入，可能会影响到测试质量及测试效率。

H 模型要求软件测试需要尽早准备，并尽早执行，只要某个测试达到测试就绪点，就可以开展测试执行活动，且不同的测试活动可按照某个次序先后进行，也可以反复地进行。

8.1.4 软件测试 X 模型

软件测试 X 模型也是一种对软件测试 V 模型的改进模型，X 模型主要针对单独的程序片段进行相互分离的编码与测试，然后通过频繁地交换与集成，最终合成为可执行的程序，如图 8-4 所示。

软件测试 X 模型图中，左侧描述的是针对单独程序片段进行的相互分离的编码和测试，接下来进行频繁的交接，再通过集成最终成为可执行的程序，然后再对这些可执行程序进行测试。已通过集成测试的软件产品可以进行封装并提交给用户使用，也可以作为更大规模与范围内集成的一部分，并行曲线表示变更可以在各个部分发生。

软件测试 X 模型的优点是强调了单元测试和集成测试的重要性，引入了探索性测试，使测试模型与现实更为接近，缺陷修复时不受项目组内部人员的限制；其缺点是只强调测试过程中的部分内容，没有对需求测试、验收测试等内容进行说明。

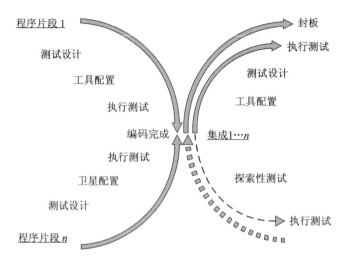

图 8-4 软件测试 X 模型图

8.1.5 前置测试模型

前置测试模型是一个将测试与开发紧密结合的模型，该模型将开发与测试的生命周期整合在一起，每一个交付的开发结果都需要通过一定的方式来进行测试。测试对象不仅包括源程序，也包括可行性报告、业务需求说明、设计文档等内容。前置测试模型和 V 模型中开发与测试的对应关系相一致，且在 V 模型的基础上有所扩展。前置测试模型如图 8-5 所示。

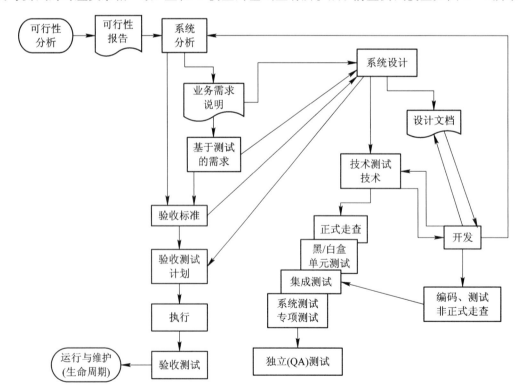

图 8-5 软件测试前置测试模型图

前置测试模型在开发代码测试的基础上，增加了静态审查与独立的 QA(Quality Assurance，质量保证)测试。QA 测试一般跟随于系统测试后，从相关技术部门的意见与用户的项目预期出发，对软件进行负载压力测试、可用性测试和安全性测试等。前置测试能给开发人员、项目经理、测试人员以及用户带来不同于传统方法的内在价值，和以往方法中很少划分优先级所不同的是，前置测试可以用较低的成本来尽早地发现错误，且充分强调了测试对确保软件系统高质量的重要意义。在整个开发过程中，反复使用各种测试技术使开发人员、项目经理以及用户节省时间，并简化工作。

8.2 软件测试的类型

本节根据不同的划分方法简要介绍软件测试的常用类型。

8.2.1 按开发阶段划分

按照开发阶段划分，软件测试可分为单元测试、集成测试、系统测试和验收测试。

1. 单元测试

单元测试(Unit Testing)又称为模块测试，是指对软件中的最小可测试单元进行检查与验证。关于单元，要根据实际开发语言的情况来判定，如 Java 中的单元是指一个类，C 语言则是指一个函数，而图形化软件中的单元是指一个窗口或一个菜单。不同的开发语言有不同的单元测试框架，如 Java 的 JUnit、TestNG 框架，C 语言的 CuTest 框架，Python 的 unittest、Pytest、Pyunit、Subunit 等框架。单元测试是软件开发过程中进行的最低级别的测试活动，通常将独立单元与程序的其他部分相隔离后再进行测试。

单元测试可作为无错编码的一种辅助手段，可看作是编码工作的一部分，由程序员负责，也就是说，经过了单元测试的代码才是已完成的代码，且提交产品代码时也要同时提交相关单元测试代码。无论在软件修改，还是移植到新的运行环境过程中必须是可重复的。单元测试要把握尽早、自动化、可重复性等原则。测试的主要内容包括：单元功能测试、单元接口测试、单元局部数据结构测试、单元的各类错误处理路径测试、单元中重要的执行路径测试以及单元边界条件测试。

2. 集成测试

集成测试(Integration Testing)又称为组装测试、子系统测试、联合测试或部件测试，是指在单位测试的基础上，将所有模块按照概要设计的要求组装成一个系统或子系统来进行的测试活动，它是单元测试的逻辑扩展。

集成测试通常由专门的测试人员来负责。测试依据主要来自软件的概要设计规格说明，集成测试组装的对象与单元测试相比较，其对象级别要高很多。测试的主要内容包括模块间的接口测试(把各个模块连接起来时，所穿越模块接口的数据是否会丢失；全局数据结构是否会有问题；会不会被异常修改等)和模块集成后的功能测试(将软件的各个子功能组合起来，测试能否达到父功能的预期要求，一个模块的功能是否会对另一个模块的功能产生不利的影响；单个模块的误差积累起来是否会放大，从而达到不可接受的程度)。

3. 系统测试

系统测试(System Testing)是对已集成好的软件系统所进行的测试，将软件、硬件以及操作人员看作一个整体，以验证其正确性以及性能是否能满足规约所指定的要求。系统测试由测试工程师依据项目需求来负责贯彻和执行，验证最终软件系统是否满足用户规定的需求。测试的主要内容包括功能测试（测试软件系统的功能是否正确）和健壮性测试（测试软件系统在异常情况下能否正常运行，主要包含容错能力测试与恢复能力测试）。

4. 验收测试

验收测试（Acceptance Testing）又称为确认测试、交付测试或发布测试，是在软件产品完成系统测试之后、产品正式交付或软件产品发布之前所进行的软件测试活动。

验收测试通常由用户或者独立的测试人员负责，依据项目任务书或合同、供需双方约定的验收依据等文档，对整个软件系统进行的测试与评审，根据测试结果决定是否接受软件系统。测试的主要内容包括安装测试、易用性测试、兼容性测试以及用户手册、操作手册等文档的测试。

8.2.2 按测试实施组织划分

按照测试实施组织划分，软件测试可分为开发方测试、用户方测试与第三方测试。

1. 开发方测试

开发方测试又称为内部测试、验证测试或者 Alpha 测试（即 α 测试），是开发方对软件进行全面的自我检查和验证，证明软件系统是否满足需求说明的要求。开发测试也可以是用户在开发者的"指导"下在开发环境下所进行的测试，同时还可以是内部用户在模拟实际操作环境下所进行的受控测试，但不能由程序员或测试人员来完成，由开发者负责记录测试过程中所发现的错误以及遇到的问题。

开发方测试的目的是评价软件产品的功能、性能、可使用性以及可靠性，特别注重软件产品的界面与特色。开发方测试通常可以在软件产品编码结束之后开始，也可以在模块（子系统）测试完成后开始，还可以在确认测试过程中软件产品达到一定的稳定性与可靠性之后再开始。

2. 用户方测试

用户方测试是指在用户的应用环境下，由用户通过使用与运行软件，检测和核实软件实现是否符合自己的预期要求。用户方测试不是指用户的"验收测试"，而是指用户的使用性测试，由用户方来找出软件在应用中所发现的问题与缺陷，并对使用质量进行评价的过程。

Beta 测试（即 β 测试）通常被看作是一种用户测试。Beta 测试主要是将软件产品有计划地免费分发到目标市场，让用户大量使用，并评价、检查软件系统。Beta 测试通常由软件的最终用户在客户方进行测试，开发者一般不在现场，该测试不可由程序员或测试人员来完成。在 Beta 测试中，通常由用户记下在使用过程中所遇到的问题，并定期向开发者报告，开发者在综合用户的报告后，做出相应地修改，最后再将软件产品交付给全体用户使用。

用户测试着重于产品的支持性，包括文档、客户培训与支持产品的能力。只有当 α 测试达到一定的可靠性程度后，才能开始进行 β 测试。

3. 第三方测试

第三方测试又称为独立测试，是介于软件开发方和用户方之间的测试机构所进行的测试，由在技术、财务以及管理上与开发方相对独立的测试机构所进行的测试。第三方测试有别于开发方测试和用户方测试，其目的是保证测试工作的客观性，还可适当兼顾初级监理的功能。该测试不但要对应用进行各种测试，还要进行需求分析的评审、设计评审、用户类文档的评审等，对用户进行系统验收及其推广应用有较重要的意义。

第三方测试通常以合同形式制约测试方，可以理解为与开发方存在某种"对立"的关系，所以不会刻意维护开发方利益，故能保证测试工作在一开始就具有客观性。第三方测试的工作内容主要包括需求分析审查、设计审查、代码审查、单元测试、功能测试、性能测试、可恢复性测试、资源消耗性测试、并发测试、安全测试、健壮性测试、安装配置测试、文档测试、可移植性测试及最终验收测试等。

8.2.3 按测试技术划分

按照测试技术划分，软件测试可分为黑盒测试、白盒测试与灰盒测试。

1. 黑盒测试

黑盒测试（Black-box Testing）又称为数据驱动测试或功能测试，是通过测试检测软件的每个功能是否都可以正常使用。在测试过程中，将软件看作一个不能打开的黑盒子，在完全不考虑程序内部结构与内部特性的情况下，在程序接口进行测试。黑盒测试通常只检查程序功能是否按照需求规格说明书的规定能正常使用，程序是否能适当地接收输入数据，并相应地产生正确的输出信息。黑盒测试着眼于程序外部结构，不考虑内部逻辑结构，主要对软件的界面与功能进行测试。

黑盒测试比较注重测试软件的功能需求，试图发现软件的功能不正确或遗漏、输入和输出错误、界面错误、数据库访问错误、性能错误、初始化和终止错误等问题。

从理论上讲，黑盒测试只有采用穷举输入测试，把所有可能的输入都作为测试情况来考虑，即可查出程序中所存在的错误，实际上测试情况有无穷多个，测试人员不仅要测试所有合法的输入，而且还要对那些不合法却有可能的输入进行测试。

2. 白盒测试

白盒测试（White-box Testing）又称为逻辑驱动测试或者结构测试，是将软件视为一个内部结构透明的白盒子，测试人员了解被测软件内部程序的逻辑结构以及其他有关的信息，检查软件内部运作是否按照设计说明书规定正常进行，检查所有的结构及路径是否都正确。

白盒测试主要通过检查软件内部的逻辑结构，对软件中的逻辑路径进行覆盖测试，按照覆盖准备来设计或选择测试用例，对程序中的每个语句、每个条件分支、每个控制路径进行模块测试；在所有的逻辑判断中，取"真"和"假"两种情况至少都能执行一次；每个循环都应在边界条件下与一般条件下各执行一次来考查内部数据结构的有效性。

3. 灰盒测试

灰盒测试（Grey-box Testing）是介于白盒测试和黑盒测试之间的一种测试方法，灰盒测试多用于集成测试阶段，不仅关注输出、输入的正确性，同时也关注程序内部的情况。灰盒测试没有白盒测试详细、完整，却比黑盒测试更加关注程序的内部逻辑，通常通过一些表征性的事件、现象、标志来判断程序内部的运行状态。

灰盒测试是基于程序运行时的外部表现，结合程序内部逻辑结构来设计测试用例，执行程序并采集程序路径的执行信息与外部用户接口结果的测试技术。在灰盒测试中，不关心软件模块内部的实现细节，灰盒测试将软件系统的内部模块当作一个黑盒来看待。

灰盒测试的优点是能够进行基于需求与程序路径的覆盖测试，测试结果可以对应到程序内部路径，便于 Bug 的定位、分析与解决，能保证所设计的黑盒测试用例的完整性，防止遗漏软件的一些不常用的功能，以及需求和设计的不完整、不详细对测试所造成的影响。与黑盒测试相比，灰盒测试投入时间多、对测试人员的要求更高，同时又不如白盒测试深入，通常适用于大、中型复杂的软件系统。

8.2.4　按测试执行方式划分

按照测试执行的方式划分，软件测试可分为静态测试和动态测试。

1. 静态测试

静态测试(Static Testing)是指不运行被测程序本身，仅通过分析源程序的语法、结构、过程、接口等内容，来检查程序正确性的测试方法。也就是对软件工程项目的需求规格说明书、软件概要设计说明书、软件详细设计说明书、源程序等，进行结构分析、流程图分析以及符号的执行。静态测试通过程序静态特性的分析，找出欠缺和可疑之处，如不匹配的参数、不允许的递归、未使用过的变量、不适当的循环嵌套与分支嵌套、空指针的引用以及可疑的计算等。静态测试结果可用于进一步的查错，并为测试用例选取提供指导。

静态测试主要包括代码的检查、静态结构分析、代码质量的度量等。静态测试既可由人工进行，用以充分发挥人的逻辑思维优势，也可借助软件测试工具自动进行。其中，代码的检查包括代码走查、桌面检查、代码审查等，主要检查代码与设计的一致性，代码对标准的遵循和可读性，代码逻辑表达的正确性，代码结构的合理性等方面。通常，代码的检查可以发现违背程序编写标准的问题，程序中不安全、不明确与模糊的部分，找出程序中不可移植的部分、违背程序编程风格的问题，其包括变量检查、程序逻辑审查、命名和类型审查、程序语法检查以及程序结构检查等内容。

在实际使用中，代码检查比动态测试效率更高，通常能快速找到缺陷，发现 $30\% \sim 70\%$ 的逻辑设计和编码缺陷。代码检查审查的是问题本身而非各种表现现象，非常耗时，往往需要相关知识与经验的积累。代码检查通常在编译与动态测试之前进行，在检查前，需要准备好需求描述文档、程序设计文档、程序的源代码清单、代码编码标准和代码缺陷检查表等相关文件。静态测试具有发现缺陷早、降低返工成本、覆盖重点与发现缺陷的概率高等优点，以及耗时长、技术能力要求高等缺点。

2. 动态测试

动态测试(Dynamic Testing)是指通过运行被测程序，检查运行结果与预期结果的差异，并分析运行效率、正确性以及健壮性等性能。动态测试法主要由三部分组成：构造测试用例、执行程序、分析程序的输出结果。

静态测试与动态测试的区别主要有：

(1) 静态测试主要用于预防，而动态测试则主要用于校正。

(2) 多次静态测试通常比动态测试的效率要高。

（3）静态测试需要综合测试程序代码。

（4）在短时间的测试过程中，静态测试的覆盖率能达到100％，而动态测试却只能达到50％。

（5）静态测试的执行可以在程序的编码编译前，而动态测试只能在程序的编码编译后才能执行。

8.2.5　按测试对象类型划分

按照测试的对象类型划分，软件测试可分为功能测试、界面测试、流程测试、接口测试、安装测试、文档测试、源代码测试、数据库测试、网络测试以及性能测试等。

1．功能测试

功能测试（Functional Testing）是指对软件的各项功能所进行的验证测试，根据软件功能需求说明书，逐项测试检查软件是否达到了用户的功能要求。功能测试的目标是核实数据的接收、处理与检索是否正确，业务规则的实施是否恰当，通过图形用户界面（GUI）与应用程序进行交互，并对交互的输出或结果进行分析，以此来核实应用程序及其内部进程是否达到功能需求。

功能测试的主要内容有：

（1）每一个界面的菜单、工具栏、按钮、切换/链接/快捷键/触发键、单选/复选按钮、业务流程等选择项的功能是否正确。

（2）多个界面之间的切换/下拉框是否正确。

（3）数据项的关联与限制功能是否正确。

（4）找出设计文档中要求的，但未被包含在上述测试中的功能。

（5）增加、删除、修改、查找、刷新等操作的结果是否正确。

（6）有查询或报表操作时，检查各种选择项的合理组合下所产生的结果，对照数据库中的数据是否正确；在不符合条件时是否有相应的提示信息。

（7）对照设计文档要求，测试系统所有的功能是否正确。

2．界面测试

界面测试（User Interface Testing）又称为UI测试，是指对软件的用户界面进行的测试，主要检查用户界面的统一性、易用性、美观度等内容。例如，用户界面各个功能模块的布局是否合理、整体风格是否一致、各个控件的放置位置是否符合用户使用习惯，界面操作是否便捷、页面元素是否可用、导航是否简单易懂，软件界面中的文字是否正确、其命名是否统一，页面是否美观，文字、图片组合是否完美等。

界面测试主要用于核实用户和软件之间的交互，测试目标是确保软件用户界面为用户提供相应的访问、查询、浏览等功能，确保界面对象能按照预期运行，并符合相关标准。

3．流程测试

流程测试（Process Testing）是指按照软件的操作流程所进行的测试。流程测试主要包括业务流程、逻辑流程以及数据流程，其测试目的是检查软件是否能正确地处理各项流程操作。流程测试是测试人员通过将软件系统的各个模块连贯起来运行，模拟真实用户所进行的实际工作流程操作，满足用户需求定义的软件功能所进行测试的过程。

在流程测试过程中,需要注意以下几点:

(1)为了方便软件系统测试的多次使用,最好要有基本数据,有助于自动化测试工具的介入。

(2)流程测试中所构建的数据,要有用户真实工作流程的数据,严禁使用1、2、3或a、b、c等类似用代号来表示的数据。

(3)测试的流程要符合用户平时工作的操作习惯,尽量按用户的实际操作来进行测试。

(4)流程测试没有必要覆盖软件系统的所有功能点。

(5)测试过程中不受具体模块的限制,可以对各个软件模块进行交叉测试。

在编写流程测试用例前,建议先设计软件系统的总流程表、角色功能表、测试数据列表以及流程测试用例表,然后根据设计的这些表中的内容来设计流程测试用例。总流程表主要起理清整个软件系统的脉络与编写者思路的作用,并给予其他角色对软件系统功能与各模块之间的相互关系有个大概认识。角色功能表主要是将软件系统中所有的角色权限梳理出来,清晰的角色权限列表方便用户理解以及测试系统,在测试不同角色所对应的不同功能页面时,可以通过角色表进行二维关系的对应。测试数据列表主要包含一套可以重用且尽量符合用户实际工作所操作的数据,测试用例中包含精心准备的数据,便于执行测试任务,且更贴近于用户的操作习惯。流程测试用例表是流程测试中最重要的部分,也是流程测试的依据和出发点。

4. 接口测试

接口测试(Interface Testing)是测试软件系统组件间接口的一种测试类型,主要用于检测外部系统与系统之间以及内部各子系统间的交互点。接口测试的重点是检查数据的交换、传递和控制管理过程,测试软件系统间的相互逻辑依赖关系等。

接口测试通常用于多系统、多平台等构架下的大、中型软件系统,有着极为高效的成本收益比,为高复杂性的软件系统带来高效的缺陷监测以及质量监督能力。软件平台越复杂,系统越庞大,则接口测试的效果就越明显。

5. 安装测试

安装测试(Installing Testing)是指确保软件在正常及异常情况下都能进行安装的测试。安装测试主要包括测试安装代码和检查安装手册。

1)在安装测试过程中需要注意的问题

(1)软件系统在不同的操作系统的安装过程。

(2)软件系统安装后是否能够正常运行,安装文件夹及文件是否能够写入指定的目录。

(3)安装时选项的组合是否符合概要设计说明。

(4)安装向导的界面测试。

(5)安装过程中是否可以取消,点击取消后,写入的文件是否与概要设计说明所要求的相同。

(6)安装过程中意外情况(如死机、重启、断电等情况)的处理是否符合用户的要求。

(7)安装过程中是否支持回溯功能(即是否可以返回上一步进行重新选择)。

(8)安装过程中是否支持快捷键,快捷键的设置是否符合用户的要求。

2）卸载软件系统时需要测试的内容

（1）卸载提示是否与概要设计说明一致。

（2）操作系统自带的软件卸载功能是否正常。

（3）软件自带的卸载程序是否正常。

（4）卸载软件系统后相关文件是否全部被删除（包括安装文件夹、注册表、系统环境变量等）。

（5）卸载过程中出现的意外情况测试。

（6）卸载是否支持取消功能，点击取消后，软件卸载的情况是否符合用户的要求。

（7）软件自带卸载程序的界面测试。

3）软件系统的升级（更新）所测试的内容

（1）软件升级（更新）后的功能是否与需求说明一致。

（2）与软件升级模块相关的模块功能是否与需求说明一致。

（3）升级过程中出现的意外情况测试。

（4）升级界面的界面测试。

（5）在不同操作系统的升级（更新）测试。

6. 文档测试

从交付用户的类型来划分，可将文档测试（Documentation Testing）分为交付用户的文档测试与非交付用户的文档测试。

交付用户的文档测试，主要是以需求分析、用户手册、安装手册等为主，检验用户文档是否和实际应用存在差别，主要从读者群、术语、正确性、一致性、完整性、易用性、图表与界面截图、语言、样例与示例、印刷与包装等方面来进行测试。

非交付用户的文档测试分为需求文档测试和相关文档测试两种。需求文档测试主要测试需求规格说明书、概要设计说明书和详细设计说明书，一旦检查出需求文档中的错误，便可及早提出问题，便于尽早修改，避免开发人员将早期的问题植入系统。相关文档测试主要测试软件工程项目的过程文档，如测试计划、测试用例、测试报告等。

7. 源代码测试

源代码测试（Installing Testing）主要用于发现源代码、应用程序的安全漏洞，识别、定位软件存在的安全漏洞，并分析漏洞的风险，提出相关整改建议，提高软件系统的安全性。测试范围包括软件工程项目的应用程序或网站的全部源代码，也可以是某个独立的业务模块或关键的业务流程模块的源代码。

选择全部源代码进行测试时，需首先经代码编译生成应用程序或网站，由委托方确认应用程序功能或网站内容无误。代码量较大时，一般选择部分源代码进行测试。源代码的选择由委托测试方与测试方共同协商确定，选定代码的测试结果仅对被测代码有效，不能作为评价全部源代码的依据。

8. 数据库测试

数据库测试（Database Testing）是指根据数据库设计规范对软件系统的数据库结构、数据表及之间的数据调用关系所进行的测试。数据库测试主要测试的内容包括数据完整性、数据有效性、数据操作与更新。

数据完整性测试的重点是检测数据的损坏程度。数据有效性测试是为了确保信息的正确性，使前台用户与后台数据库之间传送的数据是准确无误的。数据操作与更新测试是测试数据库管理员账户可以对数据库中的数据进行各种不受限制的管理操作，包括增加记录、删除记录以及更新某些特定字段。

9. 网络测试

网络测试（Network Testing）主要面向的是交换机、防火墙、路由器等网络设备是否能够达到既定的功能。网络测试主要测试的内容包括链路连接情况、路由策略、连通性、错包率、网络质量、备份路由等。

10. 性能测试

性能测试（Performance Testing）是指通过自动化测试工具，模拟正常、峰值以及异常负载条件下软件系统的各项性能指标。负载测试、压力测试与稳定性测试都属于性能测试，它们可以结合进行。软件的性能测试主要有：资源利用率（内存、处理器周期等）、响应时间、执行间隔的精确度、吞吐量（TPS）、日志事件、处理精度的监测以及辅助存储区（工作区的大小、缓冲区等）。

负载测试（Load Testing）又称为强度测试，通过逐步增加软件系统负载，测试软件系统性能的变化，并最终确定在满足性能指标的情况下，软件系统所能承受的最大负载量的测试。

压力测试（Stress Testing）是指对系统逐渐增加压力来获得系统能提供的最大的服务级别或不能接收用户请求的性能点的测试。压力测试主要包括并发测试与大数据量测试。并发测试主要是指测试多用户并发访问同一个应用、模块、数据时是否产生隐藏的并发问题，如内存泄漏、线程锁、资源争用等问题。大数据量测试包括独立数据量与综合数据量测试两类。独立数据量测试主要是指针对于某些系统存储、传输、统计、查询等业务所进行的大数据量测试。

稳定性测试（Stability Testing）又称为疲劳强度测试，通常采用系统稳定运行情况下的并发用户数或者日常运行用户数，持续运行较长一段时间，以达到系统疲劳强度需求的业务量，再综合分析交易执行指标与资源监控指标来确定软件系统处理最大工作量强度性能的过程。稳定性测试是一种概率性测试，即使通过稳定性测试，也不能完全保证软件系统在实际运行时不出现任何问题。为了提高软件系统测试的可靠性，通常通过多次测试、延长测试时间、增大测试压力来实现。稳定性测试可以反映系统响应时间是否延长、CPU利用率是否上升、可用内存是否减少等问题。

8.2.6　按质量属性划分

按照质量属性划分，软件测试可分为容错性测试、可靠性测试、兼容性测试、维护性测试、安全性测试和可移植性测试。

1. 容错性测试

容错性测试（Fault Tolerance Testing）主要是检查软件系统的容错能力，检查软件在异常情况下自身是否具有防护性的措施或具备某种灾难性恢复的手段。容错性测试主要包括输入异常数据或进行异常操作来检验软件系统的保护性，以及灾难恢复性测试。

2. 可靠性测试

可靠性测试（Reliability Testing）是指在预期的使用环境下，为检测出软件的缺陷，验证与评估软件是否达到了用户对软件可靠性需求而组织实施的一种软件测试。可靠性测试主要包括可靠性增长测试与可靠性验证测试。

3. 兼容性测试

兼容性测试（Compatibility Testing）是指测试软件在不同的操作系统上、特定的硬件平台上、不同的网络环境中、不同的应用软件之间等情况下能否友好运行的测试。兼容性测试根据测试的对象不同，可分为软件兼容性测试、硬件兼容性测试以及数据兼容性测试。

4. 维护性测试

维护性测试（Maintainability Testing）是衡量对已经完成的软件产品进行调整所需的努力程度。软件维护包括纠正性维护（是用于纠正软件所存在的错误）、适应性维护（是为了能适应外部环境的变化而对软件应用程序所做出的修改）以及完善性维护（是为了能提升软件系统性能或扩大其功能对软件所进行的更改）三大类。

5. 安全性测试

安全性测试（Safety Testing）是指在软件产品生命周期中，特别是产品的开发工作基本完成到发布阶段，对软件产品所进行的检验，以验证软件产品符合安全需求定义与产品质量标准的过程。安全性测试的两个关键点是应用程序级别与系统级别的安全性。应用程序级别的安全性是指在预期的安全性情况下，可确保特定权限的账号只能访问软件的部分功能模块或只能访问有限的数据。系统级别的安全性要确保只有具备系统访问权限的用户才能通过相应的网关来访问软件的应用程序。

6. 可移植性测试

可移植性测试（Portability Testing）是指未经修改或修改部分源代码后，软件的应用程序或系统从一种环境移植到另一种环境中依然能正常工作难易程度的测试。这里所指的环境包括硬件环境、软件环境以及组织环境。可移植性代表移植的难易程度。在软件或系统的移植过程中，其测试的生存周期与软件的移植过程同步，主要包括移植可行性分析、分析测试的需求、设计测试用例、制订测试计划、搭建测试环境、执行测试、分析测试结果七个测试阶段。

8.2.7　按测试地域划分

按照测试地域划分，软件测试可分为本地化测试与国际化测试两类。

1. 本地化测试

本地化测试的对象是软件的本地化版本，目的是测试特定目标区域设置的软件本地化质量。其测试环境是在本地化的操作系统上安装本地化的软件。本地化测试的主要内容有安装/卸载、软件界面、基本功能与文档测试等。

2. 国际化测试

国际化测试是验证软件产品是否支持一些特性，包括多字节字符集的支持、区域设置、时区设置、界面定制性、内嵌字符串编码和字符串扩展等。国际化测试的主要内容包括设计评审、代码审查、对源语言的功能测试、对伪翻译版本的测试等。

8.3 常用软件测试技术

常用的软件测试技术主要有黑盒测试法与白盒测试法。

8.3.1 黑盒测试法

黑盒测试的测试用例设计方法主要有测试区域确定法、组合覆盖法、逻辑推断法、业务路径覆盖法等。为了获得高质量的测试用例集合，在设计测试用例时通常要使用多种测试用例设计方法。

1. 测试区域确定法

测试区域确定法分为等价类划分法与边界值分析法。

1）等价类划分法

等价类划分法是将软件程序的输入区域划分为若干子集，然后从

测试区域确定法

每一个子集中选取少数具有代表性的数据作为测试用例。每一类的代表性数据在测试中的作用等价于这一类中的其他值，划分等价类的方法有以下几种：

（1）在输入条件规定了取值范围或值的个数时，可确立一个有效等价类与两个无效等价类。

（2）在输入条件规定了输入值的集合或规定了“必须如何”的条件时，可确立一个有效等价类与一个无效等价类。

（3）在输入条件是一个布尔量时，可确定一个有效等价类与一个无效等价类。

（4）在规定了输入数据的一组值（假设是 n 个），且程序要对每一个输入值分别进行处理时，可确立 n 个有效等价类与一个无效等价类。

（5）在规定了输入数据必须遵守的规则时，可确立一个有效等价类（符合规则）与若干个无效等价类（从不同角度违反规则）。

（6）在确知已划分的等价类中各元素在程序处理中的方式不同时，应再将该等价类进一步划分为更小的等价类。

在确立了等价类后，需要建立等价类表，列出所有划分出的等价类，再从划分出的等价类中按以下原则设计测试用例：

（1）必须为每一个等价类确定一个唯一的编号。

（2）设计一个新的测试用例，使其尽可能多地覆盖尚未被覆盖的有效等价类，重复这一步骤，直到所有的有效等价类完全被覆盖为止。

（3）设计一个新的测试用例，使其仅覆盖一个尚未被覆盖的无效的等价类，重复这一步骤，直到所有的无效等价类完全被覆盖为止。

【例 8.1】 国内固定电话号码均由两部分组成，分别是以 0 开头的三位或四位数字的地

区码,以及以非 0、非 1 开头的七位或八位数字的电话号码。假定测试程序能接受所有符合上述规定的电话号码,拒绝所有不符合规定的电话号码,请使用等价分类法来设计测试用例。

解:

步骤一:划分等价类并编号,如表 8-1 所示。

表 8-1   划分等价类并编号

输入数据	有效等价类	无效等价类
地区码	① 以 0 开头的 3 位数串; ② 以 0 开头的 4 位数串	③ 以非 0 开头的数串; ④ 以 0 开头含有非数字字符的数串; ⑤ 以 0 开头小于 3 位的数串; ⑥ 以 0 开头大于 4 位的数串
电话号码	⑦ 以非 0、非 1 开头的 7 位数串; ⑧ 以非 0、非 1 开头的 8 位数串	⑨ 以 0 开头的数串; ⑩ 以 1 开头的数串; ⑪ 以非 0、非 1 开头含有非数字字符的数串; ⑫ 以非 0、非 1 开头小于 7 位的数串; ⑬ 以非 0、非 1 开头大于 8 位的数串

步骤二:为有效等价类设计测试用例,如表 8-2 所示。

表 8-2   有效等价类测试用例

测试用例	测试数据	覆盖范围
Test 1	025-8834553	①、⑦
Test 2	023-38872387	①、⑧
Test 3	0531-3256769	②、⑦
Test 4	0775-28456799	②、⑧

步骤三:为每一个无效等价类至少设计一个测试用例,如表 8-3 所示。

表 8-3   无效等价类测试用例

测试用例	测试数据	覆盖范围
Test 5	1b5-8934643	③
Test 6	03s-39672357	④
Test 7	01-3656769	⑤
Test 8	08621-29456769	⑥
Test 9	010-0523458	⑨
Test 10	0243-12545698	⑩
Test 11	023-4t79234	⑪
Test 12	0757-234867	⑫
Test 13	0557-346678821	⑬

2)边界值分析法

边界值分析法是指对输入或输出的边界值进行测试的一种黑盒测试法。软件测试中通常将边界值分析法作为对等类类划分法的有效补充,因此其测试用例一般取自等价类的边界。软件工程项目中不少错误的发生通常是在输入或输出范围的边界上,而不是发生在输入或输出的范围内，因此针对各种边界情况来设计测试用例，便可查出更多的错误。

边界值分析法不是从等价类中随便挑一个来作为代表，而是将每个等价类的每个边界都要作为测试条件，不仅要考虑输入条件，还要考虑输出空间所产生的测试情况。

一般边界值通常包括略小于最小值、最小值、略大于最小值、中间值、略小于最大值、最大值、略大于最大值七种情况。软件测试所包含的边界检验有数字、字符、质量、位置、速度、大小、尺寸、方位、空间等几种类型。边界值分析法选择测试用例原则有以下几种：

（1）如果输入条件规定了值的范围，就应取刚达到所规定范围的边界值与刚刚超越所规定范围的边界值来作为测试输入数据。

（2）如果输入条件规定了值的个数，就用最大个数、最小个数、比最小个数少 1、比最大个数多 1 的数来作为测试数据。

（3）将上述(1)、(2)的两条原则应用于输出条件，即设计测试用例使输出值达到边界值及其左右的值。

（4）如果程序的规格说明所给出的输入域或输出域是有序集合，就应选取集合的第 1 个元素与最后 1 个元素来作为测试用例。

（5）如果程序中使用了 1 个内部的数据结构，就应选择这个内部数据结构的边界上的值来作为测试用例。

（6）分析规格说明，尽可能地找出其他可能的边界条件。

【例 8.2】 某软件系统要求输入的范围是 300～800，采用边界值分析法设计测试用例。

解：根据边界值分析法测试用例的取值原则，应取刚达到与刚超出取值范围的值来作为测试用例。对于边界 300，应取 299 和 300；对于边界 800，应取 800 和 801。

2. 组合覆盖法

组合覆盖法是设计尽可能少的测试用例，但务必使各个被测元素中的各类测试数据组合都被至少执行一次。根据覆盖程度不同，组合覆盖法可分为全组合覆盖法、成对组合覆盖法以及正交实验设计法三类。

1）全组合覆盖法

全组合覆盖法是将所有被测元素组合起来，每个元素的值都至少遍历一次。该法覆盖率较高，但是测试用例量较大，且会产生冗余。

2）成对组合覆盖法

成对组合覆盖法，又称为两两组合或者对对组合覆盖法，是将所有被测元素按照两两组合所产生的。成对组合覆盖法要求任意两个元素（输入条件）的所有两两组合至少要被覆盖一次。成对组合覆盖法的设计用例步骤如下：

（1）设计对偶表。设计对偶表的列数是被测试的变量个数，在列上标出变量名称，根据可能取值的数量按降序排列各个变量。设计表格的行数的计算方法是：如果第 1 列的可能取值个数是 X1，第 2 列的可能取值个数是 Y2，表中的行数至少为 X1 * Y2（即至少要设计 X1 * Y2 个测试用例）。

（2）填写对偶表。

步骤一：对偶表第 1 列的填写规则是：每次重复第 1 列变量的各个取值 Y2 次。约定第 1 个变量的相同取值构成一个段（最好在各个段空出一行，再重复给出下一个取值）。

步骤二：第 2 列的填写规则是：对于第 1 个变量的每个段，列出第 2 个变量的所有取值。

步骤三：增加第 3 列，使得每个段要包含第 3 列变量的所有取值，并且这些取值的顺序要使第 3 列变量和第 2 列变量也构成全对偶。

步骤四：依次增加第 4 列、第 5 列方法同步骤三，检查各变量之间是否构成全对偶，直至所有变量列完为止。

3）正交实验设计法

正交实验设计法是用已设计好的正交表来安排实验并进行数据分析的一种测试方法。正交实验设计法可用最少的测试用例达到最高的测试覆盖率。

正交表是一整套规则的设计表格，用 Ln(tc)标识。其中，L 为正交表的代号，n 为实验的次数（行数），t 为水平数，c 为因子数（列数）。正交表的每一列中各数字出现的次数都一样多，任何两列所构成的有序数对出现的次数也都一样多。

【例 8.3】 常用的 Microsoft PowerPoint 软件打印功能的打印范围有全部、当前、选定三种情况；打印内容有整页幻灯片、备注页、大纲、讲义共四种方式；打印颜色/灰度有颜色、灰度、纯黑白三种设置；打印效果有幻灯片加框、不加框两种效果。请利用正交表设计测试用例。

解：

步骤一，可从例题中得出有四个因素，每个因素的水平分别为 3，4，3，2。

步骤二，给每个因素指定代号。

打印范围代号：全部——a1，当前——a2，选定——a3；

打印内容代号：整页幻灯片——b1，备注页——b2，大纲——b3，讲义——b4；

打印颜色/灰度代号：颜色——c1，灰度——c2，纯黑白——c3；

打印效果代号：加框——d1，不加框——d2。

步骤三，根据例题题目给出的打印选项可以得出此例是一个混合正交表，需要的行数是 $1*(4-1)+2*(3-1)+1*(2-1)+1=9$，由于 3 是 9 的因子，而 4 和 2 不是 9 的因子，所以取最小行数是 12，即 $L12(3^2*4*2)$。

步骤四：设计正交表测试用例，如表 8-4 所示。

表 8-4 正交表测试用例表

测试用例	打印范围	打印内容	打印颜色/灰度	打印效果
Test 1	a1	b1	c1	d1
Test 2	a1	b2	c2	d2
Test 3	a1	b4	c3	d2
Test 4	a1	b3	c1	d1
Test 5	a2	b1	c2	d1
Test 6	a2	b3	c3	d1
Test 7	a2	b4	c1	d2
Test 8	a2	b2	c2	d1
Test 9	a3	b1	c3	d2
Test 10	a3	b3	c1	d2
Test 11	a3	b4	c2	d1
Test 12	a3	b2	c3	d2

3. 逻辑推断法

逻辑推断法分为因果图法、判定表法和大纲法等。

1）因果图法

因果图法是根据输入条件组合、约束关系与输出条件的因果关系，分析输入条件的各种组合情况，来设计测试用例的方法。因果图法生成测试用例的过程如下：

（1）首先将规格说明分解为可执行的片段。

（2）确定规格说明中的因果关系。其中，"因"是指一个明确的输入条件或输入条件的等价类；"果"则是指一个输出条件或系统转换（输入对程序或系统状态的延续影响）。

（3）分析规格说明的语义内容，并将其转换为连接因果关系的布尔图。

（4）给图加上注解符号，说明由于语法或环境的限制而不能联系起来的"因"和"果"。

（5）通过跟踪图中的状态变化情况，将因果图转换成一个有限项的判定表。

（6）将判定表中的列转换成测试用例。

因果图逻辑符号如图 8-6 所示。

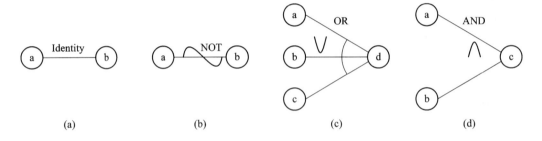

图 8-6　因果图逻辑符号图

假设每个结点的值为 0 或者为 1，0 代表"不存在"状态，1 代表"存在"状态。图 8-6(a)中的 Identity 表示如果 a 等于 1，则 b 也为 1，否则 b 为 0。图 8-6(b)中的 NOT 表示如果 a 等于 1，则 b 为 0，否则 b 为 1。图 8-6(c)中的 OR 表示如果 a 或者 b 或者 c 等于 1，则 d 为 1，否则 d 为 0。图 8-6(d)中的 AND 表示如果 a 和 b 等于 1，则 c 为 1，否则 c 为 0。OR 与 AND 允许存在任意数量的输入。

输入状态之间可能存在某些依赖关系，这种依赖关系被称为"约束"，输入约束符号如图 8-7 所示。

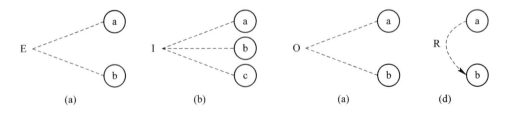

图 8-7　输入约束符号图

图 8-7(a)中，E 约束（异）表示 a、b 最多有一个可能为 1，即不能同时为 1。图 8-7(b)中，I 约束（或）表示 a、b、c 中至少有一个必须为 1，即不能同时为 0。图 8-7(c)中，O 约束（唯一）表示 a、b 必须有一个且仅有一个为 1。图 8-7(d)中，R 约束（要求）表示 a 是 1 时，b

必须是 1，即 a 为 1 时，b 不能为 0。

输出条件约束符号如图 8-8 所示。

图 8-8 中，M 约束（强制）表示结果 a 为 0，则 b 强制为 0。

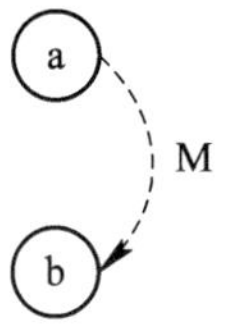

【例 8.4】 某软件规格说明书有如下要求：第 1 列字符必须是 A 或 B，第 2 列字符必须是一个数字，在此情况下进行文件的修改，但如果第 1 列字符不正确，则给出信息 L；如果第 2 列字符不是数字，则给出信息 M。请绘制因果图、列出判定表，并写出相关测试用例。

图 8-8　输出约束符号图

解：

步骤一，根据题意，分析原因与结果。

"原因"为：1——第 1 列字符是 A；

2——第 1 列字符是 B；

3——第 2 列字符是一个数字。

"结果"为：21——修改文件；

22——给出信息 L；

23——给出信息 M。

步骤二，对应的因果图如图 8-9 所示。其中，11 为中间节点，考虑到原则 1 和原因不可能同时为 1，因此在因果图上施加 E 约束。

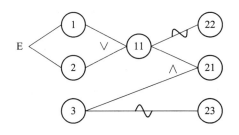

图 8-9　例 8.4 因果图

步骤三，根据图 8-9 中的因果图列出判定表，如表 8-5 所示。

表 8-5　例 8.4 判定表

		1	2	3	4	5	6	7	8
原因	1	1	1	1	1	0	0	0	0
	2	1	1	0	0	1	1	0	0
	3	1	0	1	0	1	0	1	0
	11			1	1	1	1	0	0
结果	21			1	0	1	0	1	0
	22			0	0	0	0	1	1
	23			0	1	0	1	0	1

步骤四，根据表 8-5 中的判定表，可将测试用例设定为 B8、Ba、A7、AC、E5、％Z。

2）判定表法

判定表法是黑盒测试法中最严格，且最具逻辑性的测试方法。判定表是分析和表达多逻辑条件下执行不同操作情况的工具。判定表通常由以下四个部分组成：

（1）条件桩，主要列出问题的所有条件。

（2）条件项，主要针对条件桩给出的条件来列出所有可能的取值。

（3）动作桩，列出问题规定的所可能采取的操作。

（4）动作项，指出在条件项的各组取值情况下所应采取的动作。

将任何一个条件组合的特定取值及相应所要执行的动作统称为一条规则。在判定表中贯穿条件项与动作项的列即为一条规则。判定表的优点：能将复杂的问题按各种可能的情况全部列举出来，简明且能够避免遗漏；在一些数据处理问题中，针对不同逻辑条件的组合值可以分别执行不同的操作。

构造判定表通常有以下几个步骤：

（1）确定规则的个数。若有 n 个条件，则判定表就有 2^n 个规则。

（2）列出所有的条件桩与动作桩。

（3）填入条件项。

（4）填入动作项，得到初始的判定表。

（5）简化判定表，合并相似的规则。若表中有两条（含两条）以上规则具有相同的动作，并且在条件项间有比较相似的关系，即可合并判定表。合并后的条件项通常用符号"—"表示，说明执行的动作和该条件的取值是无关的，称为无关条件。

可使用判定表设计测试用例的条件：

（1）规格说明以判定表形式给出或者较易转换为判定表。

（2）条件、规则的排列顺序不会也不应影响执行的操作。

（3）当某一规则的条件已经满足，并确定需要执行的操作后，不必检验其他规则。

（4）如某一规则的条件需要执行多个操作时，其操作的执行顺序无关紧要。

判定表的优点是能将复杂的问题按各种可能的情况一一列举出来，简明而且易于理解，并可避免遗漏。其缺点是不能表达重复执行的动作，如循环结构。

【例 8.5】 某设备管理系统包含的要求：对于功率大于 44.1 kW 的机器，如果维修记录不全或者已运行 8 年以上的机器必须予以优先的维修处理。请依此要求建立测试判定表。

解：

步骤一，确定规则的个数。其中，输入条件的个数为 3，每个条件与动作的取值用 1 代表"是"或 0 代表"否"，规则个数为 $2^3 = 8$。

步骤二，列出所有的条件桩与动作桩。

条件桩：A1——功率大于 44.1 kW。

    A2——维修记录不全。

    A3——运行 8 年以上。

动作桩：B1——优先维修处理。

    B2——其他处理。

步骤三，先填入条件桩，如表 8-6 所示。

表 8-6 条件桩示例表

动作序号		1	2	3	4	5	6	7	8
条件	A1	1	1	1	1	0	0	0	0
	A2	1	1	0	0	1	1	0	0
	A3	1	0	1	0	1	0	1	0
动作	B1								
	B2								

再填入动作桩,如表 8-7 所示。

表 8-7 动作桩示例表

动作序号		1	2	3	4	5	6	7	8
条件	A1	1	1	1	1	0	0	0	0
	A2	1	1	0	0	1	1	0	0
	A3	1	0	1	0	1	0	1	0
动作	B1	1	1	1	0	1	0	1	0
	B2	0	0	0	1	0	1	0	1

步骤四,简化判定表,合并相似规则:动作序号1、2合并成(1),5、7合并成(4),6、8合并成(5),原表 8-7 中的动作序号3、4分别在新的判定表中表示为(2)和(3),则最终得到的判定表如表 8-8 所示。

表 8-8 例 8.5 最终判定表

		(1)	(2)	(3)	(4)	(5)
条件	A1	1	1	1	0	0
	A2	1	0	0	—	—
	A3	—	1	0	1	0
动作	B1	1	1	0	1	0
	B2	0	0	1	0	1

3)大纲法

大纲法是为了列出各种测试条件,将需求转换为大纲形式的测试方法,是一种着眼于需求的方法。大纲通常表示为树状结构,在根和叶节点之间存在唯一的路径。大纲中的每条路径定义了一个特定的输入条件集合,主要用于定义测试用例。树中叶子的数量或大纲中的路径给出了测试所有功能所需测试用例的大概数量。

大纲的形成是一个迭代过程,初始列表是从被划分为输入条件的需求中产生的,并用需求编号来实现需求的可跟踪性。大纲的每个后续版本都是对前者的细化,通过与开发人员和项目专家的讨论,不断细化扩充大纲,用以解决需求中不够明确的问题。大纲是一个组织个人思维的好工具,它汇集了需求文档的核心内容,大纲的每项都可根据测试人员的喜好来进行逻辑形式的分组。

4. 业务路径覆盖法

业务路径覆盖法主要分为场景分析法和功能图法。

1）场景分析法

场景分析法是指通过运用场景来对软件的功能点或业务流程的描述，从而提高测试效果的一种方法。采取用例场景来测试需求是指模拟特定场景边界所发生的事情，然后通过事件来触发某个动作的发生，再观察该事件的最终结果，进而发现需求中所存在的问题。

场景分析法

场景主要有正常用例场景、异常用例场景、备选用例场景以及假定推测场景四种类型。场景分析法一般通过正常的用例场景分析开始，再着手其他的场景分析。场景分析法一般包括基本流和备选流，从一个流程开始，通过描述经过的路径来确定过程，经过遍历所有的基本流和备选流来完成整个场景，如图8-10所示。

场景分析法的基本设计步骤如下：

（1）根据软件工程项目的说明，描述出程序的基本流与各项备选流。

（2）根据基本流与各项备选流生成不同的场景。

（3）对每一个场景生成相应的测试用例。

（4）对生成的所有测试用例进行重新复审，去除多余的测试用例，确定好测试用例后，再确定每一个测试用例的测试数据值。

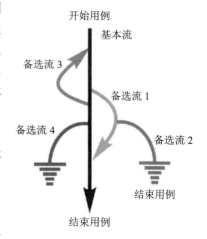

图8-10　场景流图

【例8.6】　图8-11是某银行自助提款机的工作流程示意图。请采用场景分析法设计该提款机提款功能的测试用例。

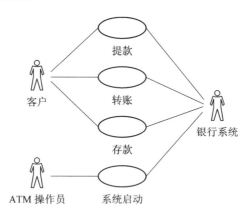

图8-11　某银行自助提款机工作流程示意图

解：

步骤一，根据图8-11确定基本流与各项备选流。

基本流：插入银行卡→输入账户密码→选择提款项→输入/选择提款金额→成功提款。

备选流①：账户不存在/账户类型有误。

备选流②：密码输入错误（还有输入机会）。

备选流③：密码输入错误（没有输入机会）。

备选流④：账户余额不足。

备选流⑤：自助提款机内没有现金。

备选流⑥：自助提款机内现金不足。

步骤二，根据基本流与备选流来确定测试场景。

场景①：提款成功，基本流。

场景②：账户不存在/账户类型有误，基本流和备选流①。

场景③：密码输入错误（还有输入机会），基本流和备选流②。

场景④：密码输入错误（没有输入机会），基本流和备选流③。

场景⑤：账户余额不足，基本流和备选流④。

场景⑥：自助提款机内没有现金，基本流和备选流⑤。

场景⑦：自助提款机内现金不足，基本流和备选流⑥。

步骤三，针对每个场景生成相应的测试用例，如表 8-9 所示。

表 8-9 例 8.6 场景分析法测试用例

测试用例/场景 ID	账户	密码	提款金额	账户余额	自助提款机金额	预 期 结 果
①	1	1	1	1	1	成功提款，账户余额被更新
②	0	—	—	—	—	提示账户不存在/账户类型有误，结束测试用例
③	1	0	—	—	—	提示密码有误，返回基本流"输入账户密码"步骤
④	1	0	—	—	—	提示密码有误，银行卡被提款机保留，结束测试用例
⑤	1	1	1	0	1	提示账户余额不足，返回基本流"输入账户密码"步骤
⑥	1	1	1	1	0	提款选项不可用，结束测试用例
⑦	1	1	1	1	0	提示现金不足，返回基本流"输入/选择提款金额"步骤

（注："1"代表输入合法，"0"代表输入不合法，"—"代表未输入。）

2）功能图法

功能图法是指先使用功能图形来表示程序功能的说明，再机械地生成功能图对应的测试用例的测试方法。功能图法属于一种黑、白盒两种测试方法相混合的测试用例设计方法，是一种动态说明问题的测试方法。

每个软件系统的功能说明一般由动态与静态两种说明构成。静态说明主要用于描述输入条件和输出条件之间的对应关系；动态说明主要用于描述输入数据的次序或转移的次序。对于较复杂的软件系统，通常会存在较多的组合情况，不仅需要使用静态说明组成的规格说明，还要用动态说明来补充相关功能说明。

功能图模型主要由状态迁移图与逻辑功能模型构成。状态迁移图主要用于表示输入数据序列和其相应的输出数据。在状态迁移图中，由输入数据及其当前状态来决定输出数据与后续状态。逻辑功能模型主要是表示状态中输入条件与输出条件之间的对应关系。逻辑功能模型只适合于描述静态说明，输出数据仅由输入数据决定。测试用例则是由测试中经过的一系列状态与在每个状态中必须依靠输入/输出数据满足的一对条件所组成。

为了将状态迁移的测试用例与逻辑模型的测试用例相组合，从功能图生成实用的测试用例过程中，我们必须定义相关规则：在一个结构化的状态迁移中，定义顺序、选择与重复三种形式的循环。使用功能图生成测试用例的步骤如下：

（1）生成局部测试用例：在功能图的每个状态中，由因果图来生成局部测试用例。

（2）生成测试路径：生成从初始状态到最后状态的测试路径。

（3）合成测试用例：合成测试路径和功能图中每个状态的局部测试用例。结果是初始状态到最后状态的一个状态序列，以及每个状态中输入数据与对应输出数据的组合。测试用例的合成算法，采用条件构造树。

【例 8.7】 某 IT 企业的某员工在其 OA 系统中申请购买物资，申购单由该员工所在部门负责人、财务总监、分管副总审批，审批人拒绝时流程结束。申购流程完成时，申请人、财务总监都能收到通知。请使用功能图法设计测试用例。

解：步骤一，根据题目需求说明画出相关物资申购功能流程图，如图 8-12 所示。

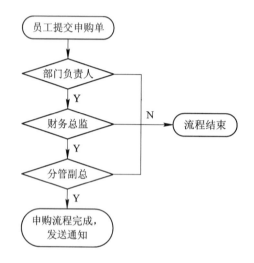

功能图法

图 8-12　例题 8.7 功能流程图

步骤二，根据图 8-12 的功能流程图生成相应的测试路径。

① 审批（部门负责人），流程继续（同意）。

② 审批（部门负责人），流程结束（拒绝）。

③ 审批（财务总监），流程继续（同意）。

④ 审批（财务总监），流程结束（拒绝）。

⑤ 审批（分管副总），流程继续（同意）。

⑥ 审批（分管副总），流程结束（拒绝）。

⑦ 申购流程完成时发送通知。

由以上状态生成四种测试路径，如表 8-10 所示。

表 8-10　例 8.7 测试路径表

序　号	测　试　路　径
1	①→③→⑤→⑦
2	②
3	①→④
4	①→③→⑥

步骤三：由表8-10中的测试路径生成相应的测试用例，如表8-11所示。

表 8-11 例 8.7 测试用例表

测试用例	输　　入	输　　出
Test 1	① 员工提交申购单； ② 部门负责人"同意"申请； ③ 财务总监"同意"申请； ④ 分管副总"同意"申请； ⑤ 系统自动发送通知	① 提交申购单成功； ② 流程继续，进入下一级审批； ③ 流程继续，进入下一级审批； ④ 流程完成； ⑤ 申请人、财务总监收到通知
Test 2	① 员工提交申购单； ② 部门负责人"拒绝"申请	① 提交申购单成功； ② 流程结束
Test 3	① 员工提交申购单； ② 部门负责人"同意"申请； ③ 财务总监"拒绝"申请	① 提交申购单成功； ② 流程继续，进入下一级审批； ③ 流程结束
Test 4	① 员工提交申购单； ② 部门负责人"同意"申请； ③ 财务总监"同意"申请； ④ 分管副总"拒绝"申请	① 提交申购单成功； ② 流程继续，进入下一级审批； ③ 流程继续，进入下一级审批； ④ 流程结束

8.3.2　白盒测试法

白盒测试（White-box Testing），又称为透明盒测试、结构测试、基于代码的测试或者逻辑驱动测试，主要分为静态白盒测试、动态白盒测试与其他白盒测试三种。白盒测试是一种测试用例设计方法，盒子是指被测试的软件，白盒是指清楚盒子内部的代码、注释以及看到内部的运作情况。白盒测试法需要全面了解程序的内部逻辑结构，对所有的逻辑路径进行测试，是一种典型的穷举路径测试。在使用白盒测试时，测试者必须检查程序的内部结构，从检查程序的逻辑着手，得出测试数据。

白盒测试常用的工具：内存泄漏检查工具、性能测试工具以及代码覆盖率检查工具。采用白盒测试法需遵循以下原则。

（1）确保一个模块中的所有独立路径至少被测试一次。

（2）所有逻辑值均需测试真和假两种情况。

（3）检查程序的内部数据结构，确保其结构的有效性。

（4）必须在上、下边界及可操作范围内运行所有循环。

1. 静态白盒测试法

静态白盒测试法是在不执行代码的前提条件下，有条理地审查软件设计、体系结构与代码，从而找出软件缺陷的过程。其优点是能尽早发现软件缺陷，为黑盒测试人员进行测试时设计测试用例提供思路。静态白盒测试主要有以下三种技术：

（1）代码检查法。代码检查法主要检查代码与设计的一致性，代码对标准的遵循及可读性，代码逻辑表达的正确性，以及代码结构的合理性等方面的检查工作。代码检查主要包括桌面检查、代码走查和代码审查三种方法。其目的是发现违背程序编写标准的问题；发现程序中不安全、模糊以及不明确的部分；找出程序中不可移植的部分；找出违背程序编程风格的问题，包括命名、变量检查和类型审查、程序语法检查、程序逻辑审查以及程序结构检查等。

（2）静态结构分析法。在静态结构分析法中，测试人员通过工具分析程序源代码的系统结构、数据接口、数据结构、内部控制逻辑等内部结构，来生成函数调用关系图、部分文件调用图、模块控制流图、函数参数表、子程序表以及宏等图表，可以清晰地标识整个软件系统的组成结构，然后通过分析这些图表，检查软件是否存在缺陷。

（3）静态质量度量法。静态质量度量法主要根据 ISO/IEC 9126 国际标准中软件质量的功能性、易用性、可靠性、有效性、可移植性和可维护性来构造软件质量度量模型，进而用于评估软件质量。

2. 动态白盒测试法

动态白盒测试又称为结构测试，是指利用查看代码功能与实现方式所得到的信息来确定需要或者不需要测试的内容，以及开展测试的方式。软件测试人员可根据查看并使用代码的内部结构，进而设计与执行测试。动态白盒测试不仅要查看代码，还要查看直接参数与控制软件，主要包括以下四个部分。

（1）直接测试底层的功能、过程、子程序以及库，即应用程序接口（API）。

（2）以完整的程序方式从顶层来测试软件，但要根据对软件运行的了解调整测试案例。

（3）从软件获得读取变量与状态信息的访问权，以便确定测试与预期结果是否相符，与此同时，还要强制软件以正常测试难以实现的方式运行。

（4）估算执行测试时"命中"的代码量与具体代码，然后调整测试，去掉多余的，补充遗漏的。

对一个具有多重选择与循环嵌套的程序，不同路径的数目可能非常庞大，即便是精确地实现了白盒测试，也不能确保其测试过的程序是完全正确的。穷举测试的工作量较大，所需时间较长，实施起来是不现实的。为了节省时间与资源，提高测试效率，必须精心设计测试用例，从数量巨大的可用测试用例中挑选少量具有代表性的测试数据，使这些测试数据能够达到最好的测试效果。

动态白盒测试主要有以下三种技术：

（1）覆盖测试。覆盖测试包括逻辑覆盖和面向对象的覆盖。覆盖测试的准则为逻辑覆盖的出发点是合理的、完善的。所谓"覆盖"，就是想要做到全面而无遗漏，但逻辑覆盖不能真正做到无遗漏。逻辑覆盖有语句覆盖、判断覆盖、条件覆盖、条件判定组合覆盖、条件组合覆盖、修正条件判定覆盖六种测试方法。面向对象覆盖有继承上下文覆盖和基于状态的上下文覆盖两种测试方法。

（2）控制结构测试。控制结构测试包括基于路径的测试和循环测试。基于路径的测试是从一个程序的入口开始，执行所经历的各个语句的完整过程。从广义的角度讲，任何有关路径分析的测试都可以被称为路径测试。通常采用控制流图的边（弧）序列和节点序列表示某一条具体路径，概括的表示为：

① 弧 a 和弧 b 相乘，表示为 ab，表明路径是先经历弧 a，接着再经历弧 b，弧 a 和弧 b 是先后相接的。

② 弧 a 和弧 b 相加，表示为 a＋b，表明两条弧是"或"的关系，是并行的路段。

（3）循环测试。循环测试的目的是检查循环结构的有效性，通常可以划分为简单循环、嵌套循环、串接循环和非结构循环四类。

3．其他白盒测试法

（1）程序插桩。程序插桩通过在源代码中加入记录信息语句，以便进行运行信息的追踪和调试，统计有关运行资源的状况。借助被测程序中插入语句的操作来实现测试的目的。最简单的插桩是在程序中插入打印语句 print"……"。

（2）程序变异测试。程序变异测试的基本思想是对于给定的程序 P，先假定程序中存在一些小错误，每假设一个错误，程序 P 就变成 P′，如果假设了 n 个错误 e1、e2、…、en，则对应有 n 个不同的程序 P1、P2、…、Pn，这里 P1 称为 P 的变异因子。存在测试数据 C1，使得 P 和 P1 的输出结果是不同的。因此，根据程序 P 和每个变异的程序，可以求得 P1、P2、…、Pn 的测试数据集 C＝{C1，C2，…，Cn}。运行 C，如果对每一个 C1，P 都是正确的，而 Pi 都是错误的，这说明 P 的正确性较高；如果对某个 C1，P 是错误的，而 P1 是正确的，这说明 P 存在错误，而错误就是 e1。

练 习 题

1．简要介绍软件测试 X 模型。

2．按开发阶段划分软件测试类型，并简要介绍其测试方法。

3．功能测试的主要内容是什么？

4．动态测试与静态测试的主要区别是什么？

5．流程测试的主要注意事项有哪些？

6．按照质量属性可将软件测试分为哪些类型？

7．划分等价类的方法是什么？

8．某软件系统要求输入的范围是 400～900，采用边界值分析法设计测试用例。

9．边界值分析法选择测试用例的原则是什么？

10．静态白盒测试的主要技术有哪些？

第 9 章　软件工程项目后评价

课程思政 9-0

软件工程项目后评价是软件工程项目投资建设中一项非常重要的工作阶段，是对软件工程项目投资建设成果以及一定时期的营运效果进行总结性的评价。软件工程项目后评价工作不仅仅能反映软件工程项目投资实施的实际效果和完成情况，还能为今后相关项目的投资决策和管理实践活动提供数据支持和经验教训。

本章主要介绍软件工程项目后评价的含义、特点、作用和程序；软件工程项目后评价的内容和方法；以及软件工程项目营运后评价的目的和意义、内容和方法等方面的内容。

9.1　软件工程项目后评价概述

9.1.1　软件工程项目后评价的含义

软件工程项目的可行性研究与软件工程项目的前期评估，均是在软件工程项目建设前期开展的，主要用于判断或者预测软件工程项目是否正确，而软件工程类项目的效益如何，则要在项目竣工后根据实际的项目数据进行再评价，这种再评价就是软件工程项目后评价。

软件工程项目后评价是指在软件工程项目完工后，对整个项目的目的、项目执行过程、效益、作用及影响进行客观、系统地分析与评价的技术经济活动。通过对软件工程项目活动实践的检查和总结，以确定软件工程项目预期的目标是否达成，相关规划是否合理，项目的主要效益指标是否已实现；并通过软件工程项目后分析、评价找出项目失败的原因，总结其经验教训，收集及时有效的信息反馈，为未来新软件工程项目的决策以及提高完善投资管理水平提供参考意见和建议，同时也可为被评的软件工程项目在实施运营过程中出现的问题提出改进意见，从而提高投资效益。

9.1.2　软件工程项目后评价的特点

软件工程项目后评价与前期的可行性研究以及项目前评价相比，主要有以下特点：

软件工程项目后评价的特点

（1）现实性。软件工程项目后评价研究的是项目的实际情况，各种分析数据资料都是现实发生的真实数据或者根据实际情况进行重新预测的数据。而软件工程项目的可行性分析以及项目前评价，是预测其项目未来的状况，借助的是相关历史数据或者预测数据。

（2）全面性。软件工程项目后评价通常要分析投资过程和经营过程；要分析投资经济效益；还要分析经营管理状况，从而发掘软件工程项目的潜力。

（3）反馈性。软件工程项目后评价的主要目的在于为本企业或者相关部门反馈信息，为今后的软件工程类项目管理、投资计划的制订与投资决策提供数据支持以及积累相关经验，并用来检测项目投资决策的正确性。

（4）合作性。软件工程项目前评价与可行性分析通常只需要投资主体和评价单位之间的合作即可，而软件工程项目后评价则需要更多单位和人员参与，如项目经理、专职技术经纪人、软件企业的管理人员、投资方主管部门等多方合作，其项目后评价方能顺利进行。

（5）独立性。软件工程项目后评价的独立性标志着后评价的合法性，后评价应从项目投资者和受援者或项目业主以外的第三者的角度出发，独立地进行，特别是要避免项目决策者和管理者自己评价自己的情况发生。独立性应贯穿后评价的全过程，即从后评价项目的选定、计划的编制、任务的委托、评价者的组成，到评价过程和报告。

（6）可信性。软件工程项目后评价的可信性取决于项目评价者的独立性和相关经验、资料信息的可靠性，以及评价方法的实用性。可信性的一个重要标志是既反映出项目的成功经验又反映出项目的失败教训，这就要求评价者具有广泛的阅历和丰富的经验。同时，软件工程项目后评价也提出了"参与"的原则，要求项目执行者和管理者参与后评价，以利于收集资料和查明情况。为增强评价者的责任感和可信度，评价报告要注明评论者的职务或姓名。评价报告要说明所用资料的来源或出处，报告的分析和结论应有充分可靠的依据。评价报告还应说明评价所采用的方法。

软件工程项目后评价与软件工程项目前评价、可行性分析因其评价目的与时间的不同而不同，主要体现在以下几个方面：

（1）所处的阶段不同。软件工程项目前评价和可行性分析属于项目建设的前期工作，主要为企业管理层决策项目是否开展提供可靠依据。而软件工程项目后评价则是在软件工程项目完成后对项目进行的再评价，是软件工程项目管理的延伸。

（2）评价的组织结构不同。软件工程项目前评价和可行性分析是由项目的投资主体、贷款机构或审批机构共同组织实施的。而软件工程项目后评价则一方面由项目运行管理机构或专门的项目后评价机构来完成，用以保证其评价工作的客观性与独立性；另一方面是由承建方自愿完成，便于总结现有项目并为将来其他项目的开展提供有效的数据支持。

（3）评价的依据不同。软件工程项目前评价和可行性分析主要依据国家或相关部门颁布的定额标准、参数；部分依据国内外企业或行业内类似项目的经验数据来衡量软件工程项目建设的必要性、可行性和合理性。而软件工程项目后评价虽然也会参照国家或相关部门颁布的定额标准、参数，但主要是拿本项目的实际数据与项目前评价或者行业内类似项目进行对比，检查项目的实际情况与预测数据的差距，分析其产生的原因，并提出改进措施。

（4）评价的内容不同。软件工程项目前评价和可行性分析所研究的主要内容是建设条件、设计方案、设计计划及经济社会效果。而软件工程项目后评价所研究的内容主要是在项目前评价的基础上进行再评价，还包括软件工程项目对策、实施效率等的评价，以及对项目实际运营状况进行的深入评价和分析。

（5）在投资决策中的作用不同。软件工程项目前评价和可行性分析直接作用于投资方或承建方的项目决策，是项目取舍的重要依据。而软件工程项目后评价则是间接作用于投资决策，主要用于投资决策的信息反馈以及将来项目的参考依据。

软件工程项目后评价与软件工程项目前评价的相同点是：① 性质相同，都是对软件工程项目整个生命周期全过程进行技术、经济论证；② 目的相同，都是为了提高软件工程项目的效益，实现经济、社会以及环境效益的统一。

软件工程项目后评价不是对项目前评价的简单重复，而是依据项目实际实施情况、运行效果以及国家政策与相关规定，对投资项目的决策水平、管理水平和实施效果进行地严格检验和评价，并总结经验教训，以促使项目更快更好的发挥效益。

9.1.3 软件工程项目后评价的作用

软件工程项目后评价的作用

软件工程项目后评价主要服务于投资决策，是出资人对投资活动进行监管的重要手段。软件工程项目后评价可以通过对已建成的项目进行全方位的评价和总结，用以改善企业经营管理，并在提高投资效益与改进项目管理等多方面发挥其重要的作用。软件工程项目后评价的作用主要有以下几个方面：

（1）提高建设软件工程项目决策的科学化水平服务。

软件工程项目前评价主要为软件工程项目投资决策提供依据，而项目前评价所做的预测是否正确，则需要项目建设的实践来检验，并通过项目后评价来分析。通过建立完善的软件工程项目后评价制度以及评价方法体系，不仅可以促使项目前评价人员增强责任感，以提高软件工程项目预测的准确性；还可以通过项目后评价反馈的信息，及时纠正建设项目决策中存在的问题，为将来类似软件工程项目提供有效的数据支持，从而提高将来类似软件工程项目决策的科学化水平。

（2）为政府制订和调整有关经济政策提供参考。

软件工程项目后评价总结的经验教训，通常涉及政府的宏观经济管理中的某些问题。政府相关部门可以根据项目后评价反馈的信息，合理确定并调整投资规模和投资流向，协调各产业、部门及其内部的比例关系，及时修正某些不适合经济发展的宏观经济政策等参数。

（3）为银行调整信贷政策提供依据。

提供贷款的银行可以通过软件工程项目后评价，分析整个项目建设资金使用过程中所存在的问题，分析研究贷款项目成功或者失败的原因，进而为调整信贷政策提供依据。

（4）为提高出资人建设软件工程项目的监管水平提出建议。

大、中型软件工程项目都比较复杂，通常涉及贷款机构、承建方、监理公司、政府相关部门以及委托单位等部门，只有各部门通力协作才能保证软件工程项目顺利完工。软件工程项目后评价通过对已建成项目的实际建设情况进行分析研究，总结项目在组织管理、沟通协调等方面的先进经验和失败教训，为出资人对未来项目的管理活动提供借鉴，以提高软件工程项目的监管水平。

（5）有利于提高生产能力和经济效益。

软件工程项目投产后，经济效益的好坏、何时能达到生产能力等问题都是软件工程项目后评价十分关心的问题。如果有的项目到了达产期却不能达产，或者虽已达产但效益较差，在进行软件工程项目后评价时就必须认真分析原因，提出措施，促其尽快达产，努力提高经济效益，使建成后的项目充分发挥作用。

（6）有利于提高引进技术和装备的成功率。

通过软件工程项目后评价，总结引进技术和装备过程中成功的经验和失误的教训，提高引进技术和装备的成功率。

（7）有利于控制项目造价。

大中型软件工程项目的投资额较大，稍加控制造价就可能节约一笔可观的投资。目前，在项目建设前期决策阶段的咨询评估、招投标工作等，都是控制项目造价的有效方法。通过软件工程项目后评价，总结这方面的经验教训，对于控制工程造价将会起到积极的作用。

9.1.4　软件工程项目后评价的程序

软件工程类项目因其规模、复杂程度的不同，不同的软件工程项目后评价的工作程序会有所差异，但通常遵循着客观与循序渐进的过程。其具体可以概括为以下六个步骤。

软件工程项目后
评价的程序

1）软件工程项目后评价机构的组建

软件工程项目后评价机构通常需要满足两个要求：① 客观可信性、公正性。要求软件工程项目后评价机构排除人为干扰，独立的对整个项目的实施和结果做出客观的评价，进而保证项目的客观可信性及公正性。② 反馈性。软件工程项目后评价机构应当具有反馈检查功能，能与计划决策部门形成良好的反馈回路，使项目后评价的信息能够迅速的反馈到决策部门。

国外的软件工程项目后评价机构相对独立，且每个评价机构只负责其投资的项目后评价组织工作。我国的软件工程项目后评价机构的组建也可以借鉴该方法，而不是仅由软件工程项目的原可行性研究单位、前评价单位或者项目实施中的管理单位实施项目后评价。当然，如果是软件工程项目的承建企业为了其自身项目数据的收集及管理工作，也可以自行组织项目后评价工作。

2）制订软件工程项目后评价计划

软件工程项目后评价机构应当根据项目的相关特点，通过确定项目后评价的具体对象、范围、目标来制订必要的后评价计划。

从完善的软件工程类项目管理的角度来看，原则上是需要对所有已完工的项目进行后评价。但由于我国现阶段项目后评价的方法体系还不够完善，客观条件（如从事项目后评价的从业人员较为稀缺）不够成熟，因此不可能对所有的软件工程类项目进行后评价。结合我国国情以及项目管理的进一步优化，软件工程项目后评价可以分阶段实施：第一个阶段，选择一些对国民经济有重大影响，且由国家投资的大、中型软件工程项目进行专业后评价工作，与此同时，项目承建方可以根据自身条件自行组织项目后评价；第二个阶段，在我国项目后评价方法体系得到完善的情况下，全面开展对所有软件工程项目的后评价工作。

3）收集和整理相关资料和数据

根据制订的软件工程项目后评价计划，后评价人员应当制订详细的调查提纲，确定调查的对象与调查所用的方法，并收集项目相关资料和数据。需要收集的资料主要包括：

（1）软件工程项目建设的相关档案资料。

软件工程项目建设的相关档案资料主要包括软件工程项目规划方案、项目建议书、可行性研究报告、项目评价报告、设计任务书、工程概算（预算）和决算报告、初步设计材料和批文、各种项目大事记、设备选型方案、设备变更申请文件、各种协议书、项目竣工验收报告以及有关合同文件等。

（2）软件工程项目运行的相关资料。

软件工程项目运行的相关资料主要包括软件工程项目投产后的销售收入状况、生产经营成本状况、利润状况、税种、税率、物价指数变化以及项目贷款本息偿还状况等。这类资料可从资产负债表、损益表等有关会计报表中反映出来。

（3）国家经济政策与规定的相关资料。

国家经济政策与规定的相关资料主要包括与软件工程项目有关的国家宏观经济政策、产业政策、发展策略、长远规划、金融政策、工程项目政策、税收政策、环境保护政策、社会责任以及其他相关政策与规定等。

（4）软件工程项目所在行业的相关资料。

软件工程项目所在行业的有关资料主要包括国内外同行业项目的劳动生产率水平、技术水平、经济规模与经营状况等。

（5）有关部门制定的软件工程项目后评价的方法。

各部门规定的软件工程项目后评价方法所包括的内容都会有差异，项目后评价人员应当根据委托方的意见，选择适当的后评价方法。

（6）软件工程项目相关的其他资料。

根据项目的具体特点与后评价的要求，还要收集其他有关的资料，如项目的技术资料、设备运行资料等。

4）整理分析资料和数据，应用项目后评价方法分析论证

在充分收集和整理软件工程项目后评价相关资料的基础上，软件工程项目后评价人员应根据国家相关部门制定的项目后评价方法，对项目建设与生产过程进行全面的定量与定性分析论证，并与前评价进行对比分析，合理地评价软件工程项目建设的实际效果，找出差异及其原因，总结经验，提出改进措施和建议。

5）编制项目后评价报告

软件工程项目后评价报告是项目后评价的最终成果，是反映项目经验教训的重要文件。项目后评价报告的编制必须坚持客观、公正和科学的原则，反映真实情况。报告的文字要准确、简练，尽可能不用过分生疏的专业化词汇；报告内容的结论、建议要和问题分析相结合，并把评价结果与未来规划和政策的制定、修改相联系。

6）上报软件工程项目后评价报告

将编制好的正式的软件工程项目后评价报告上报给后评价组织部门。

9.2 软件工程项目后评价的内容与方法

9.2.1 软件工程项目后评价的内容

1. 软件工程项目目标评价

软件工程项目目标评价是通过对项目初期立项审批决策时所确定的目标，与项目实际运作所产生的某些经济、技术指标进行比较，检查项目是否达到了预期目标，并分析论证实际项目发生变化的原因。倘若原项目目标不明确，项目目标超前或滞后等，则需要在项

目后评价中进行详细的分析与评价。

2. 软件工程项目实施过程评价

软件工程项目实施过程评价主要是通过对项目的结果及作用，在项目生命周期内的各个环节进行检查和分析，对项目的实施效率进行评价。

（1）软件工程项目立项决策评价。

首先，对事先确定好的项目方案进行分析评价，分析在同等资金投入的情况下是否有其他替代方案可以达到甚至超越当前的项目效果；其次，检查立项决策的正确性，根据当前国内、外社会环境来验证软件工程项目前评估时所作的预测是否合理。

（2）系统集成类软件工程项目勘察设计后评价。

大部分大、中型软件工程项目都是系统集成类的，涉及项目现场的勘探等工作，此类项目的勘察设计后评价需要审查承担勘察设计任务单位的资格、合同签订、设计质量及效率；设计依据、规范、标准等的合理性；引进的设施设备的标准能否达到建设单位的实际需要等分析工作。

（3）软件工程项目前期工作后评价。

软件工程项目前期工作后评价主要是对项目筹建、决策、勘察设计、招投标、资金落实等工作的后评价。

（4）软件工程项目实施阶段后评价。

软件工程项目实施阶段是指从项目立项开始到最终验收的时间段。按照软件工程项目实施的程序，其项目后评价应包括：项目实施准备工作后评价、项目实施管理后评价、项目实施方式及管理后评价、项目监理后评价、项目验收及试运行后评价等。软件工程项目实施阶段后评价主要涉及项目软、硬件变更情况、资金的供应及使用情况、项目技术方案、项目实施进度、项目成本、项目工期、项目质量保证、项目测试情况、项目中期验收、第三方评测、项目的最终验收等诸多方面的内容与项目前评价中各类预测方案的对比分析以及再评价。重点放在项目实施过程中发生的子项目质量差、超工期、超预算、效率低下等原因的查找及分析上。

如果是专业的软件工程项目后评价机构，而非项目承建企业自行组织的项目后评价，还需要分析评价承建单位整个项目实施的单位组织、人员素质、分包情况、项目实施准备、项目实施组织设计的编制、项目落实情况、项目实施质量、项目参与人员的培训、项目技术管理、项目监理活动等。

（5）软件工程项目运营阶段后评价。

软件工程项目运营阶段后评价主要包括项目经营管理的再评价，项目生产销售等情况的再评价，项目达产情况的再评价，项目投入和产出的再评价，项目经济后评价等。

（6）软件工程项目管理后评价。

软件工程项目管理后评价是通过对项目最终验收、项目效益后评价以及其他相关资料的收集而对项目整个生命周期中各个阶段工作进行分析与评价，进而得知当前项目管理的水平，通过吸取经验与教训，保证以后项目管理工作能更好地完成。软件工程项目管理后评价主要包括项目的综合管理后评价、项目的过程后评价和项目的管理后评价。

（7）软件工程项目可行性研究水平综合后评价。

软件工程项目可行性研究水平综合后评价主要是对项目可行性研究的内容与深度进行

评价。软件工程项目可行性研究水平综合后评价主要从预测依据、方法与预测人员的素质等各方面对可行性研究深度进行总体地分析与评价，主要包括对项目实施过程的实际情况与预测情况偏差的考核；对项目预测因素与实际变化的偏离评价；对项目实际敏感性因素与敏感性水平的评价；对可行性研究的各种假设条件与实际情况偏差的评价；对预测投资效益指标与实际指标偏差的评价等。

3. 软件工程项目经济效益评价

软件工程项目经济效益评价主要包括财务评价与国民经济评价，是对后评价时点以前各年度中软件工程项目实际所发生的效益和费用的分析与评价，并对后评价时点以后的效益和费用进行重新预测，并从项目实施效果评价中找出项目所存在的问题及问题产生的根源。

4. 软件工程项目可持续性评价

软件工程项目可持续性评价是指在软件工程项目建成投入运营后对项目既定目标是否能按计划实现，项目是否能长期保持良好的效益，项目是否具有可重复性等多方面内容做出评价。软件工程项目可持续性评价通常应考虑政治政策、经济财务、社会文化、相关技术、生态环境以及管理因素等对项目未来发展趋势的影响，对项目进行客观、科学地预测与分析。

5. 软件工程项目影响评价

通过软件工程项目运营后对经济、政治、技术以及环境等方面所产生的影响，来评价项目决策的正确性。如果项目建成后达到了预期的效果，对国民经济发展、生产力布局、产业结构调整、人民生活水平提高、环境保护等诸多方面都带来有益的影响，说明项目的决策是正确的；如果背离了既定的决策目标，则应具体分析，找出原因，引以为戒。软件工程项目的影响评价从国家宏观角度来分析，主要进行经济与社会影响评价。

（1）软件工程项目经济影响评价。软件工程项目经济影响评价主要分析软件工程项目对所在国家、地区经济发展的影响与作用，主要包括项目对技术进步、产业结构以及经济分配效果等的影响评价。

（2）软件工程项目社会影响评价。软件工程项目社会影响评价主要分析软件工程项目对国家、地区、部门、项目本身及周边地区发展目标的贡献及影响，涉及的内容包括就业效果、受益者范围、周边居民生活质量以及生活条件的改善、地方社区的发展等。

6. 软件工程项目综合评价

软件工程项目综合评价主要涉及项目的成败分析以及项目管理各环节的分析。该项评价主要使用成功度评价法，该方法将在下一小节软件工程项目后评价的方法中介绍。

9.2.2 软件工程项目后评价的方法

1. 对比分析法

对比分析法是软件工程项目后评价的基本方法，主要包括前后对比法与有无对比法。前后对比法是指将软件工程项目实施之前与完成之后的情况进行比较，以确定项目的作用和效益的一种对比方法。在软件工程项目后评价中，前后对比法则是指将项目前期的可行性研究和评估的预测结论与项

软件工程项目后
评价的方法

目的实际运行结果进行比较，以发现变化并分析原因的一种对比分析法。这种对比用于揭示计划、决策与实施的质量，是项目过程评价应遵循的原则。采用前后对比法时，务必要注意前、后数据的可比性。

有无对比法是指将软件工程项目实际发生的情况与假设没有该项目可能发生的情况进行对比，用于度量项目的真实效益、影响与作用的一种对比分析法。要注意分清项目作用的影响与非项目作用的影响。该方法中的"有"与"无"是指评价的对象，即计划、规划或项目，其评价是通过对比软件工程实施项目所付出的资源代价与项目实施后产生的效果所得出项目的好坏，关键点是要求投入的代价与产出的效果口径必须一致。也就是说，此方法所度量的效果要真正归因于项目。

2. 因素分析法

软件工程项目投资效果的各个指标，通常是由多种因素决定的，只有把综合性指标分解成原始因素，才能更好地确定指标完成好坏的具体原因以及症结所在。这种把综合指标分解成各个因素的方法称为因素分析法。

因素分析法的步骤：① 确定某项指标是由哪些因素组成；② 确定各个因素与指标之间的关系；③ 确定各个因素所占比重。项目后评价人员应将各个影响因素加以分析，寻找出主要影响因素，并具体分析各影响因素对主要技术经济指标的影响程度。

3. 逻辑框架法

逻辑框架法（Logical Framework Approach，LFA）是美国国际开发署（USAID）于 1970 年开发并使用的一种设计、计划和评价工具，目前大部分国际组织把 LFA 作为援助项目的计划管理和后评价的主要方法。

LFA 是一种概念化论述项目的方法，即将一个复杂项目的多个具有因果关系的动态因素组合起来，用一张简单的框图来分析其内涵和关系，以确定项目范围与任务，界定项目目标和达到其目标所需手段之间的逻辑关系，以评价整个项目活动及成果的方法。在软件工程项目后评价中，通过逻辑框架法来分析项目原定的预期目标、层次、目标实现的程度以及项目成败的原因，进而评价项目的效果、作用及影响。

LFA 的模式是一个 4×4 的矩阵模式，横行表示项目目标的层次（称为垂直逻辑），竖行表示验证这些项目目标是否达到的方式（称为水平逻辑）。垂直逻辑主要分析项目计划做什么，梳理清楚项目手段与其结果之间的关系，确定项目本身与项目所在地的社会、物质、政治环境中的不确定因素等。而水平逻辑则是要衡量项目的资源与结果，确立客观的验证指标及指标的验证方法来进行分析。水平逻辑要求对垂直逻辑四个层次上的结果做出详细地说明。LFA 的基本模式如表 9-1 所示。

表 9-1 逻辑框架法基本模式表

层次描述	客观验证指标	验证方法	重要外部条件
目标	目标指标	检测与监督手段及方法	实现目标的主要条件
目的	目的指标	检测与监督手段及方法	实现目标的主要条件
产出	产出物定量指标	检测与监督手段及方法	实现目标的主要条件
投入	投入物定量指标	检测与监督手段及方法	实现目标的主要条件

4. 成功度评价法

成功度评价法又称为专家打分法，通常以逻辑框架法分析项目目标的实现程度和经济效益分析的评价结论为基础，以项目的目标和效益为核心所进行地全面系统评价的一种评价方法。该评价法依靠评价专家或专家组的经验，综合后评价各项指标的评价结果，对项目的成功程度作出定性地分析与评价。

在进行软件工程项目成功度评价时，评价人员首先要根据具体项目的类型和特点，确定评价指标与项目相关的程度，把相关重要性分为"重要""次重要"与"不重要"三类。不用测定相关重要性中"不重要"的指标，只需测定"重要"和"次重要"的项目内容，通常的软件工程项目实际需测定的指标在十项左右。

在测定各项指标时，一般采用权重制与打分制相结合的方法，打分情况如表9-2所示。先给每项指标确定项目相关重要性，再根据实际执行情况评定等级（打分），最后根据前两项计算项目指标权重，具体见表9-3成功率评价法打分示例表。

表9-2　成功度评价法打分等级明细表

序号	打分等级	等级代表情况	实现项目目标角度	项目效益角度
1	AA	成功	完全实现了项目目标或超出目标	总体效益非常大
2	A	基本成功	大部分实现了项目目标	总体效益较大
3	B	部分成功	实现了项目的部分目标	取得了一定的项目效益
4	C	不成功	实现的项目目标较少	取得的效益较少
5	D	失败	没有实现项目目标	没有取得效益或亏损

表9-3　成功度评价法打分示例表

序号	评定项目指标	项目相关重要性	评定等级	权重
1	宏观目标与产业政策			
2	项目目标及其市场			
3	项目投资及其控制			
4	项目资金来源与融资			
5	项目进度及其控制			
6	项目质量及其控制			
7	机构与管理			
8	项目财务效益			
9	项目经济效益			
10	社会与环境影响			
11	项目经营			
12	资源与建设条件			
13	项目可持续性			
14	软件工程项目总成功度			

5. 综合后评价法

软件工程项目综合后评价是指在软件工程项目的各个项目阶段、从各个项目组织的各种层次评价的基础上探索项目的整体优化过程的一种评价方法。由于一些大、中型软件工程项目的复杂性，受技术、经济、社会等因素的影响较多，各种评判指标通常只能反映项目的某些局部功能，因此采用综合后评价法对软件工程项目进行后评价，更能从整体上来把握项目的建设质量及决策水平。

软件工程项目综合后评价法的步骤是：① 确定评价目标；② 明确评价范围；③ 确定评价指标及标准；④ 确定评价指标的权重；⑤ 确定综合评价的判断依据。

软件工程项目综合后评价法通常采用定性与定量分析相结合的方式来进行，常用的方法有：德尔菲法（专家调查法）、层次分析法、模糊综合评价法等。

9.3　软件工程项目营运后评价

9.3.1　软件工程项目营运后评价的目的和意义

软件工程项目营运后评价的目的是通过软件工程项目建成后的实际数据或者重新预测的数据来衡量其实际经营情况与投资效益，分析并评价其与同类项目经营状况和投资效益的偏离程度及原因，比较系统地总结软件工程项目投资的经验教训，并进一步为提高投资效益提出切实可行的建议。软件工程项目营运后评价的意义有以下三点。

（1）全面衡量软件工程项目的实际投资效益。

软件工程项目的实际投资效益只有在上线营运后才能充分体现出来，因此只有通过对营运后软件工程项目的实际营运情况进行评价，根据真实的数据资料来反映项目的实际投资效益，进而分析项目实际投资效益与项目前评价预测效益的偏离情况及原因。

（2）系统地总结软件工程项目投资的经验教训，进而指导未来项目投资活动。

大、中型软件工程项目的建设周期较长，项目的准备、决策以及实施过程中容易受各种主、客观因素的影响，因此项目的实际投资效益难免与预计效益有所偏差。产生偏差的具体原因可能是设计考虑不周全、决策失误、工期拖延、项目质量差、市场环境的变化、自然灾害、经营不善、政治因素等。只有通过对软件工程项目营运后实际投资效果的评价、考核，才能比较系统地分析与总结项目的投资经验教训，为相关部门制订未来类似的项目投资计划、投资政策等工作提供有效的数据支持。

（3）通过采取一些补救措施，提高软件工程项目营运的实际经济效益。

软件工程项目营运阶段的实际经济效益不好，其原因可能是企业经营管理不善，也可能是软件工程项目所遗留下来的问题所致。只有通过项目的营运后评价来分析评价其实际营运状况，找出项目投资效益没能充分发挥的原因，并采取相应的补救措施，如改进企业的销售策略、改进企业经营管理等方式，进而提高企业的实际经营效益。

9.3.2　软件工程项目营运后评价的内容和方法

软件工程项目营运阶段包括从项目上线使用到项目生命期末的全过程。由于项目后评价的时机通常选择在项目上线运行的 1－2 年内，项目的实际投资效益还未充分体现出来，所以软件工程项目营运后评价除了对项目实际营运状况进行分析与评价外，还需要根据项目上线后的实际数据来推测未来的发展状况，需要对项目未来发展趋势进行科学的预测。

软件工程项目营运后评价的主要内容有：

1. 企业经营管理状况的评价

（1）企业项目上线以后经营管理机构的设置和调整情况。包括设置的机构是否科学合理，调整的依据是什么，调整前后运行效率的比较，是否适应企业生存和发展的需要等。

（2）企业高层领导班子的情况。包括项目上线后企业高层领导班子的调整前后工作效率的比较，调整后企业高层领导的组成情况、干部素养、团队合作能力及其工作业绩情况，基层干部对高层领导班子的反映情况。

（3）企业管理人员配备情况。例如，管理人员的比重，管理人员的素质、知识结构等。

（4）经营管理的主要策略与实施效果。例如，质量策略、创新策略等。

（5）企业现行管理规章制度。包括管理规章制度的完善情况，对企业经济效益产生的影响情况等。

（6）归纳总结从企业经营管理中可吸取的经验教训，提出改善企业经营管理及进一步发挥项目投资效益的相关建议。

2. 软件产品方案的评价

（1）软件工程项目上线运行后到项目后评价时为止的软件产品规格和版本的变化情况。

（2）分析软件产品方案的调整对项目投资效益的影响，评价软件产品方案调整的成本。

（3）现行软件产品方案是否适应消费对象的消费需求，现行软件产品方案与前评价或可行性研究时的设计方案相比的变化程度，软件产品方案的变化影响项目投资效益的程度。

（4）软件产品选择的销售方式。例如，广告的形式以及广告的成本与效果，对软件产品销售的影响情况等。

3. 软件工程项目达产年限的评价

软件工程项目的达产年限是指投产建设的软件工程项目从投产之日到其辅助生产产量达到设计生产能力(或者软件工程项目达到某种社会效益或效果)所经历的全部时间，通常以年作为单位。软件工程项目达产年限包括设计达产年限和实际达产年限。设计达产年限通常是指在设计文件或可行性研究报告中所规定的软件工程项目达产年限；而实际达产年限则是指从软件工程项目投产起到实际产量达到设计生产能力或者达到某种社会效益所经历的时间。

软件工程项目的设计达产年限与实际达产年限受各种因素的影响，很容易出现不一致的情况，因此在进行软件工程项目后评价时，非常有必要对项目达产年限进行单独地评价。

软件工程项目达产年限评价的内容和步骤如下：

（1）计算软件工程项目实际达产年限。

（2）计算软件工程项目实际达产年限的变化情况。其主要与项目前期设计或项目前评价预测的达产年限进行对比，一般以实际达产年限变化率或实际达产年限与设计或预测的达产年限的差值来表示。

（3）查找软件工程项目实际达产年限和设计达产年限，比较两者发生变化的原因。

（4）分析并计算软件工程项目达产年限变化所带来的实际效益或损失。

（5）分析软件工程项目达产年限评价的结论，总结经验教训，为促使项目早日达产制定可行的对策与措施。

4. 软件产品生产成本的评价

软件产品生产成本是反映软件产品生产过程中物资资料与劳动力消耗的一个主要指标，是企业在一定时期内为研制、生产与销售一定数量的产品所支出的全部费用。软件产品生产成本的高低对项目投资效益的发挥好坏会产生显著的作用。生产成本高，则项目销售利润减少，软件工程项目投资效益降低；生产成本低，则软件工程项目销售利润增多，项目投资效益也相应增多。进行软件工程项目后评价时，进行软件产品生产成本评价的目的在于考核项目的实际生产成本，衡量项目实际生产成本与预测生产成本的偏离程度，并分析产生这种偏离的原因，为今后项目投资进行成本预测提供经验，同时为提高项目实际投资效益提出切实可行的建议。

软件产品生产成本评价的内容和步骤如下：

（1）计算软件工程项目实际软件产品的生产成本，包括生产总成本与单位生产成本。在进行软件工程项目后评价时，软件产品生产成本不需要重新计算，可以直接查阅企业相关财务报表获得。

（2）分析软件产品总成本的构成及其变化情况。

（3）分析软件产品实际单位生产成本的构成及其变化情况。

（4）与软件工程项目前评价或可行性研究中的预测成本比较，计算实际生产成本变化率并分析实际生产成本与预测成本的偏差及产生的原因。

（5）分析软件工程项目实际生产成本发生变化对项目投资效益的影响程度，并提出降低软件工程项目实际生产成本的有效措施。

5. 软件产品销售利润的评价

销售利润是反映软件工程项目投资效益的重要指标之一。对其进行评价的目的在于考核项目的软件产品销售利润和投产后或者项目上线营运后各年产品销售利润额的变化情况，分析和评价实际产品销售利润与项目前评价或可行性研究中的预测销售利润的偏离程度及原因，并提出进一步提高项目软件产品的销售利润的措施，从而提高项目投资效益。

软件产品销售利润评价的内容与步骤如下：

（1）计算软件产品上线或是投产后历年实际销售利润的变化及原因。

（2）计算实际软件产品销售利润变化率。

（3）分析项目实际软件产品销售利润偏离预测销售利润的原因，并计算各种因素对实际软件产品销售利润的影响程度。

（4）为提高实际软件产品的销售利润提出对策与建议。

6. 软件工程项目经济后评价

软件工程项目经济后评价是项目后评价的核心内容之一。软件工程项目经济后评价的目的主要涉及两个方面，一方面是衡量项目投资的实际经济效果，比较和分析项目实际投资效益与预测投资效益的偏离程度及原因；另一方面通过信息反馈，为今后提高项目决策的科学化水平服务。软件工程项目后评价分为软件工程项目财务后评价与软件工程项目国民经济后评价两项内容。软件工程项目前、后对比评价指标分析表如表9-4所示。

表9-4 软件工程项目前评价和后评价经济指标对比分析表

序号	软件工程项目	前评价指标	后评价指标	前后差额	原因分析
1	项目总投资				
2	项目开发期				
3	投资利润率				
4	资本金利润率				
5	内部收益率				
6	净现值				
7	投资回收期				
8	贷款偿还期				
9	资产负债比率				
10	流动比率				
11	速动比率				

7. 对软件工程项目可行性研究水平进行综合评价

尽管在软件工程项目前期工作后评价与实施后评价中都已对项目可行性研究水平做过详细地评价，但只有在项目营运后评价时，才有可能对项目可行性研究水平进行综合评价。因为软件工程项目营运阶段是项目实际投资效益发挥的时期，通过软件工程项目营运后评价，尤其是通过项目经济后评价，才能具体计算出项目的实际投资效益指标，也便于和可行性研究中的相关预测指标进行比较与分析。软件工程项目可行性研究水平评价的内容主要是对项目可行性研究的内容与深度进行分析和评价。其评价的内容和步骤如下：

（1）分析与评价软件工程项目实施过程的实际情况和预测情况的偏差。

（2）分析与评价软件工程项目预测因素的实际变化和预测情况的偏离程度。其主要包括投资费用、软件产品的产量、生产成本、销售收入、价格、市场需求、各项费率和国家参数等偏差。

（3）分析与评价可行性研究的各种假设条件与实际情况的偏差。其主要包括软件产品的销售量；贷款利率、通货膨胀率等偏差。

（4）分析与评价实际投资效益指标和预测投资效益指标的偏离程度。其主要包括实际投资利润率、实际投资利税率、实际净现值、实际内部收益率、实际投资回收期、实际贷款偿还期等变化。

（5）分析与评价软件工程项目实际敏感性因素与敏感性水平。

（6）对软件工程项目可行性研究深度进行总体评价。其主要通过上述各项的考察，综合计算预测情况和实际情况的偏差幅度，然后再根据设定的标准，评价可行性研究的深度。可行性研究深度的评价标准可以是：

当偏离程度小于 15％时，符合可行性研究深度的合格要求；

当偏离程度在 15％～25％之间时，可行性研究深度和预测的可行性研究水平相当；

当偏离程度等于 25％时，可行性研究深度与编制项目建议书阶段的预测水平相当；

当偏离程度超过 35％时，则可行性研究的深度不合格。

(7) 具体研究和分析当软件工程项目实际可行性的研究水平表现为(6)中后三种情况的原因时，究竟是预测依据不可靠，还是预测方法不科学；是预测人员素质差，还是预测水平低所致；是人为干预，还是由客观环境变化所造成。

(8) 对软件工程项目可行性研究水平进行综合评价，可为今后提高类似软件工程项目可行性研究水平提供经验教训。

练 习 题

1. 软件工程项目后评价的特点是什么？

2. 软件工程项目后评价与前评价的区别是什么？

3. 软件工程项目后评价的作用是什么？

4. 软件工程项目后评价的基本程序是怎样的？

5. 软件工程项目后评价的内容是什么？

6. 软件工程项目后评价的方法有哪些？

7. 软件工程项目营运后评价的目的是什么？

8. 软件工程营运后评价的意义是什么？

9. 软件工程营运后评价的内容和方法是什么？

附录 常用资金等值系数表

$i=1\%$

年份	一次支付		等额多次支付			
	终值系数	现值系数	年金终值系数	偿债基金系数	年金现值系数	资本回收系数
n	$(F/P, i, n)$	$(P/F, i, n)$	$(F/A, i, n)$	$(A/F, i, n)$	$(P/A, i, n)$	$(A/P, i, n)$
1	1.0100	0.9901	1.0000	1.0000	0.9901	1.0100
2	1.0201	0.9803	2.0100	0.4975	1.9704	0.5075
3	1.0303	0.9706	3.0301	0.3300	2.9410	0.3400
4	1.0406	0.9610	4.0604	0.2463	3.9020	0.2563
5	1.0510	0.9515	5.1010	0.1960	4.8534	0.2060
6	1.0615	0.9420	6.1520	0.1625	5.7955	0.1725
7	1.0721	0.9327	7.2135	0.1386	6.7282	0.1486
8	1.0829	0.9235	8.2857	0.1207	7.6517	0.1307
9	1.0937	0.9143	9.3685	0.1067	8.5660	0.1167
10	1.1046	0.9053	10.4622	0.0956	9.4713	0.1056
11	1.1157	0.8963	11.5668	0.0865	10.3676	0.0965
12	1.1268	0.8874	12.6825	0.0788	11.2551	0.0888
13	1.1381	0.8787	13.8093	0.0724	12.1337	0.0824
14	1.1495	0.8700	14.9474	0.0669	13.0037	0.0769
15	1.1610	0.8613	16.0969	0.0621	13.8651	0.0721
16	1.1726	0.8528	17.2579	0.0579	14.7179	0.0679
17	1.1843	0.8444	18.4304	0.0543	15.5623	0.0643
18	1.1961	0.8360	19.6147	0.0410	16.3983	0.0610
19	1.2081	0.8277	20.8109	0.0481	17.2260	0.0581
20	1.2202	0.8195	22.0190	0.0454	18.0456	0.0554
21	1.2324	0.8114	23.2392	0.0430	18.8570	0.0530
22	1.2447	0.8034	24.4716	0.0409	19.6604	0.0509
23	1.2572	0.7954	25.7163	0.0389	20.4558	0.0489
24	1.2697	0.7876	26.9735	0.0371	21.2434	0.0471
25	1.2824	0.7798	28.2432	0.0354	22.0232	0.0454
26	1.2953	0.7720	29.5256	0.0339	22.7952	0.0439
27	1.3082	0.7644	30.8209	0.0324	23.5596	0.0424
28	1.3213	0.7568	32.1291	0.0311	24.3164	0.0411
29	1.3345	0.7493	33.4504	0.0299	25.0658	0.0399
30	1.3478	0.7419	34.7849	0.0287	25.8077	0.0387

$$i=2\%$$

年份	一次支付		等额多次支付			
	终值系数	现值系数	年金终值系数	偿债基金系数	年金现值系数	资本回收系数
n	$(F/P, i, n)$	$(P/F, i, n)$	$(F/A, i, n)$	$(A/F, i, n)$	$(P/A, i, n)$	$(A/P, i, n)$
1	1.0200	0.9804	1.0000	1.0000	0.9804	1.0200
2	1.0404	0.9612	2.0200	0.4950	1.9416	0.5150
3	1.0612	0.9423	3.0604	0.3268	2.8839	0.3468
4	1.0824	0.9238	4.1216	0.2426	3.8077	0.2626
5	1.1041	0.9057	5.2040	0.1922	4.7135	0.2122
6	1.1262	0.8880	6.3081	0.1585	5.6014	0.1785
7	1.1487	0.8706	7.4343	0.1345	6.4720	0.1545
8	1.1717	0.8535	8.5830	0.1165	7.3255	0.1365
9	1.1951	0.8368	9.7546	0.1025	8.1622	0.1225
10	1.2190	0.8203	10.9497	0.0913	8.9826	0.1113
11	1.2434	0.8043	12.1687	0.0822	9.7868	0.1022
12	1.2682	0.7885	13.4121	0.0746	10.5753	0.0946
13	1.2936	0.7730	14.6803	0.0681	11.3484	0.0881
14	1.3195	0.7579	15.9739	0.0626	12.1062	0.0826
15	1.3459	0.7430	17.2934	0.0578	12.8493	0.0778
16	1.3728	0.7284	18.6393	0.0537	13.5777	0.0737
17	1.4002	0.7142	20.0121	0.0500	14.2919	0.0700
18	1.4282	0.7002	21.4123	0.0467	14.9920	0.0667
19	1.4568	0.6864	22.8406	0.0438	15.6785	0.0638
20	1.4859	0.6730	24.2974	0.0412	16.3514	0.0612
21	1.5157	0.6598	25.7833	0.0388	17.0112	0.0588
22	1.5460	0.6468	27.2990	0.0366	17.6580	0.0566
23	1.5769	0.6342	28.8450	0.0347	18.2922	0.0547
24	1.6084	0.6217	30.4219	0.0329	18.9139	0.0529
25	1.6406	0.6095	32.0303	0.0312	19.5235	0.0512
26	1.6734	0.5976	33.6709	0.0297	20.1210	0.0497
27	1.7069	0.5859	35.3443	0.0283	20.7069	0.0483
28	1.7410	0.5744	37.0512	0.0270	21.2813	0.0470
29	1.7758	0.5631	38.7922	0.0258	21.8444	0.0458
30	1.8114	0.5521	40.5681	0.0246	22.3965	0.0446

$$i=3\%$$

年份	一次支付		等额多次支付			
	终值系数	现值系数	年金终值系数	偿债基金系数	年金现值系数	资本回收系数
n	$(F/P, i, n)$	$(P/F, i, n)$	$(F/A, i, n)$	$(A/F, i, n)$	$(P/A, i, n)$	$(A/P, i, n)$
1	1.0300	0.9709	1.0000	1.0000	0.9709	1.0300
2	1.0609	0.9426	2.0300	0.4926	1.9135	0.5226
3	1.0927	0.9151	3.0909	0.3235	2.8286	0.3535
4	1.1255	0.8885	4.1836	0.2390	3.7171	0.2690
5	1.1593	0.8626	5.3091	0.1884	4.5797	0.2184
6	1.1941	0.8375	6.4684	0.1546	5.4172	0.1846
7	1.2299	0.8131	7.6625	0.1305	6.2303	0.1605
8	1.2668	0.7894	8.8923	0.1125	7.0197	0.1425
9	1.3048	0.7664	10.1591	0.0984	7.7861	0.1284
10	1.3439	0.7441	11.4639	0.0872	8.5302	0.1172
11	1.3842	0.7224	12.8078	0.0781	9.2526	0.1081
12	1.4258	0.7014	14.1920	0.0705	9.9540	0.1005
13	1.4685	0.6810	15.6178	0.0640	10.6350	0.0940
14	1.5126	0.6611	17.0863	0.0585	11.2961	0.0885
15	1.5580	0.6419	18.5989	0.0538	11.9379	0.0838
16	1.6047	0.6232	20.1569	0.0496	12.5611	0.0796
17	1.6528	0.6050	21.7616	0.0460	13.1661	0.0760
18	1.7024	0.5874	23.4144	0.0427	13.7535	0.0727
19	1.7535	0.5703	25.1169	0.0398	14.3238	0.0698
20	1.8061	0.5537	26.8704	0.0372	14.8775	0.0672
21	1.8603	0.5375	28.6765	0.0349	15.4150	0.0649
22	1.9161	0.5219	30.5368	0.0327	15.9369	0.0627
23	1.9736	0.5067	32.4529	0.0308	16.4436	0.0608
24	2.0328	0.4919	34.4265	0.0290	16.9355	0.0590
25	2.0938	0.4776	36.4593	0.0274	17.4131	0.0574
26	2.1566	0.4637	38.5530	0.0259	17.8768	0.0559
27	2.2213	0.4502	40.7096	0.0246	18.3270	0.0546
28	2.2879	0.4371	42.9309	0.0233	18.7641	0.0533
29	2.3566	0.4243	45.2189	0.0221	19.1885	0,0521
30	2.4273	0.4120	47.5754	0.0210	19.6004	0.0510

$i=4\%$

年份	一次支付		等额多次支付			
	终值系数	现值系数	年金终值系数	偿债基金系数	年金现值系数	资本回收系数
n	$(F/P,i,n)$	$(P/F,i,n)$	$(F/A,i,n)$	$(A/F,i,n)$	$(P/A,i,n)$	$(A/P,i,n)$
1	1.0400	0.9615	1.0000	1.0000	0.9615	1.0400
2	1.0816	0.9246	2.0400	0.4902	1.8861	0.5302
3	1.1249	0.8890	3.1216	0.0320	2.7751	0.3603
4	1.1699	0.8548	4.2465	0.2355	3.6299	0.2755
5	1.2167	0.8219	5.4163	0.1846	4.4518	0.2246
6	1.2653	0.7903	6.6330	0.1508	5.2421	0.1908
7	1.3159	0.7599	7.8983	0.1266	6.0021	0.1666
8	1.3686	0.7307	9.2142	0.1085	6.7327	0.1485
9	1.4233	0.7026	10.5828	0.0945	7.4353	0.1345
10	1.4802	0.6756	12.0061	0.0833	8.1109	0.1233
11	1.5395	0.6496	13.4864	0.0741	8.7605	0.1141
12	1.6010	0.6246	15.0258	0.0666	9.3851	0.1066
13	1.6651	0.6006	16.6268	0.0601	9.9856	0.1001
14	1.7317	0.5775	18.2919	0.0547	10.5631	0.0947
15	1.8009	0.5553	20.0236	0.0499	11.1184	0.0899
16	1.8730	0.5339	21.8245	0.0458	11.6523	0.0858
17	1.9479	0.5134	23.6975	0.0422	12.1657	0.0822
18	2.0258	0.4936	25.6454	0.0390	12.6593	0.0790
19	2.1068	0.4746	27.6712	0.0361	13.1339	0.0761
20	2.1911	0.4564	29.7781	0.0336	13.5903	0.0736
21	2.2788	0.4388	31.9692	0.0313	14.0292	0.0713
22	2.3699	0.4220	34.2480	0.0292	14.4511	0.0692
23	2.4647	0.4057	36.6179	0.0273	14.8568	0.0673
24	2.5633	0.3901	39.0826	0.0256	15.2470	0.0656
25	2.6658	0.3751	41.6459	0.0240	15.6221	0.0640
26	2.7725	0.3607	44.3117	0.0226	15.9828	0.0626
27	2.8834	0.3468	47.0842	0.0212	16.3296	0.0612
28	2.9987	0.3335	49.9676	0.0200	16.6631	0.0600
29	3.1187	0.3207	52.9663	0.0189	16.9837	0.0589
30	3.2434	0.3083	56.0849	0.0178	17.2920	0.0578

$$i = 5\%$$

年份	一次支付		等额多次支付			
	终值系数	现值系数	年金终值系数	偿债基金系数	年金现值系数	资本回收系数
n	$(F/P, i, n)$	$(P/F, i, n)$	$(F/A, i, n)$	$(A/F, i, n)$	$(P/A, i, n)$	$(A/P, i, n)$
1	1.0500	0.9524	1.0000	1.0000	0.9524	1.0500
2	1.1025	0.9070	2.0500	0.4878	1.8594	0.5378
3	1.1576	0.8638	3.1525	0.3172	2.7232	0.3672
4	1.2155	0.8227	4.3101	0.2320	3.5460	0.2820
5	1.2763	0.7835	5.5256	0.1810	4.3295	0.2310
6	1.3401	0.7462	6.8019	0.1470	5.0757	0.1970
7	1.4071	0.7107	8.1420	0.1228	5.7864	0.1728
8	1.4775	0.6768	9.5491	0.1047	6.4632	0,1547
9	1.5513	0.6446	11.0266	0.0907	7.1078	0.1407
10	1.6289	0.6139	12.5779	0.0795	7.7217	0.1295
11	1.7103	0.5847	14.2068	0.0704	8.3064	0.1204
12	1.7959	0.5568	15.9171	0.0628	8.8633	0.1128
13	1.8856	0.5303	17.7130	0.0565	9.3936	0.1065
14	1.9799	0.5051	19.5986	0.0510	9.8986	0.1010
15	2.0789	0.4810	21.5786	0.0463	10.3797	0.0963
16	2.1829	0.4581	23.6575	0.0423	10.8378	0.0923
17	2.2920	0.4363	25.8404	0.0387	11.2741	0.0887
18	2.4066	0.4155	28.1324	0.0355	11.6896	0.0855
19	2.5270	0.3957	30.5390	0.0327	12.0853	0.0827
20	2.6533	0.3769	33.0660	0.0302	12.4622	0.0802
21	2.7860	0.3589	35.7193	0.0280	12.8212	0.0780
22	2.9253	0.3418	38.5052	0.0260	13.1630	0.0760
23	3.0715	0.3256	41.4305	0.0241	13.4886	0.0741
24	3.2251	0.3101	44.5020	0.0225	13.7986	0.0725
25	3.3864	0.2953	47.7271	0.0210	14.0939	0.0710
26	3.5557	0.2812	51.1135	0.0196	14.3752	0.0696
27	3.7335	0.2678	54.6691	0.0183	14.6430	0.0683
28	3.9201	0.2551	58.4026	0.0171	14.8981	0.0671
29	4.1161	0.2429	62.3227	0.0160	15.1411	0.0660
30	4.3219	0.2314	66.4388	0.0151	15.3725	0.0651

$$i=6\%$$

年份	一次支付		等额多次支付			
	终值系数	现值系数	年金终值系数	偿债基金系数	年金现值系数	资本回收系数
n	$(F/P, i, n)$	$(P/F, i, n)$	$(F/A, i, n)$	$(A/F, i, n)$	$(P/A, i, n)$	$(A/P, i, n)$
1	1.0600	0.9434	1.0000	1.0000	0.9434	1.0600
2	1.1236	0.8900	2.0600	0.4854	1.8334	0.5454
3	1.1910	0.8396	3.1836	0.3141	2.6730	0.3741
4	1.2625	0.7921	4.3746	0.2286	3.4651	0.2886
5	1.3382	0.7473	5.6371	0.1774	4.2124	0.2374
6	1.4185	0.7050	6.9753	0.1434	4.9173	0.2034
7	1.5036	0.6651	8.3938	0.1191	5.5824	0.1791
8	1.5938	0.6274	9.8975	0.1010	6.2098	0.1610
9	1.6895	0.5919	11.4913	0.0870	6.8017	0.1470
10	1.7908	0.5584	13.1808	0.0759	7.3601	0.1359
11	1.8983	0.5268	14.9716	0.0668	7.8869	0.1268
12	2.0122	0.4970	16.8699	0.0593	8.3838	0.1193
13	2.1329	0.4688	18.8821	0.0530	8.8527	0.1130
14	2.2609	0.4423	21.0151	0.0476	9.2950	0.1076
15	2.3966	0.4173	23.2760	0.0430	9.7122	0.1030
16	2.5404	0.3936	25.6725	0.0390	10.1059	0.0990
17	2.6928	0.3714	28.2129	0.0354	10.4773	0.0954
18	2.8543	0.3503	30.9057	0.0324	10.8276	0.0924
19	3.0256	0.3305	33.7600	0.0296	11.1581	0.0896
20	3.2071	0.3118	36.7856	0.0272	11.4699	0.0872
21	3.3996	0.2942	39.9927	0.0250	11.7641	0.0850
22	3.6035	0.2775	43.3923	0.0230	12.0416	0.0830
23	3.8197	0.2618	46.9958	0.0213	12.3034	0.0813
24	4.0489	0.2470	50.8156	0.0197	12.5504	0.0797
25	4.2919	0.2330	54.8645	0.0182	12.7834	0.0782
26	4.5494	0.2198	59.1564	0.0169	13.0032	0.0769
27	4.8223	0.2074	63.7058	0.0157	13.2105	0.0757
28	5.1117	0.1956	68.5281	0.0146	13.4062	0.0746
29	5.4184	0.1846	73.6398	0.0136	13.5907	0.0736
30	5.7435	0.1741	79.0582	0.0126	13.7648	0.0726

$$i = 8\%$$

年份	一次支付		等额多次支付			
	终值系数	现值系数	年金终值系数	偿债基金系数	年金现值系数	资本回收系数
n	$(F/P, i, n)$	$(P/F, i, n)$	$(F/A, i, n)$	$(A/F, i, n)$	$(P/A, i, n)$	$(A/P, i, n)$
1	1.0800	0.9259	1.0000	1.0000	0.9259	1.0800
2	1.1664	0.8573	2.0800	0.4808	1.7833	0.5608
3	1.2597	0.7938	3.2464	0.3080	2.5771	0.3880
4	1.3605	0.7350	4.5061	0.2219	3.3121	0.3019
5	1.4693	0.6806	5.8666	0.1705	3.9927	0.2505
6	1.5869	0.6302	7.3359	0.1363	4.6229	0.2163
7	1.7138	0.5835	8.9228	0.1121	5.2064	0.1921
8	1.8509	0.5403	10.6366	0.0940	5.7466	0.1740
9	1.9990	0.5002	12.4876	0.0801	6.2469	0.1601
10	2.1589	0.4632	14.4866	0.0690	6.7101	0.1490
11	2.3316	0.4289	16.6455	0.0601	7.1390	0.1401
12	2.5182	0.3971	18.9771	0.0527	7.5361	0.1327
13	2.7196	0.3677	21.4953	0.0465	7.9038	0.1265
14	2.9372	0.3405	24.2149	0.0413	8.2442	0.1213
15	3.1722	0.3152	27.1521	0.0368	8.5595	0.1168
16	3.4259	0.2919	30.3243	0.0330	8.8514	0.1130
17	3.7000	0.2703	33.7502	0.0296	9.1216	0.1096
18	3.9960	0.2502	37.4502	0.0267	9.3719	0.1067
19	4.3157	0.2317	41.4463	0.0241	9.6036	0.1041
20	4.6610	0.2145	45.7620	0.0219	9.8181	0.1019
21	5.0338	0.1987	50.4229	0.0198	10.0168	0.0998
22	5.4365	0.1839	55.4568	0.0180	10.2007	0.0980
23	5.8715	0.1703	60.8933	0.0164	10.3711	0.0964
24	6.3412	0.1577	66.7648	0.0150	10.5288	0.0950
25	6.8485	0.1460	73.1059	0.0137	10.6748	0.0937
26	7.3964	0.1352	79.9544	0.0125	10.8100	0.0925
27	7.9881	0.1252	87.3508	0.0114	10.9352	0.0914
28	8.6271	0.1159	95.3388	0.0105	11.0511	0.0905
29	9.3173	0.1073	103.9659	0.0096	11.1584	0.0896
30	10.0627	0.0994	113.2832	0.0088	11.2578	0.0888

$$i = 10\%$$

年份	一次支付		等额多次支付			
	终值系数	现值系数	年金终值系数	偿债基金系数	年金现值系数	资本回收系数
n	$(F/P, i, n)$	$(P/F, i, n)$	$(F/A, i, n)$	$(A/F, i, n)$	$(P/A, i, n)$	$(A/P, i, n)$
1	1.1000	0.9091	1.0000	1.0000	0.9091	1.1000
2	1.2100	0.8264	2.1000	0.4762	1.7355	0.5762
3	1.3310	0.7513	3.3100	0.3021	2.4869	0.4021
4	1.4641	0.6830	4.6410	0.2155	3.1699	0.3155
5	1.6105	0.6209	6.1051	0.1638	3.7908	0.2638
6	1.7716	0.5645	7.7156	0.1296	4.3553	0.2296
7	1.9487	0.5132	9.4872	0.1054	4.8684	0.2054
8	2.1436	0.4665	11.4359	0.0874	5.3349	0.1874
9	2.3579	0.4241	13.5795	0.0736	5.7590	0.1736
10	2.5937	0.3855	15.9374	0.0627	6.1446	0.1627
11	2.8531	0.3505	18.5312	0.0540	6.4951	0.1540
12	3.1384	0.3186	21.3843	0.0468	6.8137	0.1468
13	3.4523	0.2897	24.5227	0.0408	7.1034	0.1408
14	3.7975	0.2633	27.9750	0.0357	7.3667	0.1357
15	4.1772	0.2394	31.7725	0.0315	7.6061	0.1315
16	4.5950	0.2176	35.9497	0.0278	7.8237	0.1278
17	5.0545	0.1978	40.5447	0.0247	8.0216	0.1247
18	5.5599	0.1799	45.5992	0.0219	8.2014	0.1219
19	6.1159	0.1635	51.1591	0.0195	8.3649	0.1195
20	6.7275	0.1486	57.2750	0.0175	8.5136	0.1175
21	7.4002	0.1351	64.0025	0.0156	8.6487	0.1156
22	8.1403	0.1228	71.4027	0.0140	8.7715	0.1140
23	8.9543	0.1117	79.5430	0.0126	8.8832	0.1126
24	9.8497	0.1015	88.4973	0.0113	8.9847	0.1113
25	10.8347	0.0923	98.3471	0.0102	9.0770	0.1102
26	11.9182	0.0839	109.1818	0.0092	9.1609	0.1092
27	13.1100	0.0763	121.0999	0.0083	9.2372	0.1083
28	14.4210	0.0693	134.2099	0.0075	9.3066	0.1075
29	15.8631	0.0630	148.6309	0.0067	9.3696	0.1067
30	17.4494	0.0573	164.4940	0.0061	9.4269	0.1061

$$i=12\%$$

年份	一次支付		等额多次支付			
	终值系数	现值系数	年金终值系数	偿债基金系数	年金现值系数	资本回收系数
n	$(F/P,i,n)$	$(P/F,i,n)$	$(F/A,i,n)$	$(A/F,i,n)$	$(P/A,i,n)$	$(A/P,i,n)$
1	1.1200	0.8929	1.0000	1.0000	0.8929	1.1200
2	1.2544	0.7972	2.1200	0.4717	1.6901	0.5917
3	1.4049	0.7118	3.3744	0.2963	2.4018	0.4163
4	1.5735	0.6355	4.7793	0.2092	3.0373	0.3292
5	1.7623	0.5674	6.3528	0.1574	3.6048	0.2774
6	1.9738	0.5066	8.1152	0.1232	4.1114	0.2432
7	2.2107	0.4523	10.0890	0.0991	4.5638	0.2191
8	2.4760	0.4039	12.2997	0.0813	4.9676	0.2013
9	2.7731	0.3606	14.7757	0.0677	5.3282	0.1877
10	3.1058	0.3220	17.5487	0.0570	5.6502	0.1770
11	3.4786	0.2875	20.6546	0.0484	5.9377	0.1684
12	3.8960	0.2567	24.1331	0.0414	6.1944	0.1614
13	4.3635	0.2292	28.0291	0.0357	6.4235	0.1557
14	4.8871	0.2046	32.3926	0.0309	6.6282	0.1509
15	5.4736	0.1827	37.2797	0.0268	6.8109	0.1468
16	6.1304	0.1631	42.7533	0.0234	6.9740	0.1434
17	6.8660	0.1456	48.8837	0.0205	7.1196	0.1405
18	7.6900	0.1300	55.7497	0.0179	7.2497	0.1379
19	8.6128	0.1161	63.4397	0.0158	7.3658	0.1358
20	9.6463	0.1037	72.0524	0.0139	7.4694	0.1339
21	10.8038	0.0926	81.6987	0.0122	7.5620	0.1322
22	12.1003	0.0826	92.5026	0.0108	7.6446	0.1308
23	13.5523	0.0738	104.6029	0.0096	7.7184	0.1296
24	15.1786	0.0659	118.1552	0.0085	7.7843	0.1285
25	17.0001	0.0588	133.3339	0.0075	7.8431	0.1275
26	19.0401	0.0525	150.3339	0.0067	7.8957	0.1267
27	21.3249	0.0469	169.3740	0.0059	7.9426	0.1259
28	23.8839	0.0419	190.6989	0.0052	7.9844	0.1252
29	26.7499	0.0374	214.5828	0.0047	8.0218	0.1247
30	29.9599	0.0334	241.3327	0.0041	8.0552	0.1241

$$i=15\%$$

年份	一次支付		等额多次支付			
	终值系数	现值系数	年金终值系数	偿债基金系数	年金现值系数	资本回收系数
n	$(F/P,i,n)$	$(P/F,i,n)$	$(F/A,i,n)$	$(A/F,i,n)$	$(P/A,i,n)$	$(A/P,i,n)$
1	1.1500	0.8696	1.0000	1.0000	0.8696	1.1500
2	1.3225	0.7561	2.1500	0.4651	1.6257	0.6151
3	1.5209	0.6575	3.4725	0.2880	2.2832	0.4380
4	1.7490	0.5718	4.9934	0.2003	2.8550	0.3503
5	2.0114	0.4972	6.7424	0.1483	3.3522	0.2983
6	2.3131	0.4323	8.7537	0.1142	3.7845	0.2642
7	2.6600	0.3759	11.0668	0.0904	4.1604	0.2404
8	3.0590	0.3269	13.7268	0.0729	4.4873	0.2229
9	3.5179	0.2843	16.7858	0.0596	4.7716	0.2096
10	4.0456	0.2472	20.3037	0.0493	5.0188	0.1993
11	4.6524	0.2149	24.3493	0.0411	5.2337	0.1911
12	5.3503	0.1869	29.0017	0.0345	5.4206	0.1845
13	6.1528	0.1625	34.3519	0.0291	5.5831	0.1791
14	7.0757	0.1413	40.5047	0.0247	5.7245	0.1747
15	8.1371	0.1229	47.5804	0.0210	5.8474	0.1710
16	9.3576	0.1069	55.7175	0.0179	5.9542	0.1679
17	10.7613	0.0929	65.0751	0.0154	6.0472	0.1654
18	12.3755	0.0808	75.8364	0.0132	6.1280	0.1632
19	14.2318	0.0703	88.2118	0.0113	6.1982	0.1613
20	16.3665	0.0611	102.4436	0.0098	6.2593	0.1598
21	18.8215	0.0531	118.8101	0.0084	6.3125	0.1584
22	21.6447	0.0462	137.6316	0.0073	6.3587	0.1573
23	24.8915	0.0402	159.2764	0.0063	6.3988	0.1563
24	28.6252	0.0349	184.1678	0.0054	6.4338	0.1554
25	32.9190	0.0304	212.7930	0.0047	6.4641	0.1547
26	37.8568	0.0264	245.7120	0.0041	6.4906	0.1541
27	43.5353	0.0230	283.5688	0.0035	6.5135	0.1535
28	50.0656	0.0200	327.1041	0.0031	6.5335	0.1531
29	57.5755	0.0174	377.1697	0.0027	6.5509	0.1527
30	66.2118	0.0151	434.7451	0.0023	6.5660	0.1523

$$i=20\%$$

年份	一次支付		等额多次支付			
	终值系数	现值系数	年金终值系数	偿债基金系数	年金现值系数	资本回收系数
n	$(F/P,i,n)$	$(P/F,i,n)$	$(F/A,i,n)$	$(A/F,i,n)$	$(P/A,i,n)$	$(A/P,i,n)$
1	1.2000	0.8333	1.0000	1.0000	0.8333	1.2000
2	1.4400	0.6944	2.2000	0.4545	1.5278	0.6545
3	1.7280	0.5787	3.6400	0.2747	2.1065	0.4747
4	2.0736	0.4823	5.3680	0.1863	2.5887	0.3863
5	2.4883	0.4019	7.4416	0.1344	2.9906	0.3344
6	2.9860	0.3349	9.9299	0.1007	3.3255	0.3007
7	3.5832	0.2791	12.9159	0.0774	3.6046	0.2774
8	4.2998	0.2326	16.4991	0.0606	3.8372	0.2606
9	5.1598	0.1938	20.7989	0.0481	4.0310	0.2481
10	6.1917	0.1615	25.9587	0.0385	4.1925	0.2385
11	7.4301	0.1346	32.1504	0.0311	4.3271	0.2311
12	8.9161	0.1122	39.5805	0.0253	4.4392	0.2253
13	10.6993	0.0935	48.4966	0.0206	4.5327	0.2206
14	12.8392	0.0779	59.1959	0.0169	4.6106	0.2169
15	15.4070	0.0649	72.0351	0.0139	4.6755	0.2139
16	18.4884	0.0541	87.4421	0.0114	4.7296	0.2114
17	22.1861	0.0451	105.9306	0.0094	4.7746	0.2094
18	26.6233	0.0376	128.1167	0.0078	4.8122	0.2078
19	31.9480	0.0313	154.7400	0.0065	4.8435	0.2065
20	38.3376	0.0261	186.6880	0.0054	4.8696	0.2054
21	46.0051	0.0217	225.0256	0.0044	4.8913	0.2044
22	55.2061	0.0181	271.0307	0.0037	4.9094	0.2037
23	66.2474	0.0151	326.2369	0.0031	4.9245	0.2031
24	79.4968	0.0126	392.4842	0.0025	4.9371	0.2025
25	95.3962	0.0105	471.9811	0.0021	4.9476	0.2021
26	114.4755	0.0087	567.3773	0.0018	4.9563	0.2018
27	137.3706	0.0073	681.8528	0.0015	4.9636	0.2015
28	164.8447	0.0061	819.2233	0.0012	4.9697	0.2012
29	197.8136	0.0051	984.0680	0.0010	4.9747	0.2010
30	237.3763	0.0042	1181.8816	0.0008	4.9789	0.2008

$i＝25\%$

年份	一次支付		等额多次支付			
	终值系数	现值系数	年金终值系数	偿债基金系数	年金现值系数	资本回收系数
1	1.2500	0.8000	1.0000	1.0000	0.8000	1.2500
2	1.5625	0.6400	2.2500	0.4444	1.4400	0.6945
3	1.9531	0.5120	3.8125	0.2623	1.9520	0.5123
4	2.4414	0.4096	5.7656	0.1734	2.3616	0.4235
5	3.0518	0.3277	8.2070	0.1218	2.6893	0.3719
6	3.8147	0.2621	11.2588	0.0888	2.9514	0.3388
7	4.7684	0.2097	15.0735	0.0663	3.1611	0.3164
8	5.9605	0.1678	19.8419	0.0504	3.3289	0.3004
9	7.4506	0.1342	25.8023	0.0388	3.4631	0.2888
10	9.3132	0.1074	33.2529	0.0301	3.5705	0.2801
11	11.6415	0.0859	42.5661	0.0235	3.6564	0.2735
12	14.5519	0.0687	54.2077	0.0184	3.7251	0.2685
13	18.1899	0.0550	68.7596	0.0145	3.7801	0.2646
14	22.7374	0.0440	86.9495	0.0115	3.8241	0.2615
15	28.4217	0.0352	109.6868	0.0091	3.8593	0.2591
16	35.5271	0.0281	138.1085	0.0072	3.8874	0.2573
17	44.4089	0.0225	173.6357	0.0058	3.9099	0.2558
18	55.5112	0.0180	218.0446	0.0046	3.9279	0.2546
19	69.3889	0.0144	273.5558	0.0037	3.9424	0.2537
20	86.7362	0.0115	342.9447	0.0029	3.9539	0.2529
21	108.4202	0.0092	429.6809	0.0023	3.9631	0.2523
22	135.5253	0.0074	538.1011	0.0019	3.9705	0.2519
23	169.4066	0.0059	673.6264	0.0015	3.9764	0.2515
24	211.7582	0.0047	843.0329	0.0012	3.9811	0.2511
25	264.6978	0.0038	1054.7912	0.0009	3.9849	0.2510
26	330.8722	0.0030	1319.4890	0.0008	3.9879	0.2508
27	413.5903	0.0024	1650.3612	0.0006	3.9903	0.2507
28	516.9879	0.0019	2063.9515	0.0005	3.9923	0.2505
29	646.2349	0.0015	2580.9394	0.0004	3.9938	0.2504
30	807.7936	0.0012	3227.1743	0.0003	3.9950	0.2503

参 考 文 献

[1] PONNUSAMY R. SOFTWARE ENGINEERING ECONOMICS：Software Project Cost Estimation and Decision Making[M]. Berlin：VDM Verlag Dr. Müller，2011.

[2] GERINER P T. Software Engineering Economics and Declining Budgets[M]. Berlin：Springer，2011.

[3] TRENDOWICZ A. Software Cost Estimation，Benchmarking，and Risk Assessment：The Software Decision-Maker' Guide to Predictable Software Development[M]. Berlin：Springer，2012.

[4] NUSSBAUM D A，MISLICK G K. Cost Estimation：Methods and Tools[M]. New Jersey：John Wiley & Sons Inc，2015.

[5] 赵玮. 软件工程经济学[M]. 西安：西安电子科技大学出版社，2008.

[6] 罗杰 S. 普莱斯曼（Roger S. Pressman），布鲁斯 R. 马克西姆（Bruce R. Maxim）. 软件工程实践者的研究方法[M]. 郑人杰，马素霞，等译. 北京：机械工业出版社，2016.

[7] 贝姆. 软件工程经济学[M]. 李师贤译. 北京：机械工业出版社，2004.

[8] 白思俊. 项目管理方法与工具精要[M]. 北京：中国电力出版社，2016.

[9] 李慧民，谭菲雪，华珊. 工程经济与项目管理[M]. 北京：科学出版社，2016.

[10] 赵旭，高武. 工程经济学[M]. 北京：中国电力出版社，2016.

[11] 刘晓君. 技术经济学[M]. 北京：科学出版社，2008.

[12] 孙钧，全毅文，孙芳. 经济学基础[M]. 北京：中国书籍出版社，2016.

[13] 张旭梅. 软件企业管理[M]. 北京：科学出版社，2007.

[14] 投资项目可行性指南编写组. 投资项目可行性指南[M]. 北京：中国电力出版社，2002.

[15] 肖苏，张建芹. 市场调查与分析 [M]. 北京：人民邮电出版社，2017.

[16] 叶小莺. 改进关键链挣值技术在软件工程及集成项目进度控制中运用探讨[J]. 信息周刊，2019（10）：32.

[17] 王贵春，傅鸿源. 工程经济学[M]. 重庆：重庆大学出版社，2016.

[18] 秦航，杨强. 软件质量保证与测试[M]. 北京：清华大学出版社，2012.

[19] 张海藩，吕云翔. 实用软件工程[M]. 北京：人民邮电出版社，2015.

[20] 中华人民共和国住房和城市建设部. 工程网络计划技术规程[M]. 北京：中国建筑工业出版社，2015.